Wie viel Geld Sie später haben werden

Finanzmathematik für Privatanleger

Bernhard Walther

Januar 2024

Disclaimer

In diesem Buch geht es um die mathematische Modellierung und Berechnung von Szenarien des eigenen Vermögensaufbaus. Dabei wird unter anderem auf verschiedene Assetklassen und auf Steuern eingegangen. An dieser Stelle wird darauf hingewiesen, dass dieses Buch weder Anlageberatung, noch Empfehlungen zum Kauf oder Verkauf von Wertpapieren oder anderen Assets macht. Entscheidungen, die Sie aufgrund der gelesenen Inhalte dieses Buches treffen, sind allein Ihre persönlichen Entscheidungen. Weder der Autor, noch der Verlag sind dafür verantwortlich. Der Autor übernimmt keinerlei Verantwortung für die Vollständigkeit und Korrektheit der in diesem Buch beschriebenen mathematischen Zusammenhänge. Auch wenn es an ein paar Stellen dieses Buches um Steuern geht, handelt es sich nicht um eine Steuerberatung. Beispiele, die in diesem Buch gebracht werden, sind fiktive Beispiele, die einzig und allein der Demonstration mathematischer Zusammenhänge dienen. Dieses Buch ist kein Finanzberatungsbuch, sondern dient der Erweiterung des persönlichen mathematischen Horizontes und der mathematischen Unterhaltung. Hinweise auf Fehler und Verbesserungsvorschläge werden vom Autor dankend entgegen genommen.

Denke heute an später

Welches Wissen aus Ihrer Schulzeit haben Sie sich eigentlich behalten? Können Sie noch ein barockes Gedicht interpretieren? Sind Sie in der Lage, eine Kurvendiskussion durchzuführen? Haben Sie noch Zerfallsgleichungen radioaktiver Kerne drauf? Oder erinnern Sie sich eher an schöne Zeiten mit Ihren Mitschülern oder an Weisheiten Ihrer damaligen Lehrer? Viele sagen, dass Ihnen die Schule kaum brauchbares Wissen für Ihr Leben mitgegeben hat.
Die Säulen des Lebens[1] - das sollte doch eigentlich unterrichtet werden, oder etwa nicht? Gesundheit, Finanzen, Partnerschaft, Kindererziehung, Zeitmanagement.

Diese Frage, warum wir beispielsweise nichts über Finanzen in der Schule lernen, wird oft einfach pauschal rausgehauen, ohne genau darüber nachzudenken, ob nicht doch hier und da Finanzwissen gelehrt wurde. Sicherlich mag das in der Schule erworbene Wissen über Finanzen ausbaufähig sein. Doch die vergeudete Energie für das Gejammer über die unnützen Lehrinhalte kann man sich auch sparen und sinnstiftender einsetzen. Wie wäre es zum Beispiel damit, die Schuld am eigenen Unwissen über Finanzwesen nicht auf das Bildungswesen zu schieben, sondern seine Bildung in die eigene Hand zu nehmen?

Grundsätzlich lernen wir im Schulunterricht nämlich viele mathematische Grundlagen, die für finanzmathematische Kalkulationen nötig sind. Der Mathematikunterricht behandelt Prozent- und Zinsrechnung. Es geht um Zinseszins und exponentielles Wachstum. Potenz-, Wurzel- und Logarithmengesetze werden angewendet. Funktionales Denken ist ein sich durch alle Jahrgänge der Sekundarstufe ziehendes mathematisches Konzept. All diese Dinge sind für finanzmathematische Berechnungen erforderlich. Nicht

---

[1] Bei Recherche finden Sie sicherlich andere Säulen des Lebens. Hier handelt es sich um eine persönliche Definition des Autors.

jeder ist in seiner jungen Lebensphase erfolgreich bei der Wissensaufnahme. Aber das ist nicht schlimm. Denn jeder kann dieses Wissen selbständig und aus eigenem Willen heraus wieder in sein Gedächtnis holen, um das eigene Vermögen in seiner Zukunft kalkulieren zu können.

Das Ziel dieses Buches ist die Aufarbeitung mathematischer Grundlagen und deren Anwendung für die Prognose der eigenen Vermögensentwicklung unter bestimmten Annahmen. Sie sollen in der Lage sein, einfache Fragestellungen über ihr zukünftiges Vermögen ohne umfangreiche Tabellenkalkulation, sondern nur mit Hilfe eines Taschenrechners beantworten zu können. Gegen Tabellenkalkulation ist nichts einzuwenden. Allerdings ist ein Taschenrechner schneller zur Hand genommen. Eine Frage kann damit schneller beantwortet werden. Tabellenkalkulationen sind wichtig, sie nützen eher etwas bei komplexeren Modellen. Komplexität verleitet aber dazu, sich im Detail zu verlieren - und das große Ganze zu übersehen.

Was dieses Buch nicht kann und auch nicht soll, ist die Berechnung von Vorhersagen von Aktienkursen. Es wird Sie auch nicht bezüglich der Wahl der Assetklassen, in die Sie investieren, beraten. Es geht hier darum, dass Sie unter verschiedenen Annahmen Szenarien über Ihre zukünftige Vermögensgröße kalkulieren können. Wozu das gut ist? Ganz einfach - Sobald Sie nicht mehr berufstätig sind, werden Sie von diesem Vermögen Ihr Leben gestalten müssen. Und da wäre es doch schön zu wissen, ob man sich als Rentner etwas dazuverdienen muss, oder ob man sich vielleicht doch ein paar Schiffsreisen pro Jahr gönnen kann.

Bernhard Walther, Januar 2024

Kap 1 Was man über Prozent-rechnung wissen muss

Das Grundwerkzeug finanzmathematischer Betrachtungen ist die Prozentrechnung. Es ist nicht möglich, Prognosen über die Entwicklung von Kapital zu machen, wenn man der Prozentrechnung nicht mächtig ist. Zwar schauen wir uns noch einmal das grundsätzliche Vorgehen an, um prozentuale Anteile zu berechnen. Es geht hier aber vielmehr darum, prozentuale Veränderungen zu verstehen. Denn das ist der mathematische Knackpunkt, wenn Sie die Zukunft Ihres hart verdienten Geldes berechnen wollen. Wachstum ist der Schlüssel zum Vermögensaufbau.

Das Kapitel startet sehr einfach und macht Ihnen deutlich, dass sämtliche Berechnungen auf ein simples Konzept zurückzuführen sind. Im mittleren Teil des Kapitels wird das wichtigste Handwerkszeug finanzmathematischer Berechnungen beleuchtet - der Wachstumsfaktor. Gegen Ende des Kapitels wenden wir das erworbene Wissen auf Steuern und Dividenden an.

Wenn Ihnen Dinge von vornherein klar sind, verbietet Ihnen niemand, bestimmte Inhalte zu überspringen.

1.1 Alles eine Frage des Faktors

Ein *Prozent* oder auch 1 %, das ist der hundertste Teil von etwas Ganzem. Möchte man ein Prozent von 5.000 € ausrechnen, dann genügt es, die 5.000 € durch 100 zu teilen[2]:

$$5.000 € : 100 = 50 €$$

Die 5.000 € werden dann *Grundwert* genannt. Der Grundwert entspricht einer Prozentmenge von 100 %. Die ausgerechneten 50 € sind der Anteil, den man *Prozentwert* nennt. Wie viel Prozent von einem Geldbetrag ausgerechnet werden sollen, das ist der *Prozentsatz*. Stellt man die Frage nach 8 % von 4.000 €, dann sind 4.000 € der Grundwert und 8 % der Prozentsatz. Ein möglicher Rechenweg zur Bestimmung des Prozentwertes ist das Dividieren der 4.000 € durch 100, um zunächst genau ein Prozent des Grundwertes zu erhalten, also 40 €. Multipliziert man die 40 € dann noch mit 8, dann erhält man 8 %, das sind 320 €. Oder zusammengefasst als eine Rechenzeile:

$$4.000 € : 100 \cdot 8 = 320 €$$

Die Rechenschritte sind aber auch vertauschbar. Man kann die 4.000 € nämlich zuerst mit 8 multiplizieren, was 32.000 € ergibt, und diese dann durch 100 teilen, was wieder 320 € ergibt. In einer Zeile aufgeschrieben heißt das:

$$4.000 € \cdot 8 : 100 = 320 €$$

Oder aber, und das führt auf den in diesem Buch präferierten Weg, man dividiert zuerst die 8 durch 100, was 0,08 ergibt, und multipliziert dann die 4.000 € mit 0,08:

---

[2] Die Division wird in diesem Buch oftmals mit einem Doppelpunkt als Divisionszeichen dargestellt. Dies soll der Lesbarkeit dienen, hilft aber auch denjenigen, die einen Taschenrechner verwenden, der über keinen Bruchtool verfügt.

$$4.000\ \text{€} \cdot 0,08 = 320\ \text{€}$$

Die 0,08 sind ein Prozentsatz, der als Dezimalbruch (umgangssprachlich: "Kommazahl") geschrieben wurde. Sollen beispielsweise 12 % von 3.000 € bestimmt werden, dann würde man ja den Grundwert (3.000 €) zuerst mit 12 multiplizieren und dann durch 100 teilen. Und 12 durch 100 sind 0,12. Man könnte den Grundwert also auch einfach bequem mit 0,12 multiplizieren:

$$3.000\ \text{€} \cdot 0,12 = 360\ \text{€}$$

Die zwei Zahlen nach dem Komma stellen demnach den Prozentsatz dar. Bei 0,08 steht 08 nach dem Komma, d.h. 8 %. Bei 0,12 stehen 12 nach dem Komma, also 12 %. Bei 0,76 stehen 76 nach dem Komma also 76 %. Doch Vorsicht: Bei 0,8 steht nur eine 8 nach dem Komma. Das sind aber nicht 8 %. Es hilft, sich immer zwei Nachkommastellen zu denken. Und weil bei 0,8 nur eine Zahl nach dem Komma folgt, hängen wir noch eine Null hinten dran. Da steht also 0,80. Das sind 80 %. Folgende Tabelle macht das Prinzip deutlich:

Tabelle 1: Prozentsätze in Dezimalbruchschreibweise	
Prozentschreibweise	Dezimalbruch
5 %	0,05
8 %	0,08
19 %	0,19
25 %	0,25
60 %	0,60
89 %	0,89
99 %	0,99

Wie sieht es mit sehr kleinen Prozentsätzen wie 0,5 % aus? 0,5 % heißt, man multipliziert mit 0,5 und teilt dann durch 100. Und 0,5 durch 100 ergibt 0,005. Folgende Tabelle verdeutlicht das Prinzip an weiteren Prozentsätzen:

Tabelle 2: Prozentsätze in Dezimalbruchschreibweise	
Prozentschreibweise	Dezimalbruch
50 %	0,50
5 %	0,05
0,5 %	0,005
15 %	0,15
1,5 %	0,015
20 %	0,20
2 %	0,02
0,2 %	0,002

Beispiel 1: 16 % von 430 € sind (16 % entspricht 0,16 in Dezimalburchschreibweise):

$$430 \, € \cdot 0,16 = 68,80 \, €$$

Beispiel 2: Von 1.250 € sollen 3 % ermittelt werden.

$$1.250 \, € \cdot 0,03 = 37,50 \, €$$

Beispiel 3: Es sollen 1,7 % von 500 € bestimmt werden.

$$500 \, € \cdot 0,017 = 8,50 \, €$$

1.2 Urlaub, Gold und Nettogehalt - Beispiele für die Bestimmung des Grundwertes

Ein jährlicher Zuschuss zu Ihrem Familienurlaub wäre doch eine gute Sache. Wie wäre es mit einer jährlichen Urlaubsfinanzspritze von 3.000 € ? Das könnten Sie erreichen, indem Sie einen bestimmten Betrag auf ein Tagesgeldkonto packen. Wie viel Geld müssten Sie anlegen, wenn Sie für Ihr Tagesgeld einen Zinssatz von 2,5 % p.a.[3] bekommen?

In der Fragestellung ist prinzipiell gegeben, dass 3.000 € einer Prozentmenge von 2,5 % entsprechen. Gefragt ist danach, wie viel Geld einer Prozentmenge von 100 % entspricht.
Schreibt man den Prozentsatz von 2,5 % in einen Dezimalbruch um, dann sind das 0,025. Diesmal ist uns der Grundwert unbekannt. Die 3.000 € sind der Prozentwert. Gemäß Kapitel 1.1 rechnen wir:

$$Grundwert \cdot 0,025 = 3.000 \ €$$

Weil aber nicht der Grundwert, sondern der Prozentwert gegeben ist, müssen wir die gesamte Rechnung umkehren. Um den Grundwert zu erhalten, wird die Gleichung durch 0,025 dividiert:

$$Grundwert = 3.000 \ € : 0,025 = 120.000 \ €$$

Beachten Sie dabei, dass der Prozentsatz unbedingt in Dezimalbruchschreibweise verwendet werden muss. Ansonsten hätten Sie:

$$Grundwert = 3.000 \ € : 2,5 = 1.200 \ €$$

---

[3] p.a. - per annum, d.h. pro Jahr

als Ergebnis erhalten, was wenig Sinn ergibt. Wenn Sie also 120.000 €
bei 2,5 % Zinsen auf das Tagesgeldkonto packen, und jährlich 3.000 €
für Ihren Urlaub entnehmen, dann haben Sie weiterhin jedes Jahr
120.000 € auf dem Tagesgeldkonto, da Sie ja nur die erhaltenen
Zinsen entnommen haben.

Beispiel 1: Eine Familie hat 12 % ihres Vermögens in Gold angelegt.
Das entspricht 18 000 €. Wie viel Vermögen besitzt die Familie?

Schreibt man 12 % als Dezimalbruch um, so entsteht der Faktor 0,12.
Die 18.000 € sind der Prozentwert. Gesucht ist nach dem
Gesamtvermögen, d.h. nach 100 % des Vermögens (dem Grundwert).
Es werden 18.000 € durch 0,12 geteilt. Das Vermögen der Familie
beträgt demnach:

$$18.000 \, € : 0,12 = 150.000 \, €$$

Beispiel 2: Ein Beamter erhält jährlich einen Bruttosold von 60.000 €,
was nach Abzug von Steuern und seiner privaten
Krankenkassenkosten einem Nettoeinkommen von 42.000 €
entspricht. Er überlegt, ob er in die freie Wirtschaft wechselt. Wie
hoch müsste sein Bruttoeinkommen im neuen Job sein, damit er bei
Beachtung des Spitzensteuersatzes von 42 % mindestens sein jetziges
Nettoeinkommen erhalten würde?

Wenn sein neues Bruttogehalt mit 42 % besteuert wird, bleiben ihm
folglich 58 % von diesem Bruttoeinkommen. Das Bruttogehalt
entspricht dem Grundwert, das Nettogehalt dem Prozentwert. Die
42.000 € sind durch 0,58 zu teilen. Sein neues Bruttogehalt müsste
also:

$$42.000 \, € : 0,58 = 72.413,79 \, €$$

betragen, damit er mindestens genauso viel Nettoeinkommen wie in
seinem Beamtenberuf hätte.

1.3 Die magische Marke - ein wichtiger Grundwert

100 € zu investieren ist nicht schwer. Mit 100 € eine falsche Anlageentscheidung zu treffen, schmerzt ebenso wenig. Schnell sind auch 1.000 € angelegt - und bald schon 10.000 €. Aber die ersten 100.000 € Anlagevermögen - das ist eine *magische Marke.*
Doch warum ist diese Marke so wichtig und so viel schwerer zu erreichen als die zuvor genannten Stufen?

Zunächst einmal ist die Marke von psychologischer Bedeutung. Endlich ein sechsstelliger Betrag im Depot. Aber nicht nur deshalb gebührt der 100.000 € - Marke eine besondere Beachtung.

Angenommen, Sie investieren monatlich 400 €. Das sind jährlich 4.800 €. Wenn Ihr Depot einen Wert von 100.000 € erreicht hat und dann um mehr als 4,8 % in einem Jahr steigt, dann legt es mehr als 4.800 € zu, ohne dass Sie es mit weiterem Kapital füttern. Ab dieser magischen Marke wächst Ihr Depot stärker als Sie Einzahlungen tätigen. Es ist so, als ob Ihr Depot nun erwachsen geworden ist. Sie haben es jahrelang groß gezogen. Ab diesem Punkt, ab dem es von sich aus stärker wächst als Ihre Einzahlungen, unterstützen Sie es "nur" noch und weisen ihm die richtige Bahn.

Die gleiche Rechnung lässt sich natürlich auf kleinere Sparraten übertragen. Wenn Sie monatlich 200 €, d.h. jährlich 2.400 € sparen, und Ihr Depot jährlich um 5 % zulegt. Dann können Sie mit Hilfe einer Grundwertberechnung ermitteln, welchen Depotwert Sie erreichen müssen, damit das Depot stärker wächst als seine Einzahlungen. Bei einem Prozentsatz in Dezimalbruchschreibweise von 0,05 und einem Prozentwert von 2.400 € sind das:

$$2.400 \ € : 0,05 = 48.000 \ €$$

Für ein Wachstum von 5 % sind 48.000 € Depotwert die magische Marke, ab der das Depot stärker als seine jährliche Einzahlung von

2.400 € wächst. Was bei Depotwerten von unter 100.000 € fehlt, ist der psychologische Effekt, endlich die sechsstellige Grenze durchbrochen zu haben. Eine magische Marke existiert trotzdem.

Beispiel: Ein Anleger investiert jährlich 6.000 €. Sein Depot wächst im Mittel um 7 % pro Jahr. Wie groß ist die magische Marke?

$$6.000 \, € : 0,07 = 85.714,29 \, €$$

Ab einem Depotwert von 85.714,29 € legt das Depot bei 7 % jährlichem Wachstum um mindestens 6.000 € pro Jahr zu, ohne dass es bespart werden muss.

1.4 Das wichtigste Handwerkszeug - Wachstumsfaktoren

Will man Wachstums- und Abnahmeprozesse des eigenen Vermögens kalkulieren, dann sind Kenntnisse um das prozentuale Wachstum und um die prozentuale Abnahme unabdinglich. Glücklicherweise kann das Grundprinzip der letzten Abschnitte relativ einfach übertragen werden.

Ein Vermögen von 50.000 € wächst um 7 %. Auf welchen Wert wächst es dann an?

Man kann die 7 % von den 50.000 € ausrechnen, das sind: $0,07 \cdot 50.000\,€ = 3\,500\,€$. Das Vermögen wächst also *um* 3.500 €. Weil das Anfangskapital 50.000 € betrug, ist das Vermögen nach dem Zuwachs *auf* 53.500 € angestiegen.

Wir unterscheiden die Begriffe *um* und *auf. Um* heißt, wie viel Vermögen dazukommt. *Auf* bezeichnet den Endwert des Vermögens nach der Erhöhung.

Die Berechnung kann selbstverständlich noch einfacher durchgeführt werden. 50.000 € sind 100 %. Diese wachsen um 7 %. Damit wird ein Prozentsatz über 100 % erreicht, nämlich 107 %. Man könnte die 50.000 € also auch mit 107 multiplizieren und dann das Ergebnis durch 100 teilen, weil ja das 107-fache von einem Prozent ermittelt werden soll. Auch das ergibt 53.500 €. Die folgende Abbildung visualisiert diesen Zusammenhang:

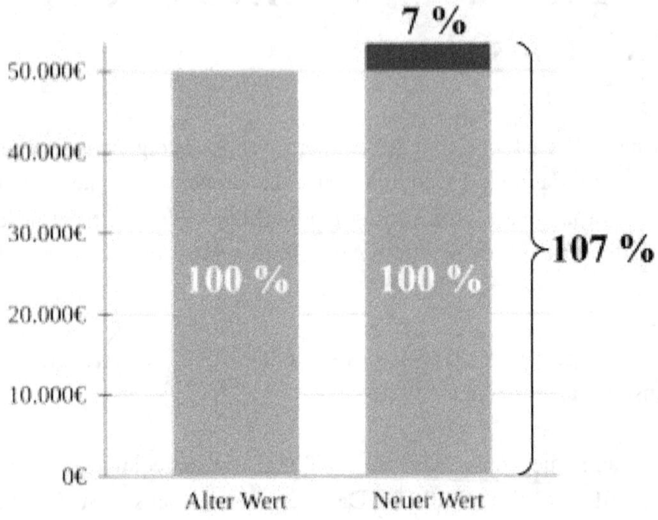

Abbildung 1: Prozentuales Wachstum

107 geteilt durch 100 ergibt 1,07. Es ist quasi noch einfacher, die 50.000 € einfach mit 1,07 zu multiplizieren:

$$50.000 € \cdot 1,07 = 53.500 €$$

Der Faktor 1,07 heißt *Wachstumsfaktor*. Er gibt an, *auf* das Wievielfache das Vermögen anwächst. 53.500 € sind 1,07 mal so viel wie 50.000 €. Rechnerisch heißt das auch: Teilt man 53.500 € durch 50.000 €, so ergibt sich 1,07. Insgesamt gilt:

$$Neuer\, Wert = Alter\, Wert \cdot Wachstumsfaktor$$

Der alte Wert ist das Anfangskapital, was den 100 % bzw. dem Grundwert entspricht. Im Gegensatz dazu ist der neue Wert der Prozentwert. Grundsätzlich ändert sich also nichts an der bisher bekannten Vorgehensweise.

Die beiden Ziffern nach dem Komma eines Wachstumsfaktors geben an, wie viel Prozent zum Grundwert hinzukommen. Ein Wachstumsfaktor von 1,25 heißt, dass 25 % hinzukommen. Das Vermögen wächst dann *um* 25 % *auf* 125 % an. Folgende Tabelle zeigt das Prinzip an verschiedenen Wachstumsfaktoren:

Tabelle 3: Wachstumsfaktoren		
Zunahme des Vermögens *um*	Zunahme des Vermögens *auf*	Wachstumsfaktor
2,5 %	102,5 %	1,025
5 %	105 %	1,05
10 %	110 %	1,10
17,5 %	117,5 %	1,175
25 %	125 %	1,25
80 %	180 %	1,80

Der Wachstumsfaktor kann auch ausgerechnet werden. Die Formel dazu lautet:

$$Wachstumsfaktor = \frac{100 + Prozentsatz}{100}$$

Ist der Prozentsatz 9 %, dann wird die Formel wie folgt angewendet:

$$Wachstumsfaktor = \frac{100 + 9}{100} = \frac{109}{100} = 1,09$$

Es ist allgemein üblich, für den Prozentsatz das Symbol p und für den Wachstumsfaktor das Symbol q zu verwenden. An dieser Stelle folgt der erste Formelkasten dieses Buches. In diesem ist der mathematische Zusammenhang mit allen für die Anwendung der Formel nötigen Variablen zusammengefasst. Nach einem

Formelkasten folgt immer mindestens ein Beispiel, um die Verwendung der Formel zu demonstrieren.

Wachstumsfaktor

Wächst ein Vermögen um den Prozentsatz p, dann beträgt der Wachstumsfaktor:

$$q = \frac{100\,\%+p}{100\,\%}$$

wobei p in Prozentschreibweise verwendet werden muss, nicht in Dezimalbruchschreibeweise. Der Wachstumsfaktor q gibt an, um das Wievielfache sich das Vermögen beim Wachstum um den Prozentsatz p vergrößert. Es gilt also:

$$Neuer\,Wert = Alter\,Wert \cdot q$$

Beispiel 1: Eine Goldkette hat einen aktuellen Goldwert von 2.800 €. Der Goldpreis steigt nun um 3,2 %. Wie groß ist der neue Goldwert der Kette?

Zum Grundwert, d.h. zu 100 %, kommen 3,2 % hinzu. Das sind 103,2 %. Teilt man durch 100, dann ergibt sich der Wachstumsfaktor 1,032. Oder mit der Formel:

$$q = \frac{100\,\%+3,2\,\%}{100\,\%} = \frac{103,2\,\%}{100\,\%} = 1,032$$

Um den neuen Goldwert zu bestimmen, wird der Wert der Kette mit diesem Faktor multipliziert:

$$Neuer\,Wert = 2.800\,€ \cdot 1,032 = 2.889,60\,€$$

Beispiel 2: Der Wert einer Aktie ist um 13 % gestiegen. Er beträgt jetzt 250 €. Wie teuer war die Aktie vor dem Zuwachs?

Der Wachstumsfaktor ist 1,13 , weil:

$$q = \frac{100\ \% + 13\ \%}{100\ \%} = \frac{113\ \%}{100\ \%} = 1,13$$

Allerdings ist diesmal der neue Wert gegeben, der einer Prozentmenge von 113 % entspricht. Es muss der Grundwert ausgerechnet werden. Die Formel lautet:

$$250\ € = Alter\ Wert \cdot 1,13$$

Um den alten Wert zu erhalten, muss die Gleichung durch 1,13 dividiert werden:

$$Alter\ Wert = 250\ € : 1,13 = 221,24\ €$$

1.5 Eintausend Prozent!

Wie geht man mathematisch mit dem Wachstumsfaktor um, wenn ein Wert *um* mehr als 100 % wächst? Bei einer Wertsteigerung um 99 % beträgt der Wachstumsfaktor 1,99. Ist es dann logisch, dass eine Wertsteigerung um 100 % einen Wachstumsfaktor von 2,00 bedeutet?

Ja! Praktisch bedeutet eine Wertsteigerung um 100 %, dass der genau der gleiche Wert zum aktuellen Wert hinzu kommt. Haben wir einen Wert von 8.000 €, der um 100 % wächst, dann heißt das, dass nochmals 8.000 € hinzu kommen. Der Wert verdoppelt sich. Auch die Formel zum Wachstumsfaktor kommt zum gleichen Ergebnis:

$$q = \frac{100\,\% + 100\,\%}{100\,\%} = \frac{200\,\%}{100\,\%} = 2,00$$

Bei einem Wachstum um 130 % kommen nicht nur 100 % hinzu, sondern noch weitere 30 % des alten Wertes. Der Wert wächst dann *von* 100 % *um* 130 % *auf* 230 % an. Der Wachstumsfaktor ist:

$$q = \frac{100\,\% + 130\,\%}{100\,\%} = \frac{230\,\%}{100\,\%} = 2,3$$

Das bedeutet, dass sich ein Vermögen ver-2,3-facht. Der Zusammenhang ist für sämtliche Wachstumsraten allgemeingültig. Auch wenn ein Wachstum von 415 % stattfindet, kommen zu 100 % die 415 % dazu. Der Wert wächst auf 515 % an. Für den Wachstumsfaktor gilt:

$$q = \frac{100\,\% + 415\,\%}{100\,\%} = \frac{515\,\%}{100\,\%} = 5,15$$

Die nachfolgende Tabelle listet weitere Beispiele auf:

Tabelle 4: Wachstumsfaktoren bei Wachstum um mehr als 100 %		
Zunahme *um*	Zunahme *auf*	Wachstumsfaktor
100 %	200 %	2,00
115 %	215 %	2,15
195 %	295 %	2,95
200 %	300 %	3,00
250 %	350 %	3,50
500 %	600 %	6,00
900 %	1.000 %	10,00
1.000 %	1.100 %	11,00

Beispiel 1: Der Wert einer Aktie beträgt 45 €. Sie wächst um 800 %. Um das Wievielfache hat sie sich vervielfacht?

Der Wachstumsfaktor ist:

$$q = \frac{100\,\% + 800\,\%}{100\,\%} = \frac{900\,\%}{100\,\%} = 9,00$$

Den neuen Wert erhalten wir mit:

$$Neuer\ Wert = 45\ € \cdot 9,00 = 405\ €$$

Der Wert der Aktie hat sich verneunfacht. Um zu wissen, dass es sich um eine Verneunfachung handelt, wird gar kein Anfangswert benötigt. Schließlich gibt der Wachstumsfaktor schon allein an, zu welcher Vervielfachung es kommt.

Beispiel 2: Ein *Tenbagger* ist eine Aktie, die sich verzehnfacht hat. Um wie viel Prozent muss der Wert einer Aktie wachsen, damit es sich um einen Tenbagger handelt?

Eine Verzehnfachung bedeutet einen Wachstumsfaktor von 10. Gemäß Tabelle 4 muss der Wert der Aktie um 900 % anwachsen.

Beispiel 3: Um wie viel % muss der Wert einer Aktie anwachsen, damit es sich um einen *Twentybagger* handelt?

Eine Ver-20-fachung bedeutet einen Wachstumsfaktor von 20. Den Prozentsatz erhält man durch Überlegen oder auch rechnerisch mit Hilfe der Formel zum Wachstumsfaktor:

$$20 = \frac{100\,\% + p}{100\,\%}$$

Multipliziert man beide Seiten der Gleichung mit 100 %, dann fällt rechts die Zahl unter dem Bruchstrich weg und es ergibt sich:

$$2.000\,\% = 100\,\% + p$$

Werden 100 % subtrahiert, dann erhält man:

$$1.900\,\% = p$$

Der Wert der Aktie muss also um 1.900 % anwachsen.

1.6 Prozentuale Abnahme

Es geht nicht immer nach oben. Neben Wertzuwächsen gibt es auch Wertabnahmen. Sie kaufen beispielsweise ein gebrauchtes Auto für 18.000 €. Der jährliche Wertverlust eines Autos, das mindestens fünf Jahre alt ist, kann per Daumenregel mit etwa 6 % angesetzt werden. Wie viel ist ihr Auto dann nächstes Jahr noch wert?

Eine Rechenstrategie ist: Man ermittelt 6 % von 18.000 € und zieht das ermittelte Ergebnis dann von den 18.000 € ab. 18.000 € multipliziert mit 0,06 ergibt 1.080 €. Zieht man diese Zahl von den 18.000 € ab, dann ergibt sich ein neuer Wert des Autos von 16.920 €.

Die 18.000 € sind der Grundwert, entsprechen also 100 %. Wenn 6 % von 100 % abgezogen werden, dann bleiben noch 100 % − 6 % = 94 % übrig. 94 % als Dezimalbruch ergeben sich per Division durch 100 %, was 0,94 ergibt. Multipliziert man 18.000 € mit 0,94, dann ergeben sich ebenfalls 16.920 €:

$$18.000 \text{ €} \cdot 0,94 = 16.920 \text{ €}$$

Der alte Wert von 18.000 € verändert sich *von* 100 % *um* 6 % *auf* 94 %. Die nächste Abbildung visualisiert den Zusammenhang:

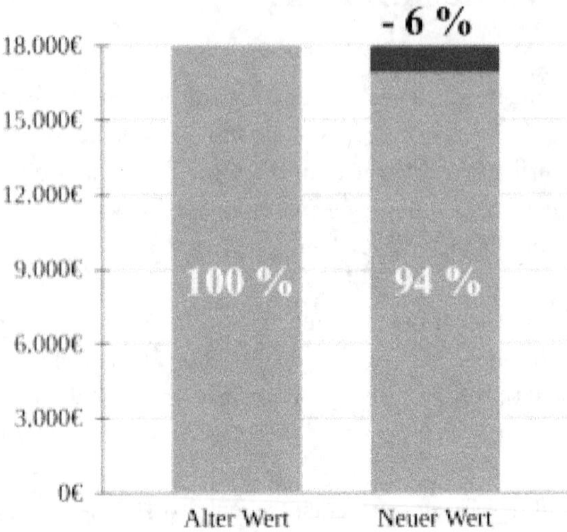

Abbildung 2: Prozentuale Abnahme

Sie sehen, dass genauso wie im letzten Kapitel gerechnet werden kann. Die 0,94 wird auch als *Abnahmefaktor* bezeichnet. Es handelt sich um das Äquivalent zum Wachstumsfaktor. Natürlich kann man trotzdem von einem Wachstumsfaktor sprechen - nur halt mit negativem Wachstum. Da es sich beim Abnahmefaktor an sich um nichts anderes als einen Wachstumsfaktor handelt, wird ebenfalls das Symbol q verwendet. Gerechnet wird:

$$Neuer\,Wert = Alter\,Wert \cdot Abnahmefaktor$$

Um den Abnahmefaktor mit der Formel zu bestimmen, besteht nur ein kleiner Unterschied zur Formel des Wachstumsfaktors: Über dem Bruchstrich muss ein Minuszeichen stehen - eben wegen des negativen Wachstums.

Abnahmefaktor

Nimmt ein Vermögen um den Prozentsatz p ab, dann ergibt sich der Abnahmefaktor mit:

$$q = \frac{100\,\% - p}{100\,\%}$$

Beispiel: Der Wert einer Aktie beträgt 180 €. Der Wert sinkt dann um 8 %. Welcher neue Wert hat sich eingestellt?
Zieht man 8 % von 100 % ab, dann sieht man, dass der Wert der Aktie auf 92 % gesunken ist. Als Dezimalbruch sind das 0,92. Alternativ kann auch mit der Formel gerechnet werden:

$$q = \frac{100\,\% - 8\,\%}{100\,\%} = \frac{92\,\%}{100\,\%} = 0,92$$

Der neue Wert ist:

$$Neuer\ Wert = 180\,€ \cdot 0,92 = 165,60\,€$$

Zum besseren Verständnis folgt wieder eine Tabelle:

Tabelle 5: Abnahmefaktoren		
Abnahme *um*	Abnahme *auf*	Abnahmefaktor
1,5 %	98,5 %	0,985
5 %	95 %	0,95
9 %	91 %	0,91
13 %	87 %	0,87
25 %	75 %	0,75
75 %	25 %	0,25
90 %	10 %	0,10
100 %	0 %	0,00

Eine Abnahme von 100 % bedeutet damit den kompletten Verlust des Wertes.

1.7 Mehrfaches Prozentuales Wachstum

Wenn ein Händler den Preis eines Autos von 20.000 € am Ende dieser Woche um 5 % erhöht. Und wenn er den neuen Preis dann am Ende der nächsten Woche noch einmal um 5 % erhöht, kostet das Auto dann insgesamt 10 % mehr und würde dann zu 22.000 € angeboten werden?

Wenn Sie diese Frage mit "ja" beantworten, dann liegen Sie einem Denkfehler auf, der für das Verständnis dieses Buches unbedingt behoben werden muss.

Bei Wachstumsvorgängen wird schrittweise gedacht. Jede Wachstumsphase ist ein separater Vorgang. Nach der Erhöhung eines Wertes ist ein Wachstumsprozess abgeschlossen. Setzt ein neuer Wachstumsprozess ein, dann wird der Endwert des letzten Wachstumsprozesses als neuer Grundwert, d.h. als neue 100 % angesehen.

Schauen wir uns das am obigen Autobeispiel konkret an. Im ersten Prozess werden 20.000 € um 5 % erhöht, also:

$$Neuer\ Wert\ diese\ Woche = 20.000\ € \cdot 1,05 = 21.000\ €$$

Damit ist der erste Wachstumsprozess abgeschlossen. Wenn der Autohändler den Preis noch einmal um 5 % anzieht, setzt ein neuer Wachstumsprozess ein. Jetzt entsprechen nicht mehr die 20.000 € der Prozentmenge von 100 %, sondern die 21.000 €. Im zweiten Wachstumsprozess werden die 21.000 € um 5 % erhöht:

$$Neuer\ Wert\ nächste\ Woche = 21.000\ € \cdot 1,05 = 22.050\ €$$

Bei genauerer Überlegung stellt man fest, dass nichts anderes getan wurde, als den Anfangsbetrag von 20.000 € zweimal hintereinander mit 1,05 zu multiplizieren. Sie sehen, dass dann das gleiche Ergebnis herauskommt:

$$\textit{Neuer Wert nächste Wo} = 20.000\ € \cdot 1,05 \cdot 1,05 = 22.050\ €$$

Wird mehrfach prozentual erhöht, dann können die Wachstumsfaktoren einfach als Faktoren an die Rechnung angehangen werden.

Und noch eine weitere Eigenschaft wird deutlich. Niemand schreibt vor, in welcher Reihenfolge die Faktoren multipliziert werden. Sie können einfach zuerst die beiden Wachstumsfaktoren multiplizieren:

$$1,05 \cdot 1,05 = 1,1025$$

Dieser Wert lässt sich als das Gesamtwachstum des Preises nach den beiden Wachstumsprozessen interpretieren. Der Preis ist in den zwei Wochen insgesamt um 10,25 % gestiegen. erhöht man 20.000 € nur einmal um 10,25 %, dann ergibt das:

$$20.000\ € \cdot 1,1025 = 22.050\ €$$

Erhöht man einen Preis zweimal nacheinander um 5 %, dann ist der Preis nicht um 10 %, sondern um 10,25 % gestiegen.

Beispiel: Der Wert einer Aktie erhöht sich in dieser Woche um 3 % und in der nächsten um 12 %. Insgesamt wächst sie in diesen zwei Wochen nicht um 15 %. Denn die Wachstumsfaktoren sind 1,03 und 1,12. Das Produkt ergibt:

$$1,03 \cdot 1,12 = 1,1536$$

was einem Gesamtwachstum von 15,36 % entspricht.

Es gilt allgemein:

Mehrfaches prozentuales Wachstum

Mehrfache prozentuale Zunahmen lassen sich formal wie folgt bestimmen:

$$Neuer\ Wert = Alter\ Wert \cdot q_1 \cdot q_2 \cdot q_3 \cdots$$

wobei q_1, q_2, q_3, … die Wachstumsfaktoren der einzelnen Wachstumsphasen sind. Der Gesamtwachstumsfaktor q_{ges} ist das Produkt dieser Wachstumsfaktoren:

$$q_{ges} = q_1 \cdot q_2 \cdot q_3 \cdots$$

und gibt an, um das Wievielfache sich der Anfangswert erhöht hat.

Weil die Rechengesetze bei Wachstum und Abnahme gleich sind, sind die Formeln auch auf die mehrfache prozentuale Abnahme oder sogar auf eine Mischung von Wachstum und Abnahme übertragbar. An ein paar Beispielen soll das Prinzip deutlich werden:

Beispiel 1: Ein Händler erhöht den Preis eines 3.000 € teuren technischen Gerätes um 12 %. Sie entdecken ein Modell dieses Gerätes, das einen kleinen Kratzer hat. Der Händler gewährt Ihnen 2 % Rabatt auf dieses Modell. Wie viel müssen Sie zahlen?

Die Erhöhung um 12 % bedeutet einen Wachstumsfaktor von 1,12 und der Rabatt von 2 % einen Abnahmefaktor von 0,98. Hier nochmal mit Hilfe der Formel ausgerechnet:

$$q_1 = \frac{100\ \% + 12\ \%}{100\ \%} = 1,12 \quad \text{und} \quad q_2 = \frac{100\ \% - 2\ \%}{100\ \%} = 0,98$$

31

Dann folgt:

$$Neuer\ Preis = 3.000\ € \cdot 1,12 \cdot 0,98 = 3.292,80\ €$$

Oder Sie gehen den Weg über die Ermittlung des Gesamtwachstumsfaktors:

$$q_{ges} = 1,12 \cdot 0,98 = 1,0976$$

$$Neuer\ Preis = 3.000\ € \cdot 1,0976 = 3292,80\ €$$

Hätten Sie dem Händler also vorgeschlagen, dass Sie 3.300 € zu zahlen haben, weil ja 12 % Wachstum und 2 % Rabatt insgesamt nur 10 % Wachstum bedeuten, dann hätten Sie zu viel bezahlt. Anhand des Gesaamtwachstumsfaktors von 1,0976 erkennen Sie, dass der Preis von 3.000 € insgesamt nicht um 10 %, sondern um 9,76 % höher ist.

Beispiel 2: Sie kaufen einen Neuwagen für 40.000 €. Nach der Erstzulassung verliert das Auto direkt 25 % seines Wertes. In den nächsten beiden Jahren verliert das Auto jeweils 20 % seines Wertes. Und in den beiden Jahren danach verliert es dann jeweils 5 % seines Wertes[4]. Welchen Wiederverkaufswert können Sie nach fünf Jahren noch ansetzen?

Die Abnahmefaktoren sind 0,75 für die ersten 25 % Wertverlust, dann zweimal 0,80 für die 20 % Wertverlust im zweiten und dritten Jahr und dann zweimal 0,95 für zweimaligen Wertverlust um 5 %.

$$Neuer\ Wert = 40.000\ € \cdot 0,75 \cdot 0,80 \cdot 0,80 \cdot 0,95 \cdot 0,95$$
$$Neuer\ Wert = 40.000\ € \cdot 0,4332$$
$$Neuer\ Wert = 17.328\ €$$

---

[4] Es handelt sich nicht um feste Abnahmewerte. Es kommt auch auf das Fahrzeug an sich an. Diese Prozentabnahmewerte sind allerdings ganz gute Richtwerte.

Der Gesamtabnahmefaktor von 0,4332 sagt aus, dass der neue Wert nach fünf Jahren nur 43,32 % des ursprünglichen Kaufpreises betragen wird, wenn es keine weiteren größeren Schäden am Auto gibt. Das sind 56,68 % weniger als der ursprüngliche Kaufpreis.

Beispiel 3: Sie kaufen ETF-Anteile im Wert von 13.000 €. Dieses Jahr steigt der Kurs um 5 %. Nächstes Jahr verliert er 8 %. Und im Jahr darauf legt er nochmal 10 % zu. Wie viel ist Ihr Vermögen dann wert?
Die Faktoren sind 1,05 für 5 %-iges Wachstum, 0,92 für eine 8 %-ige Abnahme und 1,10 für eine 10 %-ige Zunahme. Also:

$$Neuer\,Wert \ = \ 13.000\,\text{€} \ \cdot \ 1,05 \ \cdot \ 0,92 \ \cdot \ 1,10 \ = \ 13.813,80\,\text{€}$$

Teilt man 13.813,80 € durch 13.000 €, dann ergibt sich ein Gesamtwachstumsfaktor von 1,0626, was man auch durch Multiplikation der einzelnen Faktoren erhalten hätte. D.h. Ihr Anlagevermögen ist im Wert insgesamt um 6,26 % gewachsen.

1.8 Prozentuales Wachstum wirklich verstehen

Der Wert einer Aktie fällt um 50 %. Um wie viel % muss sie nun steigen, damit sie ihren ursprünglichen Wert wieder erreicht? Wenn Sie antworten würden, dass es sich natürlich um 50 % handelt, dann haben Sie einen Denkfehler bezüglich des prozentualen Wachstums gemacht. Denn der Wert der Aktie muss in Wirklichkeit um 100 % zulegen. Diese Rechnung funktioniert an sich ohne sonstige Informationen über den angelegten Geldbetrag. Zwei Beispiele machen das zugrundeliegende und auf mehrfachen prozentualen Wachstum beruhende Rechenverfahren deutlich.

Auf und ab ergibt 1

Beispiel 1: Eine Aktie kostet heute 800 €. In einem Monat verliert sie 50 %. Sie hat dann einen Wert von 400 €. Wenn Sie nun im nächsten Monat um 50 % steigt, dann müsste man rechnen:

$$400 \text{ €} \cdot 1,5 = 600 \text{ €}$$

Klar, denn 50 % von 400 € sind nur 200 €. Schlägt man diese auf 400 € auf, dann landet man bei 600 €. Das entspricht nicht dem Ausgangswert von 800 €. Stattdessen muss sie ja um 400 € steigen, damit sie wieder bei 800 € landet. Ihr Wert muss sich daher verdoppeln. Eine Verdopplung entspricht einem Wachstumsfaktor von 2, bzw. einer prozentualen Steigerung von 100 %. Die gesamte die Abnahme und das Wachstum einbeziehende Rechnung sieht dann so aus:

$$400 \text{ €} \cdot 0,5 \cdot 2 = 400 \text{ €}$$

Der Faktor 0,5 steht für die prozentuale Abnahme auf 50 %. Der Faktor 2 steht für die prozentuale Zunahme um 100 %. Das Produkt der beiden Wachstumsfaktoren[5] ergibt:

$$0,5 \cdot 2 = 1$$

Ein Gesamtwachstumsfaktor von 1 bedeutet, dass sich insgesamt nichts am Ausgangswert verändert.

Beispiel 2: Eine Aktie kostet heute 500 €. Sie fällt um 30 %. Um wie viel Prozent muss sie danach wieder steigen, um ihren Ursprungswert von 500 € zu erreichen?

Die Abnahme von 30 % entspricht einem Abnahmefaktor von 0,70, weil sich der Wert auf 70 % von 500 € entwickelt:

$$500 \text{ €} \cdot 0,7 = 350 \text{ €}$$

Jetzt setzt ein neuer Wachstumsprozess ein und wir müssen herausfinden, um wie viel Prozent die 350 €, was den neuen 100 % entspricht, wachsen müssen, damit wir beim Ausgangswert 500 € landen. Der Wachstumsfaktor ist gesucht:

$$350 \text{ €} \cdot q = 500 \text{ €}$$

Dividiert man beide Seiten der Gleichung durch 350 €, dann erhält man:

$$q = 500 \text{ €} : 350 \text{ €} \approx 1,4286$$

Ein Wachstumsfaktor von etwa 1,4286 entspricht einem prozentualen Wachstum von 42,86 %. 500 € fallen um 30 % auf 70 %. Der neue Wert steigt dann etwa um 42,86 %:

---

[5] Da prinzipiell die gleichen Gesetze für Wachstum und Abnahme gelten, wird der Begriff des Wachstumsfaktors in diesem Buch gleichzeitig auch für den Abnahmefaktor verwendet.

$$500\,€ \cdot 0,7 \cdot 1,4286 = 500,01\,€$$

Da wir den Wachstumsfaktor von 1,4286 gerundet hatten, erhalten wir einen Wert knapp über dem Ursprungswert von 500 €. Hier ergibt das Produkt der Wachstumsfaktoren:

$$0,7 \cdot 1,4286 = 1,00002$$

also etwa 1.

Aus den beiden Beispielen folgt, dass das Produkt der Wachstumsfaktoren den Wert 1 ergeben muss, damit der ursprüngliche Wert wieder erreicht wird. Dabei ist es egal, ob der Ausgangswert zuerst fällt und dann steigt, oder umgekehrt. Damit gilt:

Vemögenserhalt bei zwei Wachstumsprozessen

Entwickelt sich ein Vermögenswert mit dem Wachstumsfaktor q_1, dann muss er sich danach mit dem Wachstumsfaktor q_2 so entwickeln, dass:

$$q_1 \cdot q_2 = 1$$

damit der Ausgangswert des Vermögens wieder erreicht wird. Nachdem sich ein Vermögen mit dem Wachstumsfaktor q_1 entwickelt hat, kann q_2 bestimmt werden, indem 1 durch q_1 dividiert wird:

$$q_2 = 1 : q_2$$

Beispiel 3: Eine Aktie verliert 20 % ihres Wertes. Um wie viel % muss sie nun wieder steigen, um ihren Ursprungswert wieder zu erreichen?

20 % Verlust bedeuten einen Abnahmefaktor von 0,80. Der Wachstumsfaktor für den Vermögenserhalt ist dann

$$q_2 = 1 : 0,8 = 1,25$$

D.h. die Aktie muss nach einem Rückgang von 20 % um 25 % steigen, um wieder auf ihren Ursprungswert zu klettern.

Vermögenserhalt ergibt 1

Das beschriebene Verfahren funktioniert bei beliebig vielen Wachstumsfaktoren. Nehmen wir an, Sie investieren Ihr schwer verdientes Geld in einen Aktienfond. Dieser Fond kann mehrere Jahre in Folge steigen, worüber Sie sich natürlich sehr freuen würden. Aber ein Aktienmarkt crasht regelmäßig oder geht vom Bullenmarkt in einen Bärenmarkt über[6]. Als Daumenregel können dafür etwa acht bis zehn Jahre angenommen werden, bis der nächste Crash oder Bärenmarkt kommt.

Beispiel 4: Angenommen, der Fonds steigt drei Jahre in Folge nach dem Kauf um jeweils um 5 %, dann ein Jahr lang um 9 %, und dann im Folgejahr kommt ein Crash. Wie stark darf der Kursrückgang im Crash sein, damit Ihr investiertes Kapital zumindest nicht unter seinen Ursprungswert rutscht?

---

[6] Ein Bullenmarkt ist ein steigender Markt, ein Bärenmarkt ein fallender Markt. Von einem Bärenmarkt wird gesprochen, wenn die Kurse mehr als 20 % gefallen sind. Von einem Crash spricht man, wenn diese 20 % Kursverlust in einem kurzen Zeitraum stattfinden.

Drei Jahre lang 5 % jährliches Wachstum bedeutet, dass ihr Kapital drei mal mit dem Wachstumsfaktor 1,05 multipliziert wird. Ein weiteres Jahr mit 9 % Wachstum heißt eine Vervielfachung mit dem Faktor 1,09. Den letzten Faktor des fünften Jahres kennen wir nicht. Er beschreibt den Kursrückgang des Börsencrashes. Damit das investierte Geld seinen Wert behält, muss das Produkt der Wachstums- bzw. Abnahmefaktoren den Wert 1 ergeben:

$$1,05 \cdot 1,05 \cdot 1,05 \cdot 1,09 \cdot q_5 = 1$$

q_5 ist der Faktor des fünften Jahres, d.h. der aus dem Crashjahr. Gleiche Wachstumsfaktoren können auch mittels Potenzschreibweise zusammengefasst werden:

$$1,05^3 \cdot 1,09 \cdot q_5 = 1$$

Rechnen Sie zuerst die Wachstumsfaktoren zusammen, so erhält man auf zwei Nachkommastellen gerundet[7]:

$$1,26 \cdot q_5 \approx 1$$

Das bedeutet, in den ersten vier Jahren steigt der Fond insgesamt um etwa 26 % an. Dividiert man beide Seiten der Gleichung durch 1,26, dann erhält man den Abnahmefaktor:

$$q_5 \approx 0,79$$

Dieser entspricht einer prozentualen Abnahme von 21 %. Nach so einer Abnahme liegt Ihr Fondsvermögen wieder beim Ursprungswert.

---

[7] Ob Sie nun auf zwei oder mehr Nachkommastellen runden, ist Ihnen überlassen. Je nach gewünschter Genauigkeit runden Sie auf mehr oder weniger Nachkommastellen.

Verallgemeinert folgt:

Vermögenserhalt

Wächst oder fällt ein Vermögen nacheinander in mehreren Wachstumsprozessen gemäß der Wachstumsfaktoren q_1, q_2, q_3, … , dann hat sich der Wert des Vermögens insgesamt nicht geändert, wenn:

$$q_1 \cdot q_2 \cdot q_3 \cdot … = 1$$

Das bedeutet, dass das Vermögen nach allen Wachstums- bzw. Abnahmeprozessen wieder seinen Ausgangswert erreicht, wenn das Produkt aller Wachstumsfaktoren den Wert 1 liefert.

Beispiel 5: Sie kaufen zu einem ungünstigen Zeitpunkt eine Aktie, nämlich zu Beginn eines Bärenmarktes. Sie fällt im ersten Jahr um 3 %, dann vier Jahre lang um jeweils 8 %. Dieser relativ lange Bärenmarkt findet anschließend sein Ende und die Kurse beginnen zu wachsen. Um wie viel % muss die Aktie dann steigen, damit Sie Ihren Einstandskurs wieder erreichen?

Eine Abnahme um 3 % entspricht dem Faktor 0,97 und eine Abnahme um 8 % einem Faktor von 0,92. Die Rechnung lautet:

$$0,97 \cdot 0,92 \cdot 0,92 \cdot 0,92 \cdot 0,92 \cdot q_6 = 1$$

oder in Potenzschreibweise:

$$0,97 \cdot 0,92^4 \cdot q_6 = 1$$

Ausgerechnet ergibt das rund:

$$0,69 \cdot q_6 \approx 1$$

Ein gesamter Abnahmefaktor von 0,69 bedeutet, dass der Kurs der Aktie seit dem Kauf in den ersten fünf Jahren um insgesamt 31 % gefallen ist. Teilt man nun durch 0,69, dann erhält man den erforderlichen Faktor:

$$q_6 \approx 1,45$$

Der Kurs der Aktie muss nach den fünf Jahren um 45 % zulegen, damit Sie Ihren Einstandskurs wieder sehen. Dabei ist es an dieser Stelle tatsächlich egal, ob Sie q_6 als Wachstumsfaktor des sechsten Jahres oder als Wachstumsfaktor eines längeren Zeitraumes ansehen. Die Zahl sagt lediglich aus, dass der Wert der Aktie, egal über welchen Zeitraum, um 45 % steigen muss, damit der Einstandskurs wieder erreicht wird.

1.9 90 % plus 10 % ergeben nicht 100 %

Vielleicht ahnen Sie schon, worauf die Überschrift dieses Kapitels abzielt. Zwar ergeben 90 und 10 zusammen 100. Doch die letzten Kapitel haben gezeigt, dass bei Wachstumsprozessen schrittweise gedacht werden muss.

Beispiel 1: Sie haben 50.000 € auf Ihrem Investmentkonto. Das sind 100 % ihres gesamten investierten Vermögens. Sie besitzen aber auch noch ein Girokonto mit Sparvermögen. Ihr Auto geht kaputt und Sie wollen Ihr Girokonto für die teure Reparatur nicht zu stark belasten. Da gerade eine gute Marktphase ist, möchten Sie Geld aus Ihrem Investmentkonto für die Reparatur abziehen. Daher überweisen Sie 10 % ihres investierten Vermögens. Das sind 5.000 €. Ihr investiertes Vermögen beläuft sich nun auf 45.000 €. Das sind 90 % von 50.000 €. Um wie viel % muss Ihr investiertes Kapital nun steigen, damit Sie wieder 100 % Ihres ursprünglich investierten Vermögens von 50.000 € erreichen?

Gegeben ist ein Anfangskapital und ein Endkapital. Der Wachstumsfaktor ist gesucht:

$$45.000 \ € \cdot q = 50.000 \ €$$

Dividiert man beide Seiten der Gleichung durch 45.000 €, dann ergibt das:

$$q \approx 1,11$$

Ihr angelegtes Kapital von 45.000 € muss demnach um 11 % wachsen, damit die 50.000 € wieder erreicht werden - nicht etwa 10 %, wie man zunächst annehmen könnte. Prinzipiell haben wir damit gezeigt, dass 90 % plus 11 % zusammen 100 % ergeben. Klingt komisch, ist mathematisch aber sinnvoll - nur eben, dass eigentlich nicht addiert, sondern multipliziert wird.

Funktioniert das auch, ohne zu wissen, wie groß das investierte Kapital ist? Natürlich! Zu Beginn wurden 90 % von 50.000 € ermittelt. Die Rechnung dazu ist:

$$50.000 \text{ €} \cdot 0,90$$

Formuliert man die Fragestellung dann um in: "50.000 € fallen um 10 %. Um wie viel Prozent müssen sie dann steigen, um ihren Ursprungswert zu erreichen?", dann verändert sich die Fragestellung zu genau der, die im letzten Kapitel besprochen wurde. Wir rechnen daher:

$$50.000 \text{ €} \cdot 0,90 \cdot q = 50.000 \text{ €}$$

Teilt man beide Seiten der Gleichung durch 50.000 €, dann bleibt:

$$0,90 \cdot q = 1$$

Das gesamte Problem ist damit nur eine Abwandlung der Problemstellung des Vermögenserhaltes aus dem letzten Kapitel. Hier muss durch 0,9 geteilt werden und man erhält:

$$q \approx 1,11$$

Beispiel 2: Sie entnehmen 15 % Ihres investierten Vermögens, so dass 85 % übrig bleiben. Um wie viel % muss das investierte Kapital steigen, damit es zurück zu seinem Ursprungswert findet?

85 % bedeutet, dass ein Abnahmefaktor von 0,85 verwendet wurde. Gesucht ist der zweite Faktor, damit das Produkt einen Wert von 1 ergibt:

$$0,85 \cdot q = 1$$

Nach einer Division durch 0,85 erhält man:

$$q \approx 1,18$$

Es ist damit eine Steigerung des investierten Kapitals um 18 % nötig.
D.h. 85 % "plus" 18 % ergibt 100 %.

1.10 Eine abschließende Frage zu prozentualen Änderungen

Ich möchte Ihr Verständnis rund um prozentuale Änderungen noch ein letztes Mal herausfordern. Mittlerweile erkennen Sie aber sicherlich, worauf es ankommt. Beantworten und begründen Sie die folgende Frage. Schauen Sie dann erst auf der nächsten Seite nach, wie die Lösung lautet. So werden Sie eventuelle Denkfehler erkennen und schlussendlich ausmerzen können.

Frage: Ergeben 80 % plus 20 % das gleiche Ergebnis wie 120 % minus 20 % ? Begründen Sie Ihre Aussage.

Lösung: Die Antwort lautet: ja.

80 % eines Wertes bedeutet, dass der Ausgangswert mit 0,80 multipliziert wurde. Lässt man diesen Wert dann um 20 % wachsen, dann multipliziert man mit 1,20. Das ergibt:

$$0,80 \cdot 1,20 = 0,96$$

D.h., wenn ein Wert auf 80 % absinkt und anschließend um 20 % erhöht wird, so werden 96 % des ursprünglichen Wertes erreicht.

120 % eines Wertes bedeutet, dass der Ausgangswert um 20 % erhöht, also mit dem Faktor 1,20 multipliziert wurde. Zieht man dann 20 % ab, so senkt man den auf 120 % erhöhten Wert auf 80 %, d.h. es wird mit 0,80 multipliziert:

$$1,20 \cdot 0,80 = 0,96$$

Auch hier erreicht man am Ende 96 % des Ausgangswertes. Warum klappt das? Weil Wachstumsfaktoren nichts anderes als ganz normale Faktoren sind - und die können wir beliebig vertauschen. Sie können gern einen beliebigen Ausgangswert verwenden, ihn um 20 % verringern und dann um 20 % erhöhen und das Ergebnis mit dem umgekehrten Vorgang vergleichen. Sie erhalten das immer gleiche Endergebnis.

Worauf die Frage aber außerdem abzielte, ist das Endergebnis von 96 %. Egal, wie sie auch rechnen, sie erreichen keine 100 % !

Ist das eigentlich immer so? Kommen immer *weniger* als 100 % heraus, wenn ein Wert um einen Prozentsatz erhöht und dann um den gleichen Prozentsatz verringert wird? Ja, das ist immer so. Das kann mathematisch nachgewiesen werden, aber uns soll an dieser Stelle das Beispiel reichen.

1.11 Die individuelle Dividendenrendite

Wenn Sie bei Ihrem Tagesgeldkonto 4 % Zinsen pro Jahr bekommen, warum sollten Sie sich dann Dividendenaktien ans Land ziehen, die nur mit beispielsweise 2,5 % Dividendenrendite daherkommen?

Die 4 % auf Ihr Tagesgeld sind vermutlich das Ende der Renditestange. Eine Aktie verspricht neben dem Kurswachstum aber auch eine Dividendenerhöhung, so dass die Dividendenrendite auf den Kaufpreis der Aktie über die Zeit anwächst. Dieses Kapitel zeigt Ihnen, wie Sie diese *individuelle Dividendenrendite*, auch *Yield on Cost* genannt, recht einfach berechnen können.

Sie kaufen für 2.000 € Aktien eines Unternehmens, das in diesem Jahr eine Dividendenrendite von 2,5 % verspricht. Die Dividende wird jährlich um 5 % erhöht. Wie groß ist Ihre individuelle Dividendenrendite auf den Kaufpreis der Aktie in zehn Jahren?

In diesem Jahr erhalten Sie eine Dividende von:

$$0,025 \cdot 2.000\,€ = 50\,€$$

Um ihre Höhe in zehn Jahren zu bestimmen, müssen die 50 € zehn mal mit dem Faktor 1,05 multipliziert werden:

$$50\,€ \cdot 1,05 \cdot 1,05 \cdot ... \cdot 1,05$$

was sich mit Potenzschreibweise kürzer schreiben lässt und folgendes Ergebnis liefert:

$$50\,€ \cdot 1,05^{10} = 81,44\,€$$

Auf den Kaufpreis von 2.000 € bedeutet das eine individuelle Dividendenrendite von:

$$81,44\,€ : 2.000\,€ = 0,0407$$

was einer Rendite von 4,07 % entspricht. Weil es schöner ist, wenn man diesen Wert in einem Rechenzug ermitteln kann, fassen wir das Vorgehen zusammen: Die 2.000 € wurden mit der Dividendenrendite von 0,025 und anschießend mit dem *Dividendenwachstumsfaktor* 1,05 multipliziert. Zum Schluss wurde wieder durch die 2.000 € dividiert. Von daher kann man den Investmentbetrag von 2.000 € ganz aus der Rechnung streichen. Es folgt:

Individuelle Dividendenrendite (Yield on Cost)

Beträgt die Dividendenrendite (als Dezimalbruch) in diesem Jahr d und wächst die Dividende des Unternehmens jährlich um den Dividendenwachstumsfaktor q_{div}, dann beträgt die inidividuelle Dividendenrendite auf den Kaufpreis der Aktie in n Jahren:

$$d \cdot q_{div}^{n}$$

Beispiel 1: Sie kaufen Aktien eines Unternehmens, bei dem Sie in diesem Jahr auf Ihren Kaufpreis eine Dividendenrendite von 2 % erhalten. Das Unternehmen erhöht die Dividende nun jährlich um 10 %. Wie hoch ist Ihre individuelle Dividendenrendite in 15 Jahren, wenn das Wachstum der Dividenden derart anhält?

$$0,02 \cdot 1,10^{15} = 0,0835$$

Das entspricht einer individuellen Dividendenrendite auf den Kaufpreis von 8,35 %.

Beispiel 2: Erreicht man eine ähnlich hohe individuelle Dividendenrendite wie in Beispiel 1, wenn man Aktien eines Unternehmens kauft, die in diesem Jahr eine Dividendenrendite von 5 % auf den Kaufpreis bieten, und die dann 15 Jahre lang jährlich um 2 % angehoben werden?

$$0,05 \cdot 1,02^{15} = 0,0673$$

Offenbar nicht. Sie landen dann bei einer individuellen Dividendenrendite von 6,73 %. Das deutlich höhere Wachstum der Dividende aus Beispiel 1 sorgt dafür, dass die Dividendenrendite auf den Kaufpreis bei anhaltendem Wachstum irgendwann größer ist als jene bei schwachem Dividendenwachstum. Man kann nachprüfen, dass die individuelle Dividendenrendite der Aktie aus Beispiel 1 die individuelle Dividendenrendite von der Aktie aus Beispiel 2 nach dem zwölften Jahr überholt.

1.12 Die zukünftige Dividendenrendite

Mögen Sie Dividenden auch so wie ich? Besonders, wenn ein Unternehmen seine Dividende jährlich steigert, bereitet das Dividendensammlern große Freude. Wie hoch die heutige Dividendenrendite ist, kann man einfach ausrechnen, indem der Dividendenbetrag durch den Aktienkurs geteilt wird. Steht die Aktie eines Unternehmens beispielsweise bei einem Kurs von 200 € und schüttet das Unternehmen 6 € pro Aktie an die Aktionäre aus, dann beträgt die Dividendenrendite:

$$6\,€ : 200\,€ = 0,03 = 3\,\%$$

Umgekehrt können Sie die Dividende ausrechnen, wenn Sie Dividendenrendite und Aktienkurs kennen. In diesem Fall multiplizieren Sie die Dividendenrendite mit dem Aktienkurs:

$$200\,€ \cdot 0,03 = 6\,€$$

Nicht wenige Unternehmen steigern ihre Dividende jährlich. Gleichzeitig wächst aber auch der Aktienkurs. Wie findet man dann heraus, wie groß die Dividendenrendite in ein paar Jahren sein wird?

Die Aktie eines Unternehmens notiert zu einem Kurs von 150 € und hat heute eine Dividendenrendite von 2 %. Die Dividende wird jährlich um 10 % erhöht (d.h. Wachstumsfaktor 1,10). Gleichzeitig wächst der Aktienkurs um 4 % (d.h. Wachstumsfaktor 1,04) pro Jahr. Wie hoch ist die Dividendenrendite in fünf Jahren, wenn das Wachstum jeweils beibehalten wird?

Die heutige Dividende beträgt:

$$150\,€ \cdot 0,02 = 3\,€$$

Wenn diese um 10 % wächst, dann gibt es nächstes Jahr:

$$3 \, € \; \cdot \; 1,10 \; = \; 3,30 \, €$$

Dividende. Der Kurs steht nächstes Jahr bei:

$$150 \, € \; \cdot \; 1,04 \; = \; 156 \, €$$

Mit dem Quotienten aus 3,30 € (Dividende) und 156 € (Kurs) erhalten wir die Dividendenrendite in einem Jahr:

$$3,30 \, € : 156 \, € \; \approx \; 0,0212 \; = \; 2,12 \,\%$$

Offenbar steigt die Dividendenrendite. Das ist auch logisch. Denn schließlich steigt die Dividende ja stärker als der Kurs. Im Jahr darauf gibt es eine Dividende von:

$$3,30 \, € \; \cdot \; 1,10 \; = \; 3,63 \, €$$

Der Kurs steht dann bei:

$$156 \, € \; \cdot \; 1,04 \; = \; 162,24 \, €$$

Und die Dividendenrendite ist deshalb:

$$3,63 \, € : 162,24 \, € \; \approx \; 0,0224 \; = \; 2,24 \,\%$$

Dieser Rechenweg führt zwar zum Ziel, ist aber recht aufwändig. Ein anderer Weg soll sein, die Dividende und den Kurs ohne Zwischenschritte zu ermitteln. Die Dividende in zwei Jahren ergibt sich als Produkt von heutigen Kurs, heutiger Dividendenrendite und den beiden Wachstumsfaktoren für die beiden Jahre:

$$150 \, € \; \cdot \; 0,02 \; \cdot \; 1,10 \; \cdot \; 1,10 \; = \; 3,63 \, €$$

oder in Potenzschreibweise:

$$150 \, € \; \cdot \; 0,02 \; \cdot \; 1,10^{2} \; = \; 3,63 \, €$$

Der Kurs in zwei Jahren ergibt sich durch zweimalige Multiplikation des heutigen Kurses mit dem Wachstumsfaktor 1,04. In Potenzschreibweise ist das:

$$150\ €\ \cdot\ 1,04^2 = 162,24\ €$$

Teilt man die beiden Rechnungen durch einander, so erhält man die Dividendenrendite in zwei Jahren:

$$\frac{150\ €\cdot0,02\cdot1,10^2}{150\ €\cdot1,04^2} \approx 0,0224$$

Da gab es doch in Mathematik etwas, das sich "Kürzen" nannte. In Zähler und Nenner dieses Bruches stehen jeweils die 150 €. Diese können gekürzt werden, weshalb man auch rechnen könnte:

$$\frac{0,02\cdot1,10^2}{1,04^2} \approx 0,0224$$

oder ohne Bruchstrich geschrieben:

$$0,02 \cdot 1,10^2 : 1,04^2 \approx 0,0224$$

Und offensichtlich wird der Kurs für die Berechnung gar nicht benötigt. Tatsächlich brauchen wir nur die Dividendenrendite, das Wachstum der Dividende und das Wachstum des Kurses. Die Dividendenrendite in 5 Jahren erhalten wir zum Beispiel, indem eine 5 als Exponent gewählt wird:

$$0,02 \cdot 1,10^5 : 1,04^5 \approx 0,0265 = 2,65\,\%$$

Allgemein gilt:

Zukünftige Dividendenrendite

Ist die heutige Dividendenrendite d (als Dezimalbruch) und kann das Wachstum der Dividendenrendite mit dem Wachstumsfaktor q_{div} beschrieben werden. Dann ergibt sich die Dividendenrendite in n Jahren, wenn der Aktienkurs jährlich mit dem Wachstumsfaktor q wächst, mit:

$$d \cdot q_{div}^{n} : q^{n} \quad \text{oder} \quad d \cdot \frac{q_{div}^{n}}{q^{n}}$$

Beispiel 1: Heute schüttet ein Unternehmen 3,5 % Dividende an die Aktionäre aus. Die Dividende wächst jährlich um 4 %. Der Kurs der Aktie wächst jährlich um 6 %. Wie hoch ist die Dividendenrendite in zehn Jahren?

Diesmal ist das Kurswachstum größer als das Dividendenwachstum. Daraus folgt in der Zukunft eine kleinere Dividendenrendite als heute.

Mit $d = 0,035$, $q_{div} = 1,04$, $q = 1,06$ folgt:

$$0,035 \cdot 1,04^{10} : 1,06^{10} \approx 0,0289 = 2,89\,\%$$

Beispiel 2: Ein Unternehmen zahlt heute eine Dividende mit einer Dividendenrendite von 8 % aus. Der Kurs der Aktie steigt jährlich um 2 %. Die Dividende wird jährlich um 1 % gekürzt. Wie hoch ist die Dividendenrendite in 7 Jahren?

Mit $d = 0,08$, $q_{div} = 0,99$, $q = 1,02$ folgt:

$$0,08 \cdot 0,99^7 : 1,02^7 \approx 0,0649 = 6,49\,\%$$

Beispiel 3: Die Aktie eines Unternehmens wächst jährlich um 3 %. Die heutige Dividendenrendite beträgt 5 %. Die Dividende wird nicht erhöht oder gesenkt, sondern konstant gehalten. Wie hoch ist die Dividendenrendite in 5 Jahren?

Keine Dividendenänderung bedeutet einen Dividendenwachstumsfaktor von 1.

Mit $d = 0,05$, $q_{div} = 1$, $q = 1,03$ folgt:

$$0,05 \cdot 1^5 : 1,03^4 \approx 0,0431 = 4,32\,\%$$

1.13 Steuern auf Kapitalerträge

Sie freuen sich sicher schon auf die Zinsen und Dividenden, die Ihnen zufließen werden. Doch leider dürfen Sie sich nicht alles in die Tasche stecken. Auf Kapitalerträge wie Zinsen und Dividenden werden Steuern fällig. 25 % Abgeltungssteuer und 5,5 % Solidaritätszuschlag und ggf. noch 8 bis 9 % Kirchensteuer. Doch Moment - das sind ja fast 40 % - irgendetwas stimmt nicht!

Sie erhalten in diesem Jahr 1.000 € zu versteuernde Dividenden[8]. Diese sind zunächst mit der Abgeltungssteuer von 25 % zu versteuern, so dass Ihnen nur 750 € von den 1.000 € bleiben, wenn 250 € Steuern anfallen. Der Solidaritätszuschlag von 5,5 % fällt nicht auf die 1.000 € an, das wären 55 €. Stattdessen werden die 250 €, die bereits an Steuern anfallen, um den Prozentsatz des Solidaritätszuschlags erhöht. Mathematisch bedeutet das, dass die Abgeltungssteuer (25 % als Dezimalbruch):

$$a = 0,25$$

um 5,5 % erhöht wird. D.h. der Abgeltungssteuersatz a wird einem Wachstum von 5,5 % unterworfen, also:

$$0,25 \cdot 1,055 = 0,26375$$

Sie zahlen damit 26,375 % Steuern auf die Kapitalerträge von 1.000 €, was eine Abgabe von 263,75 € bedeutet, wodurch Ihnen 736,25 € bleiben.

In diesem Buch verwenden wir die Symbole s und $\bar{s}$ für die Einberechnung der Steuer. s ist der Steuersatz als Dezimalbruch:

$$s = 0,26375$$

---

[8] Es wird also davon ausgegangen, dass der Steuerfreibetrag bereits ausgeschöpft ist.

Das Symbol $\bar{s}$ nennen wir hier Steuerfaktor, der angibt, wie viel Prozent von den Kapitalerträgen in der eigenen Tasche landen. Es gilt:

$$\bar{s} = 1 - s = 1 - 0,26375 = 0,73625$$

73,625 % bleiben Ihnen nach Abzug der Steuern von Ihren Kapitalerträgen.

Beispiel 1: Sie erhalten dieses Jahr 1.500 € an zu versteuernden Kapitalerträgen. Dann bleiben Ihnen davon noch:

$$1.500\ \text{€} \cdot (1 - 0,26375) = 1.500\ \text{€} \cdot 0,73625 = 1.104,38\ \text{€}$$

Bis zu einem bestimmten Betrag sind Kapitalerträge steuerfrei. In Deutschland beträgt dieser maximale steuerfreie Betrag seit 2023 1.000 € pro Person, oder 2.000 € für Ehepaare. Die Steuern werden dann auf den Betrag fällig, der oberhalb dieses Sparerpauschbetrages liegt.

Beispiel 2: Sie erhalten dieses Jahr 1.500 € an zu versteuernden Kapitalerträgen, nehmen aber 1.000 € Sparerpauschbetrag in Anspruch. Dann fallen nur Steuern auf die restlichen 500 € an, wovon Ihnen:

$$500\ \text{€} \cdot (1 - 0,26375) = 500\ \text{€} \cdot 0,73625 = 368,13\ \text{€}$$

bleiben. Zusammen mit den steuerfreien 1.000 € bleiben Ihnen insgesamt 1.368,13 € von Ihren Kapitaleinkünften.

1.14 Kirchensteuer

Je nach Bundesland gilt ein Kirchensteuersatz von 8 % oder 9 %. Wie wird dieser nun mit eingerechnet? Es ist nicht so, dass die Abgeltungssteuer, die bereits um den Solidaritätszuschlag erhöht wurde, nun noch einmal um 8 bzw. 9 % erhöht wird. Sondern Sie zahlen weniger Abgeltungssteuer, wenn Sie kirchensteuerpflichtig sind. Wie geht man nun damit um? Ich versuche Ihnen die "Logik" hinter der Berechnung klar zu machen.

Für Bürger, die nicht kirchensteuerpflichtig sind, wird für die Ermittlung der Abgeltungssteuer eine Prozentmenge von 100 % durch 4 geteilt, was 25 % ergibt:

$$100\,\% : 4 = 25\,\%$$

oder falls nicht mit Prozentangaben, sondern mit Dezimalbrüchen gerechnet wird:

$$1,00 : 4 = 0,25$$

Dieser durch 4 geteilte 100 % - Wert wird als Abgeltungssteuersatz interpretiert. Die Abgeltungssteuer verringert sich für Kirchensteuerpflichtige, indem die Prozentmenge von 100 % nicht durch 4, sonder durch 4,08 bzw. durch 4,09 geteilt wird, je nachdem wie hoch die Kirchensteuer im jeweiligen Bundesland ist:

$$100\,\% : 4,08 \approx 24,50980329\,\% \approx 24,51\,\%$$

$$100\,\% : 4,09 \approx 24,44987775\,\% \approx 24,45\,\%$$

oder falls mit Dezimalbrüchen gerechnet wird:

$$1 : 4,08 \approx 0,2450980329 \approx 0,2451$$

$$1 : 4,09 \approx 0,2444987775 \approx 0,2445$$

Das sind die neuen Abgeltungssteuersätze für Kirchensteuerpflichtige.
Der Anteil für den Solidaritätszuschlag wird dann von genau dieser
Steuerlast ermittelt, indem man mit dem Solidaritätszuschlagsfaktor
(der für die 5,5 % Solidaritätszuschlag steht) 0,055 multipliziert:

$$0,2450980329 \cdot 0,055 \approx 0,013480 = 1,3480\,\%$$

$$0,2444987775 \cdot 0,055 \approx 0,013447 = 1,3447\,\%$$

Die Kirchensteuer wurde bisher aber noch nicht fällig. Wir haben sie
bisher lediglich verwendet, um die Abgeltungssteuer abzusenken. Die
8 % bzw. 9 % Kirchensteuer werden nun genau wie der
Solidaritätszuschlag von der Abgeltungssteuer mit den
Kirchensteuerfaktoren 0,08 bzw. 0,09 ausgerechnet:

$$0,2450980329 \cdot 0,08 \approx 0,019608 = 1,9608\,\%$$

$$0,2444987775 \cdot 0,09 \approx 0,022005 = 2,2005\,\%$$

D.h. ein mit 8 % Kirchensteuerpflichtiger zahlt auf seine
Kapitalerträge 24,51 % Abgeltungssteuer, 1,348 %
Solidaritätszuschlag und 1,9608 % Kirchensteuer jeweils auf den
Kapitalertrag. Ein mit 9 % Kirchensteuerpflichtiger zahlt auf seine
Kapitalerträge 24,45 % Abgeltungssteuer, 1,3447 %
Solidaritätszuschlag und 2,2005 % Kirchensteuer. Der Gesamtabzug
von Ihren Kapitalerträgen ergibt sich aus der Summe von
Abgeltungssteuer, Solidaritätszuschlag und Kirchensteuer.
Mathematische Logik sucht man hier vergebens. Es ergibt nicht viel
Sinn: die Abgeltungssteuer wird verringert, aber nicht mit 8 % bzw. 9
%, dann werden die anderen Steuersätze mit Hilfe der
Abgeltungssteuer bestimmt, obwohl die Steuern auf den Kapitalertrag
fällig werden. Wir fassen die Zahlen in einer Tabelle zusammen und
schauen danach auf ein Beispiel.

Tabelle 6: Übersicht über Steuerabgaben auf Kapitalerträge auf vier Nachkommastellen gerundet			
	Kirchensteuer		
	keine	8 %	9 %
Abgeltungssteuer	25 %	24,5098 %	24,4499 %
Solidaritätszuschlag	1,375 %	1,3480 %	1,3447 %
Kirchensteuer	0 %	1,9608 %	2,2005 %
Summe	26,375 %	27,8186 %	27,9951 %
Steuerabgaben als Dezimalbruch			
	Kirchensteuer		
	keine	8 %	9 %
Abgeltungssteuer	0,25	0,245098	0,244499
Solidaritätszuschlag	0,01375	0,013480	0,013447
Kirchensteuer	0	0,019608	0,022005
Summe	0,26375	0,278186	0,279951

Beispiel: Sie erhalten dieses Jahr 2.000 € an Kapitalerträgen. Den Sparerpauschbetrag berücksichtigen wir in diesem Beispiel nicht. In Ihrem Bundesland zahlen Sie 9 % Kirchensteuer. Dann müssen Sie von den 2.000 € eine Abgeltungssteuer in Höhe von:

$$2.000 \text{ €} \cdot 0,244499 = 489,00 \text{ €}$$

abführen. Von den 2.000 € ist ein Solidaritätszuschlag in Höhe von:

$$2.000\,€ \cdot 0,013447 = 26,89\,€$$

abzuführen. Und es wird eine Kirchensteuer auf die 2.000 € in Höhe von:

$$2.000\,€ \cdot 0,022005 = 44,01\,€$$

fällig. Die gesamte Steuerlast beträgt insgesamt 559,90 €, weshalb Ihnen 1.440,10 € von Ihren Kapitalerträgen bleiben. Alternativ kann auch der aufsummierte Steuersatz bei 9 % Kirchensteuer verwendet werden:

$$2.000\,€ \cdot 0,279951 = 559,90\,€$$

1.15 Steuern auf Kapitalerträge mehrerer Jahre

Wenn Sie Ihr Vermögen in ein paar Jahren schätzen wollen, und die Steuer auf die angefallenen Kapitalerträge abziehen wollen, dann können Sie das Jahr für Jahr tun. Das ist sicherlich etwas aufwändig, funktioniert aber. Die Mathematik erlaubt es uns hingegen, eine Abkürzung zu nehmen.

Sie erhalten eine jährlich um 7 % steigende Dividende. In diesem Jahr bekommen Sie 100 €. Die Tabelle zeigt die Dividendenzahlungen und was nach Abzug der Steuer in Höhe von 26,375 % für Ihre Tasche bleibt. Die dritte Tabellenspalte ergibt sich durch Multiplikation der zweiten Spalte mit dem Steuerfaktor $\overline{s}$. Die Dividenden werden nicht reinvestiert.

Tabelle 7: Steuern auf Dividenden		
Jahr	Dividende vor Steuer	Dividende nach Steuer
1	100 €	73,63 €
2	107 €	78,78 €
3	114,49 €	84,29 €
4	122,50 €	90,19 €
5	131,08 €	96,51 €
Summe	575,08 €	423,40 €

Insgesamt wandern 423,40 € an Dividenden in Ihre Tasche.

Schauen wir uns parallel dazu an, was passiert, wenn man die Summe der Dividenden vor Steuer mit dem Steuersatz multipliziert:

$$575,08 \, € \cdot (1 - 0,26375) = 423,40 \, €$$

Es ist deshalb völlig egal, ob Sie die Steuer in jedem Jahr einzeln abziehen, oder ob Sie zuerst die Kapitalerträge aufsummieren und erst im Anschluss die Steuern abziehen. Mathematisch steckt das sogenannte *Distributivgesetz* dahinter. Vorausgesetzt wird jedoch, dass die Kapitalerträge nicht reinvestiert werden.

Beispiel: Ein Anleger erhält zehn Jahre lang jährlich Kapitalerträge in Höhe von 500 €, wobei der Steuerfreibetrag nicht berücksichtigt wird. Die Kapitalerträge wachsen nicht von Jahr zu Jahr. Er ist mit 8 % kirchensteuerpflichtig und zahlt Steuern in Höhe von 27,8186 %. Wie viel bleibt ihm nach zehn Jahren von seinen Kapitalerträgen?

Insgesamt kommen 5.000 € zusammen, wenn die jährlichen Kapitalerträge addiert werden. Nach Abzug der Steuer bleiben ihm:

$$5.000 \, € \cdot (1 - 0,278186) = 3.609,07 \, €$$

1.16 Die zukünftige Dividendenrendite unter Steuerlast

In Kapitel 1.11 hatten wir über die zukünftige Dividendenrendite nachgedacht. Lassen Sie uns jetzt die Versteuerung einkalkulieren.

Sie kaufen Aktien für 2.000 € mit einer heutigen Dividendenrendite von 2 %. Die Dividende wächst jährlich um 8 %. Der Aktienkurs wächst jährlich um 5 %. Zudem führen Sie Steuern auf Kapitalerträge in Höhe von 26,375 % ab. Wie hoch sind zukünftige Dividendenrenditen nach Steuer beim Kauf der Aktie?

Heute würden Sie auf die 2.000 € bei einer Dividendenrendite von 2 % eine Dividende von 40 € erhalten, wovon 26,375 % Steuern abgezogen werden müssen, d.h. es bleiben Ihnen:

$$2.000 \, € \cdot 0,02 \cdot (1 - 0,26375) = 29,45 \, €$$

Teilt man diesen Wert durch die 2.000 €, dann ergibt sich eine Dividende nach Steuer in Höhe von:

$$29,45 \, € : 2.000 \, € \approx 0,0147 = 1,47 \, \%$$

Nächstes Jahr steigt die Dividende (vor Abzug der Steuer) um 8 %. Sie beträgt also:

$$40 \, € \cdot 1,08 = 43,20 \, €$$

Nach Abzug der Steuer ergibt sich für Ihre Tasche ein Wert von:

$$43,20 \, € \cdot (1 - 0,26375) = 31,81 \, €$$

Derweil hat sich der Kurs um 5 % erhöht auf:

$$2.000 \, € \cdot 1,05 = 2.100 \, €$$

Teilt man die 31,81 € durch die 2.100 €, so ergibt sich in einem Jahr eine Dividendenrendite nach Steuer von 1,51 %. In zwei Jahren erhalten Sie analog gerechnet eine Dividende (nach Steuer) von:

$$40\,€ \cdot 1,08^2 \cdot (1 - 0,26375) = 34,35\,€$$

was bei einem Kurs in zwei Jahren von 2.205 € einer Dividendenrendite (nach Steuer) von 1,56 % entspricht. Das Vorgehen aus Kapitel 1.11 wiederholt sich prinzipiell. Die Erweiterung besteht lediglich in der einmaligen Einbeziehung des Steuersatzes, weil eine zukünftige Dividende eben auch nur genau einmal ausgeschüttet werden kann. Wir erweitern die bekannte Formel aus 1.11 daher wie folgt:

Zukünftige Dividendenrendite nach Steuer

Ist die heutige Dividendenrendite d (als Dezimalbruch) und kann das Wachstum der Dividendenrendite mit dem Wachstumsfaktor q_{div} beschrieben werden. Dann ergibt sich die Dividendenrendite in n Jahren, wenn der Aktienkurs jährlich mit dem Wachstumsfaktor q wächst, mit:

$$d \cdot q_{div}^{\,n} : q^{\,n} \cdot (1 - s) \quad \text{oder} \quad d \cdot q_{div}^{\,n} : q^{\,n} \cdot \bar{s}$$

wobei s der Steuersatz als Dezimalbruch ist, und $\bar{s}$ der Steuerfaktor.

Beispiel: Ein Anleger kauft heute Aktien für 500 € mit einer Dividendenrendite von 6 %. Die Dividende wird jährlich um 2 % erhöht. Der Aktienkurs erhöht sich jährlich um 3 %. Er zahlt 9 % Kirchensteuer, weshalb sein Steuersatz auf Kapitalerträge 27,9951 % beträgt. Wie hoch ist die Dividendenrendite nach Steuer in 5 Jahren, d.h. wie hoch wäre die Dividendenrendite nach Steuer für den Anleger, wenn er erst in 5 Jahren kaufen würde?

Dann gilt:

$$0,06 \cdot 1,02^5 : 1,03^5 \cdot (1 - 0,279951) \approx 0,0411 = 4,11\,\%$$

Der Kurs ist für die Berechnung nicht notwendig. Dennoch können wir zeigen, dass die Formel das richtige Ergebnis liefert. Der Kurs in 5 Jahren steht bei 579,64 €. Die heutige Dividende in Höhe von 30 € wird fünf Jahre lang um 2 % erhöht, beträgt dann also 33,12 €. Nach Abzug der Steuer bleiben 23,85 €. Und das bedeutet auf den Kurs von 579,64 € eine Dividendenrendite nach Steuer von 4,11 %.

Kap 2 Einmalanlage

Ihr Geld auf Arbeit zu schicken und für Sie arbeiten zu lassen - das ist grob gesagt die *Einmalanlage* von Kapital. Sie bildet die Grundlage der Vermögensvermehrung und ist glücklicherweise relativ einfach durchzurechnen. Auch spätere Kalkulationen zu Sparplaninvestitionen beruhen grundsätzlich auf der Einmalanlage von Kapital.

Was braucht man dazu? Grundwissen zu prozentualen Wachstumsprozessen. Denn die Zinsrechnung ist nichts anderes als Prozentrechnung. Was anders ist, sind ein paar Begriffe. *Kapital* statt *Grundwert*, *Zins* statt *Prozentwert*, *Zinssatz* statt *Prozentsatz* und *Zinsfaktor* statt *Wachstumsfaktor*.

Wozu aber dient dieses Kapitel, wenn Zinsrechnung doch nichts anderes als Prozentrechnung ist, die bereits im letzten Kapitel ausgiebig durchgekaut wurde? Vermutlich, weil noch nicht alles Wichtige dazu gesagt wurde, oder?

2.1 Zinseszins - exponentielles Wachstum

Sie haben sich 20.000 € zusammengespart und möchten diese investieren. Dabei haben Sie sich für die Anlage in einen ETF[9] entschieden, der bisher in jedem Jahr um 5 % an Wert zugelegt hat. Dass sich dieses Wachstum nicht einfach in die Zukunft prognostizieren lässt, ist klar. Aber irgendeine Annahme über die zukünftige Wertentwicklung muss man bei Kalkulationen zur Vermögensentwicklung annehmen - warum dann nicht die historische? Man kann dann ja immer noch mehrere Szenarien durchrechnen, bei denen man eine schlechtere oder bessere Wertentwicklung annimmt.

Anstatt zu schreiben, dass jedes Jahr eine Zunahme von 5 % stattfindet, spricht man von einem Wachstum von 5 % p.a. , was *per annum* bedeutet und so viel wie "jährlich" heißt. Nach einem Jahr wachsen die investierten 20.000 € auf einen Wert von:

$$20.000 \text{ €} \cdot 1,05 = 21.000 \text{ €}$$

an. Im nächsten Jahr wachsen die 21.000 € dann auf:

$$21.000 \text{ €} \cdot 1,05 = 22.050 \text{ €}$$

an, was auch gerechnet werden kann mit:

$$20.000 \text{ €} \cdot 1,05 \cdot 1,05 = 22.050 \text{ €}$$

Statt immer wieder den gleichen Faktor aufzuschreiben, kann die Rechnung mit Hilfe der bereits in Kapitel 1 verwendeten Potenzschreibweise notiert werden. An dem Faktor 1,05 hängt dann ein *Exponent*, das ist die hochgestellte Zahl.

---

[9] ETF's verursachen Gebühren. Die Einberechnung von Gebühren verlagern wir in ein späteres Kapitel.

$$20.000\,€ \cdot 1,05^2 = 22.050\,€$$

Will man das Vermögen nach 10 Jahren berechnen, so müsste man zehnmal hintereinander mit dem Faktor 1,05 multiplizieren:

$$20.000\,€ \cdot 1,05 \cdot 1,05 \cdot 1,05 \cdot 1,05 \cdots 1,05$$

Die Potenzschreibweise ist in diesem Fall deutlich bequemer, um das Vermögen nach 10 Jahren zu berechnen:

$$20.000\,€ \cdot 1,05^{10} = 32.577,89\,€$$

Wie Sie sehen, ist das Kalkulieren des Wertes der Einmalanlage nichts anderes als das Anwenden mehrfachen prozentualen Wachstums.

Doch vielleicht sind Sie mit Ihrer Schätzung der 5 % p.a. Wachstum etwas zu optimistisch. Halten Sie sich auch immer ein skeptischeres Szenario vor Augen, bevor Sie sich reich rechnen. Nehmen wir mal an, dass sich der ETF schlechter als gedacht entwickelt und nur mit 3,5 % p.a. wächst. Dann wächst Ihr Vermögen in zehn Jahren auf:

$$20.000\,€ \cdot 1,035^{10} = 28.211,98\,€.$$

Allgemein folgt:

Vermögen bei Einmalanlage (Zinseszinsformel)

Ein Anfangskapital K wächst nach n Jahren bei einem jährlichen Wachstumsfaktor q auf den Wert

$$K_n = K \cdot q^n$$

an. q nennt man in diesem Zusammenhang auch *Zinsfaktor* und n *Laufzeit*.

Beispiel: Ein Anleger hat sich 30.000 € zusammengespart, die er nun per Einmalanlage für sich arbeiten lassen möchte. Er findet einen ETF, in dem sein Geld für 20 Jahre investiert bleiben soll. Die durchschnittliche Rendite dieses ETF's lag bisher bei 7 % p.a. Auf welches Vermögen kann er in 20 Jahren hoffen, falls die jährlichen 7 % Wachstum beibehalten werden[10]?

Bei Annahme der 7 % p.a. für die nächsten 20 Jahre:

$$30.000 \text{ €} \cdot 1,07^{20} = 116.090,53 \text{ €}$$

Geht der Anleger von nicht ganz so guten Marktaussichten aus, so dass maximal 5 % p.a. an Wachstum drin sind. Dann landet er bei:

$$30.000 \text{ €} \cdot 1,05^{20} = 79.598,93 \text{ €}$$

---

[10] Wie auch zu Beginn des Kapitels werden die Gebühren hier noch nicht betrachtet.

2.2 Bestimmung des Anfangskapitals

Wenn Sie ein Vermögensziel haben, um sich später etwas davon kaufen oder um später davon zehren zu können, dann sind Sie wahrscheinlich auch daran interessiert, welche Voraussetzungen nötig sind, um das Ziel zu erreichen. Ein entscheidender Faktor ist das Anfangskapital. Je mehr Sie investieren, desto mehr werden Sie in einigen Jahren an Vermögen zugelegt haben. Wenn 1.000 € um 5 % wachsen, dann kommen nur 50 € hinzu. Wachsen aber 100.000 € um 5 %, dann kommen 5.000 € zum Vermögen hinzu. Das Anfangskapital ist maßgeblich am Wachstum Ihres Vermögens beteiligt.

Sie haben beispielsweise das Ziel, in 25 Jahren 200.000 € zu besitzen. Wie viel Anfangskapital müsste dann per Einmalanlage zu 4 % p.a. verzinst werden, damit Sie Ihr Ziel erreichen?

Verwendet man die Formel aus Kapitel 2.1, so muss diese bei unbekanntem Anfangskapital ein Ergebnis von 200.000 € liefern, d.h.:

$$200.000\ € = K \cdot 1,04^{25}$$

Das Kapital ermitteln wir, indem zunächst der Potenzausdruck auf der rechten Seite ausgerechnet wird. 1,04 wird hoch 25 gerechnet. Je genauer Sie das Ergebnis wollen, auf desto mehr Nachkommastellen runden Sie. Allerdings sind Prognosen über sehr lange Zeiträume ohnehin mit vielen Unsicherheiten behaftet, so dass wenige Nachkommastellen von der Sache her genügen:

$$200.000\ € \approx K \cdot 2,56$$

Wenn 200.000 € das Produkt aus Anfangskapital K und 2,56 sein soll, dann müssen Sie die 200.000 € nun durch 2,56 teilen und erhalten rund:

$$78.125\ € \approx K$$

für das nötige Anfangskapital.

Beispiel: Ein Anleger hat ein Finanzprodukt gefunden, bei dem sein Anfangskapital mit 6,5 % p.a. verzinst wird. In 10 Jahren will er das Geld nutzen, um eine Immobilie zu kaufen. Er schätzt, dass er auf jeden Fall 175.000 € brauchen wird. Wie viel Anfangskapital ist dann notwendig?

$$175.000\,€ = K \cdot 1,065^{10}$$

Durch Ausrechnen des rechten Faktors ergibt das:

$$175.000\,€ \approx K \cdot 1,88$$

Nach Division durch 1,88 erhält man für das Anfangskapital:

$$93.085,11\,€ \approx K$$

Wenn sich der Anleger aber nicht sicher sein kann, dass er die 6,5 % p.a. bekommt, dann wäre er gut beraten, noch eine konservativere Rechnung zu machen.

2.3 Keine Angst vor Wurzel und Logarithmus

Im letzten Kapitel wurde gezeigt, dass für unsere Berechnungen Formeln mit Potenzen verwendet werden. Je nachdem, ob ein Zinsfaktor q oder eine Laufzeit n berechnet werden soll, werden wir auf die mathematischen Hilfsmittel *Wurzel* und *Logarithmus* zurückgreifen müssen, die dem ein oder anderen sicherlich schon in der Schule so einige Strapazen beschafft haben. Doch fürchten Sie sich nicht! Sie werden merken, dass der Umgang damit nicht schwierig ist. Dieses Kapitel behandelt die mathematische Theorie. In den Folgekapiteln wird diese dann angewendet.

Grundsätzlich geht es nur um das Lösen von Gleichungen der Form:

$$a = b^n$$

In Worten bedeutet die Gleichung: *"Wenn man die Zahl b genau n-mal mit sich selbst multipliziert, erhält man die Zahl a"*.

Beispiel 1: Multipliziert man die Zahl 5 viermal mit sich selbst, dann ergibt das 625. Oder als Gleichung:

$$625 = 5^4$$

Nun kann man zwei Fragen dazu stellen. Die erste Frage ist: *"Welche Zahl muss 4-mal mit sich selbst multipliziert werden, damit 625 als Ergebnis herauskommt?"* Schreibt man diese Frage als Gleichung, dann sieht das so aus:

$$625 = b^4$$

Die mathematische Operation, um diese Gleichung zu lösen, ist das Wurzelziehen. Weil die gesuchte Zahl viermal mit sich selbst multipliziert wird, zieht man umgekehrt die vierte Wurzel. D.h. man erhält b wie folgt:

$$b = \sqrt[4]{625} = 5$$

Allgemein gilt:

Wurzel

Die Variable b der Gleichung:

$$a = b^n$$

lässt sich berechnen mit:

$$b = \sqrt[n]{a}$$

Beispiel 2: Gesucht ist nach der Lösung der Gleichung:

$$14 = b^5$$

Dann erhält man b mit:

$$b = \sqrt[5]{14} \approx 1,6952$$

Die zweite Frage, die man bezüglich des Einführungsbeispiels:

$$625 = 5^4$$

stellen kann, ist: *"Wie oft muss die Zahl 5 mit sich selbst multipliziert werden, damit 625 als Ergebnis herauskommt?"* Dies wird mit Hilfe des Logarithmus gelöst. Mit dem Logarithmus erhält man sozusagen den Exponenten. Hier wäre die Schreibweise:

$$4 = log_5 625$$

Gesprochen heißt das: *"Der Logarithmus von 625 zur Basis 5 ergibt 4."* Überprüfen Sie beim Anwenden des Logarithmus immer nochmal, ob Sie alle Zahlen richtig platziert haben. Es ist ein häufiger Fehler, sich dabei zu vertun.

Wie gibt man so etwas in den Taschenrechner ein? Auf dem Taschenrechner finden Sie in der Regel Tasten mit der Bezeichnung "log" oder "ln", die Sie dazu verwenden können. Warum es zwei Tasten gibt, und warum Berechnungen genau so wie nachfolgend beschrieben eingegeben werden müssen, soll an dieser Stelle keine Rolle spielen, da dazu etwas mehr Mathematik benötigt wird. Es genügt, wenn Sie die Gleichungen lösen können.

Das Beispiel würde man so in den Taschenrechner eingeben:

$$log\,625 : log\,5 \; =$$

oder:

$$ln\,625 : ln\,5 \; =$$

Jeweils erhalten Sie 4 als Ergebnis. Passen Sie auf, dass Sie entweder "log" *oder* "ln" verwenden. Manche Taschenrechner verfügen auch über die Möglichkeit der Eingabe dieser Form:

$$log_6 625 \; =$$

Allgemein gilt:

Logarithmus

Die Variable n in der Gleichung:

$$a = b^n$$

lässt sich bestimmen mit:

$$n = log_b a$$

und wird im Taschenrechner eingegeben mit:

$$n = log\, a : log\, b$$

Beispiel 3: Wie lautet die Lösung der folgenden Gleichung?

$$8,6 = 1,09^n$$

Es gilt:

$$n = log_{1,09} 8,6 \approx 24,97$$

Im Taschenrechner gibt man ein:

$$log\, 8,6 : log\, 1,09$$

Wir überprüfen das Ergebnis und erhalten gerundet:

$$1,09^{24,97} \approx 8,600816$$

2.4 Wie viel Rendite muss es sein?

Mit Ihrem Anfangskapital stehen Sie nun vor der Frage, wie Sie das Geld investieren sollten. Eher risikoreich und dafür zu einer höheren möglichen Rendite? Oder doch eher risikoarm, dafür aber mit Verzicht auf hohe Renditen? Immerhin sind hohe Renditen bei risikoreichen Investments nicht immer garantiert - man weiß nie, ob man sein eingesetztes Kapital bei risikoreichen Investments nicht doch komplett verliert.

Aus schweißtreibender Arbeit konnten Sie über die letzten Jahre 35.000 € ansparen. Das Geld wollen Sie in 20 Jahren zur Tilgung der Restschuld eines Darlehens verwenden, falls Sie keinen günstigen neuen Kredit bekommen werden. Die Prognose sagt, dass Sie dann noch 150.000 € Restschuld haben werden. Welche Rendite müsste die Anlageklasse, in die Sie investieren, nun jährlich abwerfen, damit Ihr Plan aufgeht?

In der Zinseszinsformel aus Kapitel 2.1 kennen Sie das Ergebnis von 150.000 €, das Anfangskapital in Höhe von 35.000 € und den Anlagehorizont von 20 Jahren. Für die Formel heißt das:

$$150.000 \, € = 35.000 \, € \cdot q^{20}$$

Gesucht wird nach dem Wachstums- bzw. Zinsfaktor. Zuerst müssen wir die Gleichung durch 35.000 € teilen, was gerundet:

$$4,2857 \approx q^{20}$$

ergibt. Gesucht ist nach einer Zahl, die 20-mal mit sich selbst multipliziert den Wert 4,2857 ergibt. Das lösen wir, indem die 20-te Wurzel aus 4,2857 gezogen wird:

$$q \approx \sqrt[20]{4,2857} \approx 1,075$$

Ein Zinsfaktor von 1,075 bedeutet eine Rendite von 7,5 % p.a. Der Wert ist nahe der durchschnittlichen Rendite des MSCI-World-Index. Klar ist das keine Prognose für die Zukunft, dennoch ist es nicht abwegig, über einen so langen Zeitraum mit dieser Rendite zu rechnen. Gehen Sie aber bei dem Plan der Tilgung einer Restschuld nicht zu viel Risiko ein.

Beispiel: Ein Anleger möchte 15.000 € investieren. Er will das Geld in 15 Jahren als Kapital für die Renovierung seines Einfamilienhauses arbeiten lassen. Das Ziel sollen 25.000 € sein. Zu welchem Zinssatz muss er das Geld dann anlegen?

$$25.000 \, € = 15.000 \, € \cdot q^{15}$$

Wir teilen zuerst durch 15.000 € und erhalten rund:

$$1,6667 \approx q^{15}$$

Nach dem Ziehen der 15-ten Wurzel ergibt das:

$$q \approx \sqrt[15]{1,6667} \approx 1,035$$

Schon mit einem Zinssatz von 3,5 % p.a. würde der Anleger sein Ziel erreichen.

2.5 Die Frage nach dem Zeitpunkt

Zumindest dann, wenn Sie Zeit haben, spielt Ihnen der Zinseszinseffekt voll in die Hände. Nicht jeder verfügt über ein großes Anfangskapital. Aber Zeit haben viele Sparer. Mit ausreichend Geduld arbeitet die Zeit tatkräftig mit, so dass Sie Ihr Vermögensziel eines Tages erreichen können. Lehnen Sie sich also zurück, und schauen Sie zu, wie sich Ihr Geld von allein vermehrt. Vor allem die letzten Jahre Ihrer Ansparphase hauen nochmal richtig rein. Doch wie lange genau müssen Sie denn warten?

Sie haben ein Sparvermögen von 40.000 € erarbeitet. Das ist eine super Grundlage. Ist der Traum von der Million damit schon drin? Angenommen Sie finden eine Anlageklasse, die Ihnen konstante 7 % p.a. beschert. Mit der Zinseszinsformel kann man nun schreiben:

$$1.000.000 \, € = 40.000 \, € \cdot 1,07^{n}$$

Genau wie im letzten Kapitel wird die Gleichung durch 40.000 € geteilt:

$$25 = 1,07^{n}$$

Sicherlich kann man diese Gleichung lösen, indem man verschiedene Zahlen für n ausprobiert. Das kann man machen, mit dem in 2.3 behandelten Logarithmus geht das aber nicht nur schneller, sondern auch exakter:

$$n = log_{1,07}25 \approx 47,6$$

Wenn Ihr Geld 47,6 Jahre zu 7 % p.a. verzinst wurde, sind aus Ihren 40.000 € eine Million geworden. Ganz schön lange, wenn Sie mich fragen. Vielleicht schrauben wir unsere Erwartungshaltung etwas herunter und geben uns mit einer halben Million zufrieden. Schauen wir doch einfach mal, wann Sie diese unter sonst gleichen Bedingungen erreichen würden:

$$500.000\ € = 40.000\ € \cdot 1,07^{n}$$

Dividiert man durch 40.000 €, dann ergibt das:

$$12,5 = 1,07^{n}$$

Umgeschrieben in den Logarithmus und ausgerechnet erhalten wir:

$$n = log_{1,07} 12,5 \approx 37,33$$

Zwar sehen Sie, dass das auch sehr lange ist. Viel interessanter ist aber der Aspekt, dass Sie von da an bis hin zur Million, d.h. für die zweite Million, nur etwa zehn Jahre benötigen würden. Das ist die Kraft des Zinseszinseffektes.

Beispiel: Ein Anleger legt 100.000 € zu 5 % p.a. an. Wie lange dauert es, bis das Kapital auf 300.000 € angewachsen ist?

$$300.000\ € = 100.000\ € \cdot 1,05^{n}$$

Die Division durch 100.000 € ergibt:

$$3 = 1,05^{n}$$

Mit Hilfe des Logarithmus ergibt das:

$$n = log_{1,05} 3 \approx 22,5$$

2.6 Die Grenzen der 72-Regel

Viel populärer als die Bestimmung der Laufzeit ist die Bestimmung der Verdopplungszeit. Es geht um die Frage, wie lange es bei einer Einmalanlage von Kapital dauert, bis sich das Anfangskapital verdoppelt hat. Mit der Zinseszinsformel aus Kapitel 2.1 lässt sich das problemlos ermitteln. Aber es gibt auch eine Faustformel, mit der man sich das Leben leichter machen kann.

Als Faustformel gilt in etwa der Zusammenhang:

72-er-Regel

$$72 \approx Zinssatz \cdot Verdopplungszeit$$

wobei der Zinssatz nicht als Dezimalbruch verwendet werden darf, sondern als Prozentzahl. Interessanterweise scheint das Anfangskapital nicht von Bedeutung zu sein, so dass die Zeit für die Verdopplung von 100 € genauso lang wie die Zeit zur Verdopplung von 1.000 € ist. Und das ist auch tatsächlich so. Die Einmalanlage ist ein exponentieller Prozess, bei dem dieses Phänomen eine charakteristische Eigenschaft ist.

Etwas handhabbarer wird die Formel, indem man sie durch den Zinssatz teilt, damit man sich die Verdopplungszeit direkt ausrechnen kann:

$$Verdopplungszeit = 72 : Zinssatz$$

Mit einem Beispiel lässt sich die Einfachheit der Regel verdeutlichen. Angenommen, Sie legen 5.000 € an, die zu 8 % p.a. verzinst werden. Dann gilt:

$$Verdopplungszeit = 72 : 8 = 9$$

Es dauert also 9 Jahre, bis das Kapital auf 10 000 € angewachsen ist. Ob das wirklich passt, überprüfen wir mit der Zinseszinsformel:

$$5\,000\,€ \cdot 1{,}08^9 = 9\,995{,}02\,€$$

Man sieht also, dass die Rechnung in etwa stimmt. Lassen Sie uns etwas tiefer in die Überprüfung der Regel einsteigen, um die Genauigkeit dieser Regel zu analysieren. Denn wenn es eine Faustformel ist, dann besitzt Ihre Gültigkeit Grenzen.

Die Verdopplungszeit n_V für das Anfangskapital K ist die Zeit, in der das Kapital auf seinen doppelten Wert, also auf 2 mal K anwächst. In der Formel wird das doppelte Anfangskapital mit dem Produkt aus 2 und K dargestellt:

$$2 \cdot K = K \cdot q^{n_V}$$

Teilen wir wie gewohnt durch K, dann ergibt sich:

$$2 = q^{n_V}$$

Die Gleichung ist jetzt unabhängig vom Anfangskapital K. Daraus kann man schließen, dass die Verdopplungszeit n_V für jedes Anfangskapital lediglich vom Zinsfaktor abhängt, nicht aber von der Höhe des Anfangskapitals. Mit dem Logarithmus umgeschrieben steht jetzt da:

Verdopplungszeit bei Einmalanlage

Die Verdopplungszeit n_V eines Anfangskapitals, das jährlich mit dem Zinsfaktor q wächst, kann man berechnen mit:

$$n_V = \log_q 2$$

Wenn der Zins 7 % p.a. beträgt, dann ist der Zinsfaktor 1,07. Die Verdopplungszeit ist folglich:

$$n_V = log_{1,07} 2 \approx 10,24 \text{ Jahre}$$

Setzt man verschiedene Zinsfaktoren q in die Formel ein, dann ergibt sich Tabelle 8 auf der nächsten Seite. In der ersten Spalte steht der Zinssatz, aus dem sich bekanntlich der Zinsfaktor q ergibt (Spalte 2). Mit diesem Zinsfaktor wird in der Tabelle das n_V gemäß der soeben erwähnten Formel zur Verdopplungszeit errechnet. In der letzten Spalte wurden Zinssatz (Spalte 1) und Verdopplungszeit (Spalte 3) miteinander multipliziert und auf eine Nachkommastelle gerundet.

Wir können der Tabelle entnehmen, dass die 72-er-Regel bei sieben oder acht Prozent Zinsen am besten passt. Abweichungen des Zinssatzes nach oben oder unten sorgen für Abweichungen von der Regel. Für kleine Renditen genügt demnach auch eine 70-er-Regel (d.h. Zinssatz mal Verdopplungszeit ergibt etwa 70). Bei Renditen von 15 % landen Sie eher bei einer 74-er-Regel. Aber lassen wir die Korinthenkackerei - wie genau lassen sich die Renditen der nächsten Jahre schon prognostizieren, wenn der Zins nicht festgeschrieben ist? Da ist es auch egal, ob Sie 70 oder 72 verwenden.

Tabelle 8: Untersuchung der Formel $n = log_q 2$ zur Verdopplungszeit			
Zinssatz	q	n_V	Zinssatz mal n_V
1 % p.a.	1,01	69,99	70,0
2 % p.a.	1,02	35,00	70,0
3 % p.a.	1,03	23,45	70,4
4 % p.a.	1,04	17,67	70,7
5 % p.a.	1,05	14,21	71,1
6 % p.a.	1,06	11,90	71,4
7 % p.a.	1,07	10,24	71,7
8 % p.a.	1,08	9,01	72,1
9 % p.a.	1,09	8,04	72,4
10 % p.a.	1,10	7,27	72,7
11 % p.a.	1,11	6,64	73,0
12 % p.a	1,12	6,12	73,4
13 % p.a	1,13	5,67	73,7
14 % p.a	1,14	5,29	74,1
15 % p.a	1,15	4,96	74,4

2.7 Was, wenn sich der Zinssatz ändert?

Wer sagt, dass das Asset, in das Sie investieren, seine historische Rendite weiter halten wird? Das kann niemand garantieren - diese skeptische Haltung hat Ihnen das Buch ja schon versucht, anzudeuten. Es wurde auch schon darauf hingewiesen, dass verschiedene Szenarien durchgerechnet werden sollten, wobei unter anderem auch eine eher schlechte Verzinsung Ihrer Einmalanlage angenommen wird. Vielleicht verfügen Sie aber auch über Zusatzinformationen von mögliche Zinsänderungen. Und wenn nicht, so lassen sich bestimmte Annahmen treffen. Die Änderung des Zinssatzes lässt sich schließlich mit relativ wenig Aufwand in Ihre Rechnung einkalkulieren.

Sie investieren 25.000 € in ein Asset, von dem Sie annehmen, dass es noch 4 weitere Jahre um 8 % p.a. steigen wird. Danach rechnen Sie für 11 Jahre mit einem schwachen Wachstum von nur 3 % p.a. Auf welches Vermögen wächst Ihr Kapital an?

Für die Berechnung wird in zwei Schritten gedacht. Zuerst wird das Anfangskapital von 25.000 € vier Jahre lang um 8 % p.a. erhöht:

$$25.000 \, € \cdot 1,08^4 = 34.012,22 \, €$$

Und danach wird das neue Kapital von 34.012,22 € elf Jahre lang um 3 Prozent erhöht:

$$34.012,22 \, € \cdot 1,03^{11} = 47.080,87 \, €$$

Weil aber prinzipiell nichts anderes gemacht wurde, als 25.000 € vier mal mit 8 % und dann elf mal mit drei Prozent zu erhöhen, kann man sich das Zwischenergebnis sparen und gleich wie folgt rechnen:

$$25.000 \, € \cdot 1,08^4 \cdot 1,03^{11} = 47.080,87 \, €$$

Das Produkt der Wachstumsfaktoren:

$$1,08^4 \cdot 1,03^{11} \approx 1,88$$

bedeutet, dass das Kapital insgesamt um 88 % gestiegen ist, bzw. dass es sich ver-1,88-facht hat.

Die Rechnung lässt sich für beliebig viele Zinsänderungen anpassen, wie folgendes Beispiel zeigt.

Beispiel: 45.000 € werden in einen ETF[11] investiert. Drei Jahre lang steigt dieser jährlich um 10 %. Danach fällt der Kurs des ETF fünf Jahre lang jährlich um 2 %. Im Anschluss folgen zwei Jahre lang Aufwärtsbewegungen mit 6 % p.a. Welchen Depotwert erreicht der Anleger?

Die Zinsfaktoren sind 1,10 für die erste Phase, 0,98 für die zweite, und in der dritten 1,06. Man rechnet dann:

$$45.000 \, € \cdot 1,10^3 \cdot 0,98^5 \cdot 1,06^2 = 60.832,08 \, €$$

Der Gesamtwachstumsfaktor ist:

$$1,10^3 \cdot 0,98^5 \cdot 1,06^2 \approx 1,35$$

Das Kapital ist daher insgesamt um etwa 35 % gewachsen.

---

[11] Auf Gebühren wird an dieser Stelle wieder verzichtet. Nehmen Sie die Rendite nach Gebühren an.

2.8 Wie stark ihr Depot fallen darf

Sie investieren 30.000 € in einen ETF und haben vor, das Geld für 15 Jahre angelegt zu lassen. Am Ende soll es wenigstens die Inflation[12] ausgleichen und damit etwa um 2 % p.a. gestiegen sein. Der ETF macht in den ersten 10 Jahren eine positive Entwicklung von 6 % p.a. Sie überlegen, ob Sie das Geld nun aus dem ETF abziehen. Schließlich hat es ja gut arbeiten können. Andererseits könnte es sich um verpasste Chancen handeln, wenn Sie Ihre ETF-Anteile jetzt verkaufen. Am Ende entscheiden Sie sich, das Geld investiert zu lassen, behalten aber die Entwicklung im Auge. Für Ihre Beobachtung fragen Sie sich, wie stark das Depot von jetzt an jährlich maximal fallen darf, damit Ihre Investition über die 15 Jahre zumindest eine Gesamtentwicklung von 2 % p.a. gemacht hat.

Das Mindestziel sind 30.000 €, die 15 Jahre lang um wenigstens 2 % gewachsen sind:

$$30.000 \text{ €} \cdot 1,02^{15} = 40.376,05 \text{ €}$$

Das zehnjährige Wachstum und ein eine potentielle fünfjährige Abwärtsbewegung, die im Folgenden durch den Wachstumsfaktor q repräsentiert wird, soll im schlimmsten Fall bei 40.376,05 € landen:

$$30.000 \text{ €} \cdot 1,06^{10} \cdot q^5 = 40.376,05 \text{ €}$$

Nach Zusammenrechnen der Zahlen auf der linken Seite der Gleichung folgt:

$$53.725,43 \text{ €} \cdot q^5 = 40.376,05 \text{ €}$$

Dividiert man die Gleichung durch den Betrag auf der linken Seite, dann folgt:

$$q^5 \approx 0,7515$$

---

[12] Vereinfacht wird an dieser Stelle eine durchschnittliche Inflationsrate von 2 % p.a. angenommen.

Das Ziehen der fünften Wurzel ergibt:

$$q \approx 0,94$$

was eine fünfjährige Abnahme von 6 % jährlich bedeuten würde. Der Kurs des ETF kann also fünf Jahre lang um 6 % p.a. fallen. Wenn Sie wissen, dass Sie das investierte Geld wirklich brauchen werden, dann könnten Sie auch einfach einen Teilverkauf machen, und den Rest des Geldes investiert lassen.

2.9 Wie lange ihr Depot fallen darf

Ändern wir die Situation aus dem letzten Kapitel ein wenig ab. 30.000 € werden angelegt und wachsen zehn Jahre lang jährlich um 7 %. Das Ziel soll wieder sein, dass das Depot nach der gesamten Laufzeit der Investition mindestens jährlich um 2 % gewachsen sein soll. Nach den zehn Jahren rechnen Sie mit einer Abwärtsbewegung, die 5 % jährlich betragen wird. Wie lange wird Ihr Depot das mitmachen? Das Lösen dieser Aufgabe ist anspruchsvoller als gedacht.

Das Problem an dieser Situation ist der unbekannte Mindestbetrag, der erreicht werden soll, weil man ja nicht weiß, wie lange der Prozess gehen wird. Nennt man diesen Mindestbetrag M, dann gilt:

$$M = 30.000 \, € \cdot 1,02^{n}$$

wobei n die gesamte Laufzeit Ihrer Investition ist. Gleichzeitig soll dieser Mindestbetrag aber auch erreicht werden, indem das Anfangskapital von 30.000 € zehn Jahre lang um 7 % p.a. zulegt hat und dann einen unbekannten Zeitraum lang jährlich um fünf Prozent fällt. Der unbekannte Zeitraum dieser Abwärtsphase ergibt zusammen mit den zehn Jahren Aufwärtsbewegung die gesamte Laufzeit. Er ist folglich um 10 Jahre kürzer als die Laufzeit n, weshalb geschrieben werden kann:

$$M = 30.000 \, € \cdot 1,07^{10} \cdot 0,95^{n-10}$$

Da beide Kalkulationen den Wert M erreichen sollen, können die Gleichungen gleichgesetzt werden:

$$30.000 \, € \cdot 1,02^{n} = 30.000 \, € \cdot 1,07^{10} \cdot 0,95^{n-10}$$

Um das zu lösen, kann man zuerst die ersten beiden Faktoren auf der rechten Seite zusammenrechnen. Dann weiß man gleich auch, bei welchem Wert das Depot nach zehn Jahren gelandet ist:

$$30.000 \, € \cdot 1,02^{n} = 59.014,54 \, € \cdot 0,95^{n-10}$$

Nun dividiert man durch den errechneten Betrag von 59.014,54 €:

$$0,5083 \cdot 1,02^{n} \approx 0,95^{n-10}$$

Gemäß eines Potenzgesetzes[13] kann die rechte Seite der Gleichung umgeschrieben werden zu:

$$0,5083 \cdot 1,02^{n} \approx \frac{0,95^{n}}{0,95^{10}}$$

Die Zahl unter dem Bruchstrich kann man ausrechnen und runden:

$$0,5083 \cdot 1,02^{n} \approx \frac{0,95^{n}}{0,5987}$$

Multipliziert man die Gleichung mit dieser neu ausgerechneten Zahl, dann folgt:

$$0,3043 \cdot 1,02^{n} \approx 0,95^{n}$$

Hier muss jetzt dafür gesorgt werden, dass das n nur auf einer Seite der Gleichung auftaucht. Wir teilen deswegen durch 1,02 hoch n:

$$0,3043 \approx \frac{0,95^{n}}{1,02^{n}}$$

---

[13] Dividiert man Potenzen mit gleichen Basen (hier: 0,95) und verschiedenen Exponenten (hier: n und 10), dann kann man den Ausdruck mit einer gemeinsamen Basis schreiben (hier: 0,95) und die Exponenten subtrahieren (hier: n-10). Das Gesetz wurde allerdings umgekehrt angewendet.

Gemäß eines weiteren Potenzgesetzes[14] können die beiden Zahlen auf der rechten Seite einfach dividiert werden, wobei der Exponent erhalten bleibt:

$$0,3043 \approx 0,93^{n}$$

Mit Hilfe des Logarithmus erhalten Sie nun die gesamte Laufzeit, in der Ihr Depot zunächst zehn Jahre lang mit 7 % p.a. wächst und dann den Rest der Zeit mit 5 % p.a. fällt, damit Sie eine Gesamtentwicklung von 2 % p.a. gehabt hätten:

$$n \approx log_{0,93} 0,3043 \approx 16,4$$

Nach insgesamt 6,4 Jahren Abwärtsbewegung unterschreiten Sie damit Ihre Schmerzgrenze M. Die Höhe dieser Schmerzgrenze M können Sie ausrechnen, wenn die 30.000 € für 16,4 Jahre jährlich 2 % p.a. zugelegt hätten:

$$M = 30.000 € \cdot 1,02^{16,4} = 41.511,08 €$$

Für die Beantwortung einer scheinbar so banalen Frage ist mehr mathematischer Aufwand zu betreiben als gedacht. Um den Prozess zu visualisieren, folgt eine Tabelle, die die Wertentwicklung ab dem zehnten Jahr zeigt. Wachsen 30.000 € zehn Jahre lang um 2 % p.a., dann haben diese einen Wert von 36.569,83 €. Dieser Betrag wird weiter jährlich um 2 % erhöht. Gleichzeitig betrachten wir die 59.014,54 €, die durch das zehnjährige 7 %-ige Wachstum entstanden sind. Diese werden dann jährlich um 5 % verringert.

---

[14] Dividiert man Potenzen mit gleichen Exponenten (hier: n) und verschiedenen Basen (hier: 0,95 und 1,02), so können die Basen einfach dividiert und der Exponent beibehalten werden.

Tabelle 9: Vergleich der Entwicklung des Kapitals		
Jahr	jährlich plus 2 %	jährlich minus 5 %
10	36.569,83 €	59.014,54 €
11	37.301,23 €	56.063,81 €
12	38.047,25 €	53.260,62 €
13	38.808,20 €	50.597,59 €
14	39.584,36 €	48.067,71 €
15	40.376,05 €	45.664,33 €
16	41.183,57 €	43.381,11 €
17	42.007,24 €	41.212,05 €

Die Tabelle zeigt, dass das Depot im 17-ten Jahr unter die Schmerzgrenze M rutscht. Nicht ganz so exakt wie die rechnerische Lösung, dafür aber einfacher zu bestimmen.

2.10 Unterjährige Verzinsung

Sie haben bestimmt schon von P2P-Anbietern gehört, bei denen Sie als Kreditgeber fungieren und täglich Zinsen erhalten. Ähnlich gibt es auch Assets, bei denen Sie monatlich Zinsen erhalten. Erhält man beispielsweise monatlich Zinsen, dann werden die im ersten Monat erhaltenen Zinsen bereits gutgeschrieben und im zweiten Monat mit verzinst. Der Zinseszinseffekt setzt auf diese Weise schon zeitiger ein. Ob damit am Ende eine größere Gesamtrendite erzielt werden kann, ist eine Frage des Zinssatzes.

Um Ihnen die mathematischen Zusammenhänge zu verdeutlichen, untersuchen wir ein Beispiel, das mehrere Situationen vergleicht. Sie sind Kreditgeber mit 20.000 €. Darauf erhalten Sie 7 % Zinsen. Nach einem Jahr haben Sie dann einen Gesamtbetrag von:

$$20.000 \, € \cdot 1,07 = 21.400 \, €$$

und insgesamt 1.400 € Zinsen erhalten. Bei den 7 % spricht man vom *Effektivzins* oder *Effektivzinssatz*. Das ist der Zinssatz, der die Verzinsung des Kapitals für ein Jahr beschreibt. Der zugehörige Zinsfaktor von 1,07 ist heißt dann *Effektivzinsfaktor*. Diesen bezeichnen wir wie auch bisher in diesem Buch mit dem Buchstaben q.

Bei der monatlichen Verzinsung wird danach gefragt, mit welchem Zinsfaktor die 20.000 € zwölfmal multipliziert werden müssen, damit wir ebenfalls 21.400 € als Ergebnis erhalten. Dieser Zinsfaktor heißt *unterjähriger Zinsfaktor* und wird hier mit q_u bezeichnet. Der zugehörige Zinssatz ist der *unterjährige Zinssatz*.

$$20.000 \, € \cdot q_u^{12} = 21.400 \, €$$

Um den unterjährigen Zinsfaktor zu ermitteln, teilt man die Gleichung durch 20.000 €. Das ergibt:

$$q_u^{12} = 1,07$$

Das Ergebnis ist der Effektivzinsfaktor. Für die Berechnung des unterjährigen Zinsfaktors ist es offenbar völlig egal, wie groß das angelegte Kapital ist. Um den unterjährigen Zinsfaktor zu erhalten, wird gefragt, welche Zahl zwölfmal mit sich selbst multipliziert werden muss, damit 1,07 herauskommt - das ermitteln wir mit der zwölften Wurzel:

$$q_u = \sqrt[12]{1,07} \approx 1,0057$$

Diese Zahl entspricht 0,57 % monatlichen Zinses. Hier wurde der Zinsfaktor auf vier Nachkommastellen gerundet. Mehr Nachkommastellen bedeuten eine höhere Genauigkeit.

Multipliziert man den monatlichen (unterjährigen) Zins jetzt mit 12, dann ergibt sich der sogenannte *nominale Zins* oder *Nominalzins*:

$$12 \cdot 0,57\,\% = 6,84\,\%$$

An dem Beispiel können wir erkennen, dass der Nominalzins kleiner als der Effektivzins ist. Mit dem Nominalzins können Sie von der Sacher her nichts anfangen, angegeben wird er hier und da trotzdem. Es gilt:

Unterjährige Verzinsung

Wird innerhalb des Jahres f mal verzinst, dann ergibt sich der unterjährige Zinsfaktor q_u als f-te Wurzel des Effektivzinsfaktors q.

$$q_u = \sqrt[f]{q}$$

Beispiel 1: Sie legen 5.000 € bei einem P2P-Anbieter an, der Tageszinsen anbietet. Der effektive Jahreszins beträgt 6,5 % p.a. Wie hoch ist Ihr Kapital nach einem halben Jahr?

Zuerst bestimmen wir den Tageszinsfaktor. Das Kapital wird 365 mal pro Jahr verzinst. Der Tageszinsfaktor ist folglich die 365-te Wurzel des Effektivzinsfaktors:

$$q_u = \sqrt[365]{1,065} \approx 1,000173$$

Das sind täglich 0,0173 % Zinsen. Ein halbes Jahr sind 182,5 Tage. Die runden wir auf 183 Tage. Nach diesem halben Jahr ist das Kapital in etwa angewachsen auf:

$$5.000 € \cdot 1,000173^{183} = 5.160,81 €$$

Insgesamt erreichen Sie im ganzen Jahr ein Kapital von:

$$5.000 € \cdot 1,065 = 5.325 €$$

Aufgrund der täglichen Verzinsung wird nach einem halben Jahr noch nicht die Hälfte (162,50 €) der insgesamt im Jahr erzielten Zinsen von 325 € erreicht. Der Zinsertrag in der zweiten Jahreshälfte ist größer als der in der ersten.

Beispiel 2: Sie finden ein Asset, das Ihnen auf Ihr eingesetztes Kapital von 15.000 € quartalsweise Zinsen ausschüttet. Im Angebot[15] steht ein Nominalzins von 5 % p.a. Wie hoch ist das Kapital nach zwei Jahren?

Der Quartalszins (unterjährige Zins) ergibt sich aus dem Nominalzins. Der Nominalzins ist das Vierfache des Quartalszinses, weshalb der Quartalszins 1,25 % pro Quartal beträgt. Der Quartalszinsfaktor ist deshalb 1,0125. Wenn der Quartalszinsfaktor q_u die vierte Wurzel des

---

[15] Mittlerweile sind Anbieter in Deutschland verpflichtet dazu, den Effektivzins auszuweisen.

Effektivzinsfaktors q ist, so ergibt sich der Effektivzinsfaktor als vierte Potenz des Quartalszinsfaktors:

$$q = q_u^4 = 1,0125^4 \approx 1,0509$$

Der Effektivzins ist ungefähr 5,09 % p.a.. Für die Bestimmung des Kapitals nach zwei Jahren sind zwei Rechenwege möglich, entweder mit Quartalszinsfaktor (wobei 8 Quartale berücksichtigt werden) oder mit Effektivzinsfaktor (wobei 2 Jahre berücksichtigt werden):

$$15.000 \, € \cdot 1,0125^8 = 16.567,29 \, €$$

oder

$$15.000 \, € \cdot 1,0509^2 = 16.565,86 \, €$$

Weil bei der Berechnung des Effektivzinsfaktors gerundet wurde, weicht das zweite Ergebnis leicht vom exakten ersten Ergebnis ab.

2.11 Vorschüssig oder nachschüssig?

Ein *Zinszuschlagtermin* ist der Zeitpunkt, an dem die Zinsen gutgeschrieben werden. Die *Zinsperiode* ist der Zeitraum zwischen zwei Zinszuschlagterminen. Bisher habe ich unterstellt, dass Zinsen immer erst am Ende einer Zinsperiode gutgeschrieben werden. In diesem Fall spricht man von *nachschüssiger Verzinsung*. Es gibt auch eine *vorschüssige Verzinsung*, die im Folgenden anhand eines Vergleichs zur nachschüssigen Verzinsung beschrieben wird.

Bei der bisher bekannten nachschüssigen Verzinsung wird davon ausgegangen, dass sich der Anfangswert einer Zinsperiode um den Zinssatz bis auf den Endwert erhöht. Erhöht sich ein Anfangskapital von 30.000 € um 5 %, dann werden am Ende der Zinsperiode 1.500 € gutgeschrieben, so dass das neue Kapital einen Wert von 31.500 € hat. Dabei entsprechen die 30.000 € einer Prozentmenge von 100 %. Die Zinsen von 1.500 € entsprechen 5 %. Zusammen ergibt das 105 %, also 31.500 €, am Ende des Jahres.

Bei der vorschüssigen Verzinsung nimmt man an, dass nicht das Anfangskapital von 30.000 €, sondern der Endwert der Zinsperiode 100 % entspricht. Bei 5 % vorschüssiger Verzinsung entsprechen die 30.000 € dann einer Prozentmenge von 95 %. Der Grundwert (100 %) ist bei der vorschüssigen Verzinsung daher nicht der Anfangswert. Wie groß ist dieser Grundwert, wenn 95 % gleich 30.000 € sind?

$$30.000 \,€ : 0,95 = 31.578,95 \,€$$

Die 31.578,95 € entsprechen dem Grundwert und sind der Wert des Kapitals am Ende der Zinsperiode. Hier kamen Zinsen in Höhe von 1.578,95 € hinzu.

Die folgende Tabelle macht den Zusammenhang deutlich:

Tabelle 10: Vergleich von nach- und vorschüssiger Verzinsung		
nachschüssig (100 % am Anfang der Zinsperiode)		
Anfang	Zuwachs um	Ende
30.000 €	1.500 €	31.500 €
100 %	5 %	105 %
vorschüssig (100 % am Ende der Zinsperiode)		
Anfang	Zuwachs um	Ende
30.000 €	1.578,94 €	31.578,94 €
95 %	5,26 %	**100 %**

Die Tabelle verwirrt im unteren Teil vielleicht etwas. Lassen Sie uns noch einmal wiederholen, was im Kapitel zur Prozentrechnung erklärt wurde: Wenn Sie 95 % um 5 % erhöhen, dann erhalten Sie nicht 100 %. Warum nicht? Na weil Sie ja 5 % *von* 95 % für eine Erhöhung nutzen. Nehmen wir an, Sie haben 95 €, die auf 100 € anwachsen sollen. Wenn Sie 95 € um 5 % wachsen lassen, dann landen Sie bei:

$$95\,€ \cdot 1,05 = 99,75\,€$$

und nicht bei 100 €. Wenn Sie bei 100 € landen wollen, muss gelten:

$$95\,€ \cdot q = 100\,€$$

Dividieren Sie durch 95 €, dann erhalten Sie q:

$$q = \frac{100\,€}{95\,€} \approx 1,0526$$

was einem prozentualen Anstieg von 5,26 % entspricht. Dies wäre der *äquivalente nachschüssige Zinssatz*, der das gleiche Wachstum wie ein vorschüssiger Zinssatz von 5 % erzielen würde.

2.12 Formeln für vor- und nachschüssige Verzinsung

Der letzte Abschnitt zeigte den Unterschied der beiden Arten der Verzinsung. Vielleicht sind sie daran interessiert, wie man etwas komplexere Zusammenhänge zur vorschüssigen Verzinsung mathematisch erfassen kann. Die Plausibilisierung der Formel zur vorschüssigen Verzinsung ist mathematisch etwas anspruchsvoller als die bereits bekannte zur nachschüssigen Verzinsung.

Sie legen 20.000 € an, die jährlich vorschüssig zu einem Zinssatz von 6 % verzinst werden. Dann entsprechen die 20.000 € einer Prozentmenge von 94 %. Nach einem Jahr wachsen diese dann auf 100 % an. Der zugehörige Grundwert ist das Kapital nach einem Jahr:

$$20.000\,\text{€} : 0,94 = 21.276,60\,\text{€}$$

Im Jahr darauf sind die 21.276,60 € der neue Anfangswert der nächsten Zinsperiode. Nun entspricht dieser Betrag einer Prozentmenge von 94 %. Nach dem zweiten Jahr wächst das Kapital also an auf:

$$21.276,60\,\text{€} : 0,94 = 22.634,68\,\text{€}$$

Sie sehen, dass das Kapital immer wieder durch 0,94 dividiert wird, um den neuen Kapitalbestand zu erhalten. Für das Kapital nach dem zweiten Jahr hätten Sie auch rechnen können:

$$20.000\,\text{€} : 0,94^{2} = 22.634,68\,\text{€}$$

da ja zweimal nacheinander durch 0,94 geteilt wurde. Analog erhält man das Kapital nach zehn Jahren mit:

$$20.000\,\text{€} : 0,94^{10} = 37.132,27\,\text{€}$$

während bei nachschüssiger Verzinsung ein Kapital von:

$$20.000\,€ \cdot 1,06^{10} = 35.816,95\,€$$

entstanden wäre. Bei vorschüssiger Verzinsung erhalten Sie offensichtlich mehr Zinsen als bei nachschüssiger.

Versucht man den Zusammenhang allgemein zu formulieren, dann wird in der Fachliteratur ein neuer Begriff eingeführt, der in diesem Buch implizit schon verwendet wurde. Der Zins als Dezimalbruch heißt nämlich *Zinsfuß*. Sein Symbol ist das i. Beispielsweise gehört zu einem Zins von 6 % der Zinsfuß 0,06. Zu einem Zins von 12 % gehört der Zinsfuß 0,12, usw. Bei nachschüssiger Verzinsung wird der Zinsfuß *auf die Zahl 1 aufgeschlagen*, um den Zinsfaktor zu erhalten. Bei einem Zinssatz von 6 %, d.h. einem Zinsfuß von 0,06, ergibt das einen Zinsfaktor von 1,06:

$$1 + i = 1 + 0,06 = 1,06$$

Statt der bekannten Formel für die nachschüssige Verzinsung eines Anfangskapitals K zum Zinsfaktor q:

$$K \cdot q^{n}$$

kann man für nachschüssige Zinsprozesse auch schreiben:

$$K \cdot (1 + i)^{n}$$

Bei der vorschüssigen Verzinsung wird der Zinsfuß *von 1 abgezogen*. Für 6 % Zins ist der Zinsfuß zwar noch immer 0,06, man rechnet aber:

$$1 - i = 1 - 0,06 = 0,94$$

Um das Kapital bei der vorschüssigen Verzinsung auszurechnen, dividiert man durch diese Zahl. Es ergibt sich die Formel:

$$K : (1 - i)^n$$

um das Kapital bei vorschüssiger Verzinsung nach n Jahren zu ermitteln. Es folgt:

Kapital bei nachschüssiger und vorschüssiger Verzinsung mit Zinsfuß i nach der Laufzeit n und Anfangskapital K

nachschüssig: $\quad K \cdot (1 + i)^n \quad$ oder $\quad K \cdot q^n$

vorschüssig: $\quad K : (1 - i)^n$

Beispiel 1: 60.000 € werden mit einem Zins von 5 % p.a. vorschüssig verzinst. Wie hoch müsste der nachschüssige Zins sein, damit man nach 10 Jahren auf das gleiche Kapital kommt?

Der Zinsfuß zum Zinssatz 5 % ist 0,05. Damit ergibt sich das Kapital bei vorschüssiger Verzinsung nach 10 Jahren zu:

$$60.000 \,€ : (1 - 0,05)^{10} = 60.000 \,€ : 0,95^{10} = 100.210,95 \,€$$

Der gleiche Wert soll bei nachschüssiger Verzinsung erzielt werden, wobei der nachschüssige Zinsfaktor unbekannt ist:

$$100.210,95 \,€ = 60.000 \,€ \cdot q^{10}$$

Teilt man die Gleichung durch 60.000 €, dann erhält man rund:

$$1,6702 \approx q^{10}$$

Durch Ziehen der zehnten Wurzel ergibt das einen nachschüssigen Zinsfaktor von:

$$1,0526 \approx q$$

also einen Zinssatz von 5,26 % p.a.

Beispiel 2: Ein Sparer legt 8.000 € an. Diese werden vorschüssig und monatlich verzinst. Der Effektivzins ist 4 % p.a. Wie groß ist das Kapital nach einem halben Jahr?

Das Kapital nach einem Jahr berechnet sich mit Hilfe des Zinsfußes 0,04 zu:

$$8.000\,\text{€} : (1 - 0,04) = 8.333,33\,\text{€}$$

Das gleiche Ergebnis muss eine zwölfmalige vorschüssige Verzinsung ergeben. Mit der Formel für die vorschüssige Verzinsung und dem unterjährigen Zinsfuß i_u folgt:

$$8.000\,\text{€} : \left(1 - i_u\right)^{12} = 8.333,33\,\text{€}$$

Hier muss die Gleichung zuerst mit dem Klammerterm multipliziert werden:

$$8.000\,\text{€} = 8.333,33\,\text{€} \cdot \left(1 - i_u\right)^{12}$$

Im Anschluss teilen wir durch 8.333,33 €:

$$0,96 = \left(1 - i_u\right)^{12}$$

Und genau diese Zeile hätten wir auch gleich ansetzen können, weil die 0,96 durch den Zinsfuß 0,04 ja bereits bekannt sind. Mit der zwölften Wurzel erhält man:

$$0,9966 \approx 1 - i_u$$

Subtrahiert man 1, dann folgt:

$$- 0,0034 \approx - i_u$$

und damit logischerweise:

$$0,0034 \approx i_u$$

Daraus schließen wir, dass der unterjährige vorschüssige Zinssatz rund 0,34 % beträgt. Nach einem halben Jahr (6 Monaten) erreicht das Kapital eine Höhe von:

$$8.000 \, € : (1 - 0,0034)^6 \approx 8.165,16 \, €$$

Wie würde eigentlich der äquivalente unterjährige nachschüssige Zinssatz lauten? Dann müsste für ein Jahr gelten:

$$8.000 \, € \cdot q = 8.333,33 \, €$$

woraus nach Division durch die 8.000 € ein effektiver Zinsfaktor von:

$$q \approx 1,0417$$

d.h. ein Zinssatz von 4,17 % p.a. folgt. Der zugehörige unterjährige Zinssatz ist die zwölfte Wurzel daraus:

$$q_u \approx \sqrt[12]{1,0417} \approx 1,0034$$

d.h. 0,34 %. Dann folgt nun für das Kapital nach einem halben Jahr:

$$8.000 \, € \cdot 1,0034^6 = 8.164,59 \, €$$

Die unterjährigen Zinssätze sind allerdings nicht gleich groß, obwohl wir jeweils 0,34 % erhalten haben. Weil gerundet wurde, scheint dies nur so. Tatsächlich ist der nachschüssige unterjährige Zinssatz rund 3,40786 % und der vorschüssige unterjährige Zinssatz 3,39605 %.

2.13 Eine Denkaufgabe zur unterjährigen Verzinsung

Ein P2P-Anbieter bietet Ihnen bei täglicher Verzinsung einen effektiven Jahreszins von 6,75 % p.a. Steigt oder fällt der nominale Zinssatz, wenn die Zinsen nicht täglich zugeschlagen werden, sondern wenn es weniger Zinszuschlagermine gibt? Was denken Sie?

Je mehr Zinszuschlagtermine es pro Jahr gibt, desto öfter wird verzinst. Umgekehrt wird weniger oft verzinst, wenn es weniger Zinszuschlagtermine gibt. Damit der effektive Zins aber erreicht werden kann, muss der unterjährige Zinssatz dafür umso größer sein, je weniger Zinszuschlagtermine es gibt. Konkret an Zahlen heißt das: Wenn f=12 (Anzahl der Zinszuschlagtermine) ist, folgt für den unterjährigen (monatlichen) Zinsfaktor:

$$q_u^{12} = 1,0675 \quad \text{und damit} \quad q_u = \sqrt[12]{1,0675} \approx 1,005458$$

was einem monatlichen Wachstum von 0,5458 % entspricht. Multipliziert man das mit der Anzahl der Zinszuschlagtermine, also 12, dann ergeben sich 6,55 % als nomineller Zinssatz.
Wenn Sie das nun quartalsweise, d.h. für f=4 machen, dann ergeben sich die Werte:

$$q_u^{4} = 1,0675 \quad \text{und damit} \quad q_u = \sqrt[4]{1,0675} \approx 1,016464$$

und damit ein Quartalszinssatz von 1,6464 % und ein nominaler Zinssatz von 6,58 %.

$$p_u \approx 1,6464\,\% \quad \text{und} \quad p_{nom} \approx 4 \cdot 1,6464\,\% \approx 6,58\,\%$$

Die Antwort lautet folglich: Je weniger Zinszuschlagtermine es gibt, desto höher steigt der nominale Zinssatz. Das kann man sich übrigens auch noch einfacher überlegen. Weil der nominale Zinssatz immer kleiner sein muss als der effektive Zinssatz und weil er umso kleiner ist, je mehr Zinszuschlagtermine es gibt, erreicht der nominale Zinssatz umgekehrt sein Maximum genau dann, wenn es die wenigst möglichen Zinszuschlagtermine gibt, d.h. bei $f=1$. Erhöht man die Anzahl der Zinszuschlagtermine, dann muss der nominale Zins im Gegenzug fallen.

2.14 Gebühren bei der Einmalanlage

Schnell hat man sich reich gerechnet. Gebühren für Transaktionen, Kontoführungsgebühren und Ausgabeaufschläge schlagen aber auf die Rendite. Beim Kauf von Wertpapieren werden beispielsweise Transaktionskosten fällig. Wenn Sie aber eine Aktie für 500 € kaufen und 10 € Transaktionskosten fällig werden, dann werden diese zuzüglich berechnet. Das lässt sich leicht vom verfügbaren Investmentvermögen bzw. vom Verrechnungskonto abziehen. Passen Sie dabei aber auf, ob Ihr Broker bei der Eingabe von 500 € zusätzlich 10 € vom Verrechnungskonto abbucht, oder ob er nur 490 € für einen Aktienkauf berechnet und 10 € für Gebühren. Interessanter ist die Situation bei laufenden Kosten.

Sie wollen 5.000 € auf ein Tagesgeldkonto packen, bei dem Sie jährlich 2,5 % Zinsen (nachschüssig) bekommen. Die Bank berechnet Ihnen aber jährlich eine Kontoführungsgebühr in Höhe von 0,5 % des Tagesgeldvermögens. Ist die Rechnung nun so einfach, dass das Kapital einfach nur mit 2 % p.a. verzinst wird?

Für die Beantwortung fragen wir zuerst, wann der Zins gutgeschrieben und wann die Gebühr fällig wird. Wir beginnen mit der Annahme, dass zuerst die Zinsen reinkommen, und dann die Gebühren fällig werden. Im ersten Jahr wächst das Tagesgeldvermögen auf:

$$5.000 \, € \cdot 1,025 = 5.125 \, €$$

Wird dann eine Gebühr in Höhe von 0,5 % fällig, dann muss dieser Betrag um 0,5 % verringert werden, was einem Abnahmefaktor von 0,995 entspricht:

$$5.125 \, € \cdot 0,995 = 5.099,38 \, €$$

Die gesamte Rechnung ohne Zwischenschritt lautet:

$$5.000\,€ \cdot 1,025 \cdot 0,995 = 5.099,38\,€$$

Kehren wir nun die Situation um, so dass zuerst die Gebühren fällig werden und dann der Zins gutgeschrieben wird. 0,5 % Gebühren auf 5.000 € führt zu einem Betrag von:

$$5.000\,€ \cdot 0,995 = 4.975\,€$$

Darauf erhalten Sie jetzt 2,5 % Zinsen, weshalb sich der Betrag erhöht auf:

$$4.975\,€ \cdot 1,025 = 5.099,38\,€$$

Überraschung! Sie erhalten das gleiche Endergebnis. Warum? Wegen der Mathematik. Mathematisch sind Zinsgutschrift und Gebühr in dieser Situation nichts anderes als Wachstumsfaktoren. Diese können Sie aufgrund des *Assoziativgesetzes* beliebig vertauschen und zusammen multiplizieren, ohne das Endergebnis zu verändern. Die gesamte Berechnung kann auch mit den multiplizierten Faktoren durchgeführt werden. Das Produkt der beiden Wachstumsfaktoren (Zinsfaktor und Gebühr) ist:

$$1,025 \cdot 0,995 = 1,019875$$

was einem Gesamtwachstum von 1,9875 % entspricht. Multiplizieren Sie diese Zahl mit 5.000 €, dann erhalten Sie ebenfalls 5.099,38 €. Sie können die 0,5 % also nicht einfach von den 2,5 % abziehen, was einem Wachstum von 2 % entsprechen würde. Damit würden Sie sich nämlich reicher rechnen, als Sie wirklich sind. Den mathematischen Hintergrund zu dieser Situation hat bereits das Kapitel zur Prozentrechnung gezeigt.

Nach zehn Jahren ohne Gebühren erhalten wir:

$$5.000\,€ \cdot 1,025^{10} = 6.400,42\,€$$

Nach zehn Jahren mit Gebühren landen wir bei gut 300 € weniger:

$$5.000\ € \cdot 1,019875^{10} = 6.087,51\ €$$

Folglich gilt:

Einmalanlage mit laufenden Gebühren

Wird ein Kapital K zu einem Zinsfaktor q verzinst, wobei jährliche Gebühren auf den Anlagebetrag fällig werden, die durch den Abnahmefaktor q_g beschrieben werden, dann ergibt sich der korrigierte bzw. tatsächliche Wachstumsfaktor q_k nach Gebühren mit:

$$q_k = q \cdot q_g$$

Das Kapital nach n Jahren ist bei nachschüssiger Verzinsung dann:

$$K \cdot q_k^n$$

Beispiel 1: Ein Anleger will 10.000 € zu 6 % p.a. investieren. Es wird eine Ordergebühr in Höhe von 15 € fällig. Die Kontoführungsgebühren betragen jährlich 0,2 % auf den Kapitalbestand. Welches Vermögen erreicht der Anleger nach fünf Jahren?

Gebührenfrei würde er landen bei:

$$10.000\ € \cdot 1,06^{5} = 13.382,26\ €$$

Zieht der Broker die 15 € von den 10.000 € ab, so bleiben 9.985 € für die Investition. Der tatsächliche Wachstumsfaktor ist wegen der Gebühren:

$$1,06 \cdot 0,998 = 1,05788$$

Damit landet der Anleger nach fünf Jahren bei einem Vermögen von:

$$9.985 \, \text{€} \cdot 1,05788^5 = 13.229,09 \, \text{€}$$

Beispiel 2: Ein Anleger hat 45.000 € investiert, die jährlich mit 3,5 % verzinst werden. Kontoführungsgebühren in Höhe von 0,5 % auf den Anlagebetrag werden erst ab 50.000 € fällig. Wie hoch ist sein Anlagebetrag nach zehn Jahren?

Zuerst schauen wir, ab wann der Anleger Kontoführungsgebühren zu entrichten hat, d.h. wann sein Konto die 50.000 € - Marke überschreitet:

$$50.000 \, \text{€} = 45.000 \, \text{€} \cdot 1,035^n$$

Nach Division durch 45.000 € ergibt sich:

$$1,1111 \approx 1,035^n$$

Der Logarithmus liefert:

$$n \approx \log_{1,035} 1,1111 \approx 3,06$$

Der Anlagebetrag von 50.000 € wird also im vierten Jahr überschritten. Bis zum Ende des dritten Jahres erreicht der Anleger:

$$45.000 \, \text{€} \cdot 1,035^3 = 49.892,30 \, \text{€}$$

Für die restlichen sieben Jahre beträgt der korrigierte Wachstumsfaktor:

$$1,035 \cdot 0,995 = 1,029825$$

Sein Vermögen wächst damit an auf:

$$49.892,30 \, \text{€} \cdot 1,029825^{7} = 61.288,29 \, \text{€}$$

2.15 Gebühren - Prozente oder Punkte?

Finden Sie unbedingt heraus, ob Gebühren bzw. Kosten als Anteil in Prozent oder als Prozentpunkt anfallen. Gehen wir zurück zum Beispiel aus dem letzten Kapitel. 5.000 € werden auf einem Tagesgeldkonto geparkt. Wenn 2,5 % Rendite gemacht werden und 0,5 % Kosten anfallen, dann besteht ein Unterschied, ob 0,5 % Kosten auf den Anlagebetrag anfallen, oder ob 0,5 Prozentpunkte anfallen.

Bei 0,5 % Kosten bedeutet das eine Gesamtrendite von:

$$1,025 \cdot 0,995 = 1,019875$$

d.h. 1,9875 % p.a. Entstehen 0,5 Prozentpunkte an Kosten, dann wird diese Zahl von den 2,5 % abgezogen. In diesem Fall dürfen Sie Prozentbeträge subtrahieren. Nun machen Sie wirklich 2 % Rendite pro Jahr.

Beispiel: Wir vergleichen mehrere theoretische Situationen über eine Laufzeit von 10 Jahren. Sie investieren 10.000 €, die 7 % p.a. zulegen. Ohne die weitere Betrachtung von Gebühren wächst das Kapital nach 10 Jahren an auf:

$$10.000 \, € \cdot 1,07^{10} = 19.671,51 \, €$$

Fällt eine jährliche Gebühr in Höhe von einem Prozent des Anlagebetrages an, dann ist der korrigierte Wachstumsfaktor:

$$1,07 \cdot 0,99 = 1,0593$$

weil 1 % Gebühren einem Abnahmefaktor von 0,99 entsprechen. Nach zehn Jahren wächst das Kapital unter Berücksichtigung der Gebühren auf:

$$10.000 \, € \cdot 1,0593^{10} = 17.790,56 \, €$$

Fallen jährlich Kosten in Höhe eines Prozentpunktes an, dann beträgt die jährliche Rendite 7 % minus 1 %, also 6 %. Dann wächst das Vermögen an auf:

$$10.000 \, € \cdot 1,06^{10} = 17.908,48 \, €$$

was mehr als 100 € Unterschied bedeutet.

Die bisherigen Beispiele suggerieren, dass das Abziehen von Prozentpunkten am Ende immer einen höheren Anlagebetrag bedeutet, wenn man mit Gebühren als anfallende Prozente vergleicht. Ist das immer so?

Ja, ist es. Wir verzichten an dieser Stelle auf einen Nachweis, aber man kann zeigen, dass der Unterschied der korrigierten Wachstumsfaktoren relativ simpel ermittelt werden kann. Beträgt der Zins 7 % und fallen 1 % Gebühren an, dann ist der korrigierte Wachstumsfaktor bei Gebühren in Form von Prozentpunkten um

$$0,07 \cdot 0,01 = 0,0007$$

größer als bei Gebühren in Form von Prozenten. Bei einem Wachstum von 2,5 % und Gebühren in Höhe von 0,5 % beträgt der Unterschied:

$$0,025 \cdot 0,005 = 0,000125$$

2.16 Wie Steuern einzukalkulieren sind

Im Kapitel zur Prozentrechnung haben wir bereits die Steuersätze auf Kapitalerträge in Deutschland berechnet. Kursgewinne fallen nicht in die Besteuerung. Erst wenn Sie ein Wertpapier mit Gewinn verkaufen, wird auf den Gewinn diese Steuer fällig. In Tabelle 11 führen wir noch einmal die bereits bekannten Gesamtsteuersätze für Kapitalerträge auf:

Tabelle 11: Steuersätze als Dezimalbruch	
ohne Kirchensteuer	0,26375
mit 8 % Kirchensteuer	0,278186
mit 9 % Kirchensteuer	0,279951

Sie packen 10.000 € auf ein Tagesgeldkonto und erhalten 3,5 % p.a. Zinsen. Auf die Zinsen fallen 26,375 % Steuern an. Außerdem möchte die Bank 0,5 % p.a. Gebühren auf den Anlagebetrag am Ende des Jahres.

Mit 3,5 % Wachstum landet Ihr Konto bei:

$$10.000 \, € \cdot 1,035 = 10.350 \, €$$

Auf die 350 € Zinsen werden Steuern fällig. D.h 26,375 % von 350 € abzuziehen entspricht einem Abnahmefaktor von:

$$1 - 0,26375 = 0,73625$$

weshalb von den 350 € noch folgender Betrag für Sie übrig bleibt:

$$350 \, € \cdot 0,73625 = 257,69 \, €$$

Ihr Konto wächst also nicht auf 10.350 € an, sondern auf 10.257,69 €. Werden noch 0,5 % Gebühren auf den Anlagebetrag fällig, so landen Sie bei 10.206,40 €. Dabei wurde vorausgesetzt, dass die Gebühren auf den Endbetrag fällig werden. Es kann natürlich sein, dass die Gebühren über die Kontostände des Jahres gemittelt werden, wodurch eine geringere Gebühr zustande kommen könnte.

Zu beachten bei der Einzelkalkulation der Steuer ist, dass diese nur auf den Zins, nicht aber auf Anlagebetrag fällig wird. Was haben wir insgesamt also gerechnet?

10.000 € wurden zu zu versteuernden 350 € hinzu addiert, um den Kontostand zu erhalten. Die 350 € erhält man durch Multiplikation der 10.000 € mit 0,035. Insgesamt wurde daher gerechnet:

$$10.000 € + 10.000 € \cdot 0,035 \cdot 0,73625 = 10.257,69 €$$

Durch Ausklammern der 10.000 € entsteht die Rechnung:

$$10.000 € \cdot (1 + 0,035 \cdot 0,73625) = 10.257,69 €$$

Rechnet man den Klammerterm aus, dann steht da:

$$10.000 € \cdot 1,02576875 = 10.257,69 €$$

Der neue Wachstumsfaktor 1,02576875 wurde vom Prinzip her errechnet mit:

$$1 + (1,035 - 1) \cdot (1 - 0,26375) = 1,02576875$$

Wird genau dieses Vorgehen verallgemeinert, so gilt für den Wachstumsfaktor unter Steuergesichtspunkten:

Wachstumsfaktor mit Einberechnung der Steuer auf Kapitalerträge

Gibt es einen Steuersatz s, dann berechnet sich Wachstumsfaktor unter Einfluss der Steuerlast q_s aus dem Zinsfaktor q wie folgt:

$$q_s = 1 + (q - 1) \cdot (1 - s)$$

oder

$$q_s = 1 + (q - 1) \cdot \overline{s} \quad \text{mit} \quad \overline{s} = 1 - s$$

mit dem Steuerfaktor $\overline{s}$.

Beispiel 1: Ein Anleger hat 50.000 € investiert, auf die er jährlich 5 % Zinsen gutgeschrieben bekommt. Er zahlt keine Kirchensteuer. Der Sparerfreibetrag wird nicht berücksichtigt. Auf welchen Betrag wächst sein Vermögen nach 10 Jahren an.

Ohne Steuerlast würde das Kapital nach zehn Jahren wachsen auf:

$$50.000 \, € \cdot 1,05^{10} = 81.444,73 \, €$$

Der neue Wachstumsfaktor unter Einfluss der Steuerlast ist:

$$q_s = 1 + (1,05 - 1) \cdot (1 - 0,26375) = 1,0368125$$

Nach zehn Jahren wächst das Vermögen auf:

$$50.000 \, € \cdot 1,0368125^{10} = 71.774,84 \, €$$

wenn immer wieder Steuern auf die jährlichen Kapitalerträge anfallen.

Beispiel 2: Ein Anleger investiert 25.000 €, auf die er 7 % p.a. Zinsen gutgeschrieben bekommt. Er zahlt 8 % Kirchensteuer. Der Sparerfreibetrag wird nicht berücksichtigt. Auf welchen Betrag wächst das Vermögen nach 15 Jahren an?

Ohne Steuerlast würde das Kapital nach zehn Jahren wachsen auf:

$$25.000 \ € \cdot 1,07^{15} = 69.975,79 \ €$$

Der neue Wachstumsfaktor unter Einfluss der Steuerlast ist:

$$q_s = 1 + (1,07 - 1) \cdot (1 - 0,278186) = 1,05052698$$

Nach zehn Jahren wächst das Vermögen auf:

$$25.000 \ € \cdot 1,05052698^{15} = 52.365,85 \ €$$

wenn immer wieder Steuern auf die jährlichen Beträge anfallen.

Das Einkalkulieren eines Steuerfreibetrags auf die Ausschüttungen würde formeltechnisch tatsächlich einen ordentlichen Schwung Komplexität in die Sache bringen, weshalb an dieser Stelle darauf verzichtet wird. Mit Hilfe der hier betrachteten Berechnungen lässt sich aber ein Korridor angeben, mit welchem Vermögen Sie nach Steuer rechnen können. Würde ein Freibetrag einkalkuliert werden, dann rutscht das prognostizierte Vermögen weiter in Richtung der oberen Grenze dieses Korridors. Ein Beispiel soll die Betrachtungen abschließen.

Beispiel 3: Ein Anleger investiert 12.000 €, wobei 7 % p.a. Rendite anfallen. Wir wollen sein Vermögen in 20 Jahren abschätzen.

Der korrigierte Wachstumsfaktor ist:

$$q_s = 1 + (1,07 - 1) \cdot (1 - 0,26375) \approx 1,0515$$

weshalb sich ohne Berücksichtigung eines Freibetrags ein Vermögen von etwa:

$$12.000 \, € \cdot 1,0515^{20} = 32.761,73 \, €$$

ergeben würde, was unter der Annahme eines 7 % - igen Wachstums als Minimalwert des zukünftigen Vermögens (nach Steuer) angenommen werden kann. Das maximal erreichbare Vermögen vor Steuer ist:

$$12.000 \, € \cdot 1,07^{20} = 46.436,21 \, €$$

falls der Anleger keine Ausschüttungen bekommen würde, wobei auf die Differenz zu den investierten 12.000 € eine Steuer in Höhe von 9.082,55 € fällig wird, wonach das Vermögen nach Steuer maximal 37.353,66 € betragen kann. Die Differenz zwischen Maximal- und Minimalwert beträgt 4.591,93 €. Je geringer der Anteil der Ausschüttung an den 7 % p.a. Wachstum ist, desto mehr rutscht das zukünftige Vermögen in Richtung der oberen Grenze. Wird ein Freibetrag ausgenutzt, so hat dies einen zusätzlichen Effekt.

2.17 Steuerstundung

Wenn Sie eine Aktie kaufen, dann fallen die Steuern erst beim Verkauf auf den Gewinn an. Statt jährlich die Steuern auf anfallende Kapitalerträge zu zahlen, werden diese einmalig am Ende fällig. In diesem Fall spricht man von *Steuerstundung*. Ist es eigentlich rechnerisch egal, ob Steuern jährlich auf einen Kapitalertrag fällig werden, oder ob sie einmalig vom Gewinn abgezogen werden? Lassen Sie uns dieses Kapitel nutzen, um den Vergleich zu ziehen. Dafür vergleichen wir ein Asset, das jährliche Kapitalerträge liefert, mit einem Asset, das dies nicht tut, das aber jährlich im Wert wächst.

Sie kaufen eine Aktie A im Wert von 2.000 €, die jährlich um 7 % an Wert zulegt. Dividenden schüttet das Unternehmen nicht aus. Und Sie kaufen eine Aktie B im Wert von 2.000 €, die kein Wertwachstum zu bieten hat, aber jährlich 7 % Dividende ausschüttet. Mit welchem Investment fahren Sie nach zehn Jahren nach Steuern besser?

Der Wert von Aktie A landet nach zehn Jahren bei:

$$2.000\ € \cdot 1,07^{10} = 3.934,30\ €$$

was einen Gewinn von 1.934,30 € bedeutet. Bei einem Verkauf beträgt Ihr Gewinn nach Steuer:

$$1.934,30\ € \cdot (1 - 0,26375) = 1.424,13\ €$$

Für Aktie B ermitteln wir den korrigierten Wachstumsfaktor unter Berücksichtigung der Steuer:

$$q_s = 1 + (1,07 - 1) \cdot (1 - 0,26375) = 1,0515375$$

Nach zehn Jahren ergibt sich deshalb ein Gesamtwert (Aktie plus reinvestierte Dividenden) von:

$$2.000\,€ \cdot 1,0515375^{10} = 3.305,81\,€$$

was einem Gewinn von 1.305,81 € entspricht. Die Wahl der Dividendenaktie ist in der beschriebenen Situation damit die schlechtere Wahl. Stundet man die Steuer, so ist der erreichte Gewinn um den Faktor:

$$1.424,13\,€ : 1.305,81\,€ \approx 1,091$$

größer. Tatsächlich ist es immer so, dass man mit der Variante mit gestundeten Steuern auf einen höheren Gewinn kommt. Das muss auch so sein. Schließlich ist der Anlagebetrag ja größer, wenn nicht jährlich Steuern abgedrückt werden. Der Zinseszinseffekt kann damit besser arbeiten. Weil der mathematische Nachweis doch recht aufwändig ist, liste ich Ihnen diese Faktoren in der Tabelle auf der nächsten Seite auf. In den Spalten steht jeweils die Anlagedauer n, in den Zeilen der Wachstumsfaktor q.

Beispiel: Ein Anleger investiert über eine Laufzeit von 20 Jahren zu 4 % p.a. Um welchen Faktor ist sein Gewinn größer, wenn er statt jährlichen 4 % Kapitalerträgen die Steuer bis zum Verkauf des Assets stundet.

Der Tabelle kann im Feld der Zeile "1,04" und der Spalte "20" der Faktor 1,114 entnommen werden. Die Stundungsvariante liefert damit einen 1,114 mal höheren Gewinn als das Zahlen jährlicher Steuern auf Kapitalerträge. Würde der Anleger mit jährlichen Steuerzahlungen beispielsweise einen Gewinn von 5.000 € erzielen, so würde er mit der gestundeten Variante einen Gewinn von rund:

$$5.000\,€ \cdot 1,114 = 5.570\,€$$

einfahren. Offensichtlich ist dieser Faktor umso größer, je länger der Anlagehorizont und je größer der Wachstumsfaktor ist.

Tabelle 12: Um welchen Faktor ist der Gewinn bei gestundeten Steuern höher als bei Steuern auf jährliche Kapitalerträge?									
	5	10	15	20	25	30	35	40	45
1,01	1,005	1,012	1,019	1,026	1,033	1,040	1,048	1,055	1,063
1,02	1,011	1,024	1,039	1,054	1,069	1,085	1,102	1,120	1,138
1,03	1,016	1,037	1,059	1,083	1,108	1,135	1,163	1,193	1,224
1,04	1,021	1,050	1,081	1,114	1,151	1,189	1,231	1,276	1,324
1,05	1,027	1,063	1,103	1,148	1,196	1,249	1,307	1,370	1,438
1,06	1,032	1,077	1,127	1,183	1,245	1,314	1,391	1,475	1,568
1,07	1,038	1,091	1,151	1,220	1,297	1,385	1,482	1,592	1,713
1,08	1,043	1,105	1,176	1,259	1,353	1,461	1,583	1,721	1,876
1,09	1,048	1,119	1,202	1,300	1,413	1,543	1,692	1,863	2,057
1,10	1,054	1,134	1,229	1,343	1,476	1,631	1,811	2,018	2,257
1,11	1,059	1,149	1,257	1,388	1,543	1,725	1,939	2,188	2,477
1,12	1,065	1,164	1,286	1,435	1,613	1,826	2,077	2,373	2,718
1,13	1,071	1,180	1,316	1,484	1,687	1,933	2,225	2,573	2,983
1,14	1,076	1,196	1,347	1,535	1,766	2,046	2,384	2,789	3,270
1,15	1,082	1,212	1,378	1,588	1,848	2,166	2,553	3,021	3,583

Es folgen zwei analoge Tabellen, allerdings unter Einkalkulation der Kirchensteuer.

Tabelle 13: Um welchen Faktor ist der Gewinn bei gestundeten Steuern höher als bei Steuern auf jährliche Kapitalerträge unter Berücksichtigung von 8 % Kirchensteuer?									
	5	10	15	20	25	30	35	40	45
1,01	1,006	1,013	1,020	1,027	1,035	1,043	1,051	1,059	1,067
1,02	1,011	1,026	1,041	1,057	1,073	1,090	1,108	1,126	1,146
1,03	1,017	1,039	1,063	1,088	1,114	1,143	1,173	1,204	1,238
1,04	1,022	1,053	1,086	1,121	1,159	1,201	1,245	1,293	1,344
1,05	1,028	1,067	1,109	1,156	1,208	1,264	1,326	1,393	1,466
1,06	1,034	1,081	1,134	1,193	1,260	1,333	1,415	1,506	1,605
1,07	1,040	1,096	1,160	1,233	1,316	1,409	1,514	1,631	1,763
1,08	1,045	1,111	1,187	1,274	1,375	1,491	1,622	1,771	1,940
1,09	1,051	1,126	1,214	1,318	1,439	1,579	1,740	1,926	2,137
1,10	1,057	1,142	1,243	1,364	1,507	1,674	1,869	2,095	2,357
1,11	1,063	1,158	1,273	1,412	1,579	1,776	2,009	2,282	2,600
1,12	1,069	1,174	1,304	1,463	1,655	1,885	2,160	2,485	2,868
1,13	1,075	1,190	1,336	1,515	1,735	2,002	2,323	2,706	3,163
1,14	1,080	1,207	1,368	1,570	1,820	2,126	2,498	2,946	3,486
1,15	1,086	1,224	1,402	1,628	1,909	2,258	2,685	3,206	3,839

Tabelle 14: Um welchen Faktor ist der Gewinn bei gestundeten Steuern höher als bei Steuern auf jährliche Kapitalerträge unter Berücksichtigung von 9 % Kirchensteuer?									
	5	10	15	20	25	30	35	40	45
1,01	1,006	1,013	1,020	1,028	1,035	1,043	1,051	1,059	1,067
1,02	1,011	1,026	1,041	1,057	1,073	1,091	1,109	1,127	1,147
1,03	1,017	1,039	1,063	1,088	1,115	1,144	1,174	1,206	1,239
1,04	1,023	1,053	1,086	1,122	1,160	1,202	1,247	1,295	1,347
1,05	1,028	1,067	1,110	1,157	1,209	1,266	1,328	1,396	1,470
1,06	1,034	1,082	1,135	1,195	1,262	1,336	1,418	1,509	1,610
1,07	1,040	1,096	1,161	1,235	1,318	1,412	1,518	1,636	1,769
1,08	1,046	1,111	1,188	1,276	1,378	1,494	1,627	1,777	1,948
1,09	1,052	1,127	1,216	1,320	1,442	1,584	1,746	1,933	2,147
1,10	1,057	1,143	1,245	1,367	1,511	1,680	1,877	2,105	2,369
1,11	1,063	1,159	1,275	1,415	1,583	1,783	2,018	2,293	2,615
1,12	1,069	1,175	1,306	1,466	1,660	1,893	2,170	2,499	2,887
1,13	1,075	1,192	1,338	1,519	1,741	2,011	2,335	2,723	3,186
1,14	1,081	1,209	1,371	1,575	1,827	2,136	2,512	2,966	3,513
1,15	1,087	1,226	1,405	1,633	1,917	2,269	2,702	3,230	3,871

Kap 3 Sparpläne als Zahlungsreihen

Es ist mittlerweile einfach, sich einen Sparplan auf einen ETF, eine Aktie, etc. einzurichten. Dabei werden in regelmäßigen Abständen automatisch kleinere Einmalanlagen getätigt. Eine tolle Sache - das Geld ist weg, bevor Sie es verkonsumieren können.

Alle Einzahlungen einzeln als Einmalanlagen zu betrachten, diese zu verzinsen und dann aufzusummieren ist eine Variante, die zum Ziel führt, um das zukünftige Sparplanvermögen zu kalkulieren - nur leider ist sie etwas aufwändig. Wir erarbeiten uns in diesem Kapitel einen Weg, um solche Berechnungen im Handumdrehen und ohne Tabellenkalkulation erledigen zu können.

3.1 Was ein Sparplan mit Geometrie zu tun hat

Geometrie und Finanzen? Nicht wirklich! Mathematisch gesehen handelt es sich bei einem Sparplan gewissermaßen um eine sogenannte *geometrische Zahlenfolge*. Der Begriff "geometrisch" ist historisch bedingt, da diese Art von Zahlenfolgen zuerst in der Geometrie ihren Platz fand. Heute ist der Begriff einer geometrischen Zahlenfolge allgemein in der Finanzmathematik etabliert.

Die meisten Sparer kennen Sparpläne als monatliche Einzahlungen in ihr Depot. Zu Beginn gehen wir davon aus, dass die Sparraten aber nicht monatlich, sondern jährlich eingezahlt werden. Inwiefern das Endergebnis dadurch verfälscht wird, verschieben wir in ein späteres Kapitel. Für den Anfang ist diese Annahme eine angenehme Erleichterung. Andererseits schreibt Ihnen aber auch niemand vor, einen monatlichen Sparplan laufen zu lassen - es gibt auch jährliche Sparpläne.

Ihre jährliche Sparrate beträgt 6.000 €. Das Asset, das Sie besparen legt jährlich 5 % an Wert zu. Sie zahlen heute 6.000 € ein. *Heute* ist Zeitpunkt *Null*, was gleichbedeutend mit dem Anfang von Jahr 1 ist. Zum Zeitpunkt Null beträgt der Gesamtwert demnach 6.000 €. Die erste Sparrate von 6.000 € erhöht sich damit während Jahr 1 auf den Wert[16]:

$$6.000 \, € \cdot 1,05 = 6.300 \, €$$

Am Ende des ersten Jahres kommen weitere 6.000 € hinzu, die während Jahr 2 auf den Wert 6.300 € anwachsen werden. Währenddessen wachsen die 6.000 € aus dem ersten Jahr, die ja schon Anfang des zweiten Jahres bei 6.300 € stehen, nochmal um 5 % an, d.h. auf:

---

[16] Ihnen fällt sicherlich auf, dass wir hier eine nachschüssige Verzinsung unterstellen. Es gibt aber auch vorschüssig verzinste Sparpläne.

$$6.\,300\ \text{€} \cdot 1,05 = 6.\,615\ \text{€}$$

oder:

$$6.\,000\ \text{€} \cdot 1,05^{2} = 6.\,615\ \text{€}$$

Nun kommen am Ende von Jahr 2 wieder 6.000 € hinzu. Im Laufe von Jahr 3 entwickelt sich diese Sparrate vom Ende des zweiten Jahres auf 6.300 €, die vom Ende des ersten Jahres auf 6.615 € und die vom Ende von Jahr 0 auf:

$$6.\,000\ \text{€} \cdot 1,05^{3} = 6.\,945,75\ \text{€}$$

Unser Modell ist so gestaltet, dass zum Zeitpunkt, in dem die Sparrate eines Jahres angewachsen ist, bereits die nächste Sparrate nachkommt. Das bedeutet: Nach einem Jahr haben Sie nicht 6.300 €, sondern 12.300 €, weil ja die ersten 6.000 € ihren Wert gesteigert haben *und* gleichzeitig die nächste Sparrate eingegangen ist. Folgende Abbildung verdeutlicht dieses Zusammenhang nochmals:

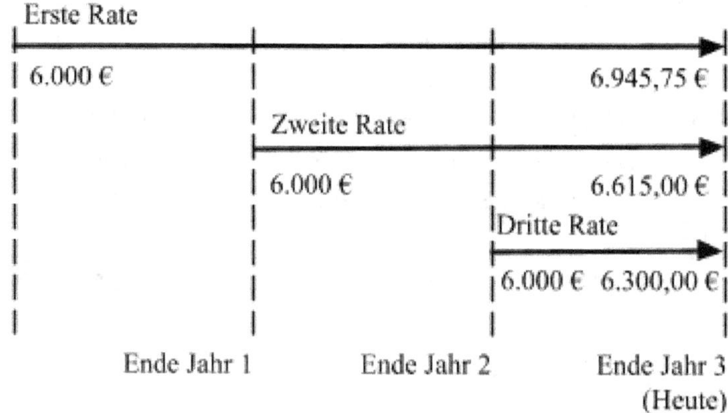

Abbildung 3: Entwicklung der Sparraten in einem Sparplan

Die eingegangenen und dann angewachsenen Sparraten sind mathematisch gesehen *Folgenglieder* einer Zahlenfolge. Die Zahlenfolge bildet den Wert der gewachsenen Sparraten zu einem bestimmten Zeitpunkt ab. Nach der fünften Sparrate lauten die Folgenglieder:

$$6.000\,€ \quad 6.300\,€ \quad 6.615\,€ \quad 6.946,75\,€ \quad 7.293,04\,€$$

Dabei steht ganz links die letzte eingegangene Sparrate und ganz rechts die zuerst eingegangene Sparrate zu ihrem nach vier Jahren angewachsenen Wert. Wenn Sie von links nach rechts denken, dann erhält man die jeweils nächste Zahl, indem mit dem Wachstumsfaktor 1,05 multipliziert wird. Wann immer die jeweils nächste Zahl eine Zahlenfolge durch Multiplikation des immer gleichen Faktors erhalten wird, handelt es sich um eine *geometrische Zahlenfolge*.
An sich könnten die fünf Sparraten dann auch geschrieben werden als[17]:

---

[17] hier aus Platzgründen über zwei Zeilen geschrieben

$$6.000 \, € \qquad 6.000 \, € \cdot 1,05 \qquad 6.000 \, € \cdot 1,05^2$$

$$6.000 \, € \cdot 1,05^3 \qquad 6.000 \, € \cdot 1,05^4$$

Mit Ausnahme der 6.000 € - Rate hängt jeweils der Wachstumsfaktor 1,05 dran. Weil $1,05^0 = 1$ und weil $1,05^1 = 1,05$ gelten, kann diese Zahlenfolge aber auch geschrieben werden als:

$$6.000 \, € \cdot 1,05^0 \qquad 6.000 \, € \cdot 1,05^1 \qquad 6.000 \, € \cdot 1,05^2$$

$$6.000 \, € \cdot 1,05^3 \qquad 6.000 \, € \cdot 1,05^4$$

Zwar ist die Darstellung der Folgenglieder nun leicht komplizierter geworden, stattdessen ist eine Systematik entstanden. Denn alle Folgenglieder sehen jetzt fast gleich aus, lediglich der Exponent ist anders. Der Exponent gibt an, wie viele Jahre die jeweilige Sparrate bereits verzinst wurde. Der Exponent 0 bedeutet, dass die Rate gerade erst eingegangen ist und noch kein Jahr verzinst wurde. Der Exponent 4 deutet auf vier verzinste Jahre hin. In jeder Zahlenfolge steckt demnach die Zinseszinsformel - nur eben über eine andere Laufzeit. Allgemein kann man für das k-te Folgenglied schreiben:

$$6.000 \, € \cdot 1,05^k$$

wobei k angibt, wie viele Jahre die jeweilige Sparrate bereits verzinst wurde. Und genau das ist ein jährlicher Sparplan: Es handelt sich um mehrere Einmalanlagen, die unterschiedlich lange verzinst wurden, und zwar alle um ein Jahr versetzt.

Dieses Kapitel zeigte Ihnen den mathematischen Hintergrund eines Sparplanes. Am Ende kommt es aber darauf an, die einzelnen Sparraten aufzusummieren, damit man weiß, wie viel Kapital angespart werden konnte.

3.2 Die geometrische Reihe

Um eine Summenformel für die einzelnen Sparraten zu finden, ist ein wenig Mathematik erforderlich. In diesem Kapitel schaffen wir die mathematischen Grundlagen für verschiedene Sparplanformeln. Natürlich können Sie einfach bis zum grauen Formelkasten oder gar bis zum nächsten Kapitel weiterblättern, falls Sie kein Interesse daran haben, woher die Formeln stammen. Fühlen Sie sich aber dazu eingeladen, die nun folgende Plausibilisierung der Formeln nachzuvollziehen. Betrachtet wird in diesem Kapitel lediglich eine geometrische Folge von Wachstumsfaktoren. Dies vereinfacht die Mathematik zu Gunsten der Nachvollziehbarkeit ein bisschen. In den Folgekapiteln basteln wir uns dann die Sparplanformeln mit Hilfe der Erkenntnisse dieses Kapitels zusammen.

Wir nehmen uns eine geometrische Zahlenfolge von Wachstumsfaktoren her, d.h. eine Folge von Potenzen mit jeweils um 1 wachsenden Exponenten:

$$1,05^0 \quad 1,05^1 \quad 1,05^2 \quad 1,05^3 \quad 1,05^4$$

Gemäß Potenzgesetzen gilt $1,05^0 = 1$ und $1,05^1 = 1,05$, weshalb die Folge geschrieben werden kann als:

$$1 \quad 1,05 \quad 1,05^2 \quad 1,05^3 \quad 1,05^4$$

Summiert man diese Folgenglieder, so entsteht eine sogenannte *Partialsumme*[18] einer geometrischen Reihe:

$$1 + 1,05 + 1,05^2 + 1,05^3 + 1,05^4$$

---

[18] Der Begriff der Partialsumme bedeutet so viel wie Teilsumme. Eine geometrische Reihe ist eine unendliche Summe. Betrachtet man eine endliche Summe, so spricht man von einer Partialsumme.

Das Ziel soll sein, diese Summe nicht per Hand in den Taschenrechner eintippen zu müssen, sondern eine Formel zu finden, die uns diese Arbeit erspart.

Es folgt ein "mathematischer Trick", der erscheint, als ob er grundlos aus der Luft gegriffen wurde. Es gehört etwas Erfahrung dazu, um zu sehen, wann welcher mathematischer Trick angewendet werden muss. Lassen Sie sich davon nicht beirren. Es ist Aufgabe der Mathematiker, sich darüber einen Kopf zu machen. Für Sie kommt es lediglich darauf an, zu sehen, wie die Schritte am Ende zur Formel führen. Allein das Nachvollziehen der Schritte genügt, um die Mathematik dahinter verstehen zu können.

Die Partialsumme wird eingeklammert und mit einem weiteren Klammerausdruck multipliziert - das ist der "Trick":

$$\left(1 + 1{,}05 + 1{,}05^2 + 1{,}05^3 + 1{,}05^4\right) \cdot (1{,}05 - 1)$$

Das erscheint zunächst unnötig kompliziert, vereinfacht den Ausdruck allerdings ungemein. Löst man die Klammer auf, dann muss jeder Summand der linken Klammer mit beiden Zahlen der rechten Klammer multipliziert werden. Multipliziert man die Summanden der linken Klammer zuerst mit der 1,05 der rechten Klammer, dann ergibt sich:

$$1{,}05 + 1{,}05^2 + 1{,}05^3 + 1{,}05^4 + 1{,}05^5$$

Der Exponent erhöht sich jeweils um eins. Klar, denn es wurde ja jeweils mit einem weiteren gleichen Faktor multipliziert. Multipliziert man die Summanden der linken Klammer jetzt noch mit der -1 der rechten Klammer, dann ergibt sich:

$$- 1 - 1{,}05 - 1{,}05^2 - 1{,}05^3 - 1{,}05^4$$

Und die beiden Ergebnisse werden zusammengerechnet. Es folgt der gesamte Rechenausdruck mit aufgelösten Klammern:

$$1{,}05 + 1{,}05^2 + 1{,}05^3 + 1{,}05^4 + 1{,}05^5 - 1 - 1{,}05 \dots$$

$$\ldots - 1,05^2 - 1,05^3 - 1,05^4$$

Sehen Sie, was auffällig ist? Da tauchen Zahlen doppelt auf - und zwar mit verschiedenem Rechenzeichen davor. Das bedeutet, diese ergeben sich zusammen zu Null. Wenn die Berechnung etwas unsortiert[19] wird, dann sieht man es noch deutlicher:

$$1,05 - 1,05 + 1,05^2 - 1,05^2 + 1,05^3 - 1,05^3 \ldots$$

$$+ 1,05^4 - 1,05^4 + 1,05^5 - 1$$

Mit Ausnahme von $1,05^5$ und -1 subtrahieren sich alle anderen Glieder zu Null. Genau das war das Ziel des mathematischen Tricks. Und das funktioniert mit allen Summen dieser Art, egal wie lang sie sind.

Mathematiker sprechen von einer sogenannten *Teleskopsumme*, weil sich die Summe über diesen Trick quasi wie ein Teleskop "zusammenschieben" lässt. Insgesamt bleibt übrig:

$$1,05^5 - 1$$

Der Exponent an der 1,05 gibt nun an, wie viele Summanden ursprünglich in der Klammer standen. Wir hatten fünf Summanden, also steht dort eine 5.

Was haben wir gerade eigentlich gezeigt? Gezeigt wurde, dass das Produkt aus der ursprünglichen Summe und dem "Trickklammerterm" $(1,05 - 1)$ als Ergebnis $1,05^5 - 1$ hat. Oder als Gleichung geschrieben:

$$\left(1 + 1,05 + 1,05^2 + 1,05^3 + 1,05^4\right) \cdot (1,05 - 1) \ldots$$

---

[19] Beachten Sie beim Umsortieren der Rechenreihenfolge stets, dass das Rechenzeichen ebenfalls mit unsortiert werden muss.

$$... = 1,05^5 - 1$$

Lassen Sie uns kurz überprüfen, ob das passt. Rechnet man die erste Klammer zusammen, dann erhält man rund 5,5256. Das Ergebnis der zweiten Klammer ist 0,05. Und die Differenz aus $1,05^5$ und 1 ist in etwa 0,2763. Also:

$$5,5256 \cdot 0,05 \approx 0,2763$$

Tippen Sie es ruhig nach, es passt. Super! Das ursprüngliche Ziel ist eine Formel für die Summe in der linken Klammer. D.h., der "Trickklammerterm" $(1,05 - 1)$ muss nun wieder verschwinden. Die gesamte Gleichung wird daher durch diesen Klammerterm dividiert, wodurch folgt:

$$\left(1 + 1,05 + 1,05^2 + 1,05^3 + 1,05^4\right) = ...$$

$$\left(1,05^5 - 1\right) : (1,05 - 1)$$

oder mit Bruchstrich geschrieben:

$$\left(1 + 1,05 + 1,05^2 + 1,05^3 + 1,05^4\right) = \frac{1,05^5 - 1}{1,05 - 1}$$

Bei der Bruchstrichschreibweise können die Klammern auf der rechten Seite der Gleichung weggelassen werden, weil es klar ist, dass Zähler und Nenner vor der Division ausgerechnet werden müssen. Auch die Klammer auf der linken Seite kann nun wieder weggelassen werden, weil lediglich eine Summe übrig bleibt.

Dieses Vorgehen klappt für eine beliebig lange Partialsumme einer geometrischen Reihe. Hat man zehn Summanden, dann gilt:

$$1 + 1,05 + 1,05^2 + ... + 1,05^9 = \frac{1,05^{10} - 1}{1,05 - 1} \approx 12,5779$$

Allgemein folgt:

Partialsumme einer geometrischen Reihe

Die n-te Partialsumme einer geometrischen Reihe, die aus n Summanden besteht, kann berechnet werden mit:

$$1 + q + q^2 + q^3 + ... + q^{n-1} = \frac{q^n - 1}{q - 1}$$

oder:

$$1 + q + q^2 + q^3 + ... + q^{n-1} = \left(q^n - 1\right) : (q - 1)$$

wobei $q \neq 1$. Falls $q = 1$, so gilt:

$$1 + q + q^2 + ... + q^{n-1} = 1 + 1 + 1^2 + ... + 1^{n-1} = n$$

Ganz unten steht die Forderung, dass der Wachstumsfaktor nicht 1 betragen darf. Das liegt daran, dass dann im Nenner der Formel Eins minus Eins gerechnet werden würde. Weil das ja Null ergibt, und weil die Division durch Null nicht definiert ist, ist auch das Rechenergebnis nicht definiert. Aber wenn $q = 1$ ist, dann werden ja eh nur Einsen aufsummiert. Damit würde man eine Summe aus n Einsen bilden, was n ergibt.

Beispiel 1: Für folgende Summe gilt:

$$1 + 1,07 + 1,07^2 + ... + 1,07^{19} = \left(1,07^{20} - 1\right) : (1,07 - 1)$$

$$\approx 40,9955$$

Beispiel 2: Für folgende Summe gilt:

$$1 + 1,10 + 1,10^2 + \ldots + 1,10^5 = \left(1,10^6 - 1\right) : (1,10 - 1)$$

$$= 7,71561$$

Wir werden danach eine Summenformel für eine Summe der Form:

$$S_1 = 1,05 + 1,05^2 + 1,05^3 + 1,05^4 + 1,05^5$$

benötigen. Diese wurde hier absolut beliebig mit S_1 bezeichnet. Der Unterschied zur zuvor betrachteten Summe ist die fehlende 1 am Anfang, wie das in Summe S_2 der Fall ist:

$$S_2 = 1 + 1,05 + 1,05^2 + 1,05^3 + 1,05^4$$

Beide Summen bestehen aus fünf Summanden. Man kann unschwer erkennen, dass alle Summanden von S_1 um den Faktor 1,05 größer sind als die Summanden der Summe S_2. Offenbar gilt:

$$S_1 = 1,05 \cdot S_2$$

Und weil Summe S_2 mit Hilfe der soeben hergeleiteten Partialsummenformel ausgerechnet werden kann, gilt:

$$S_2 = \frac{1,05^5 - 1}{1,05 - 1}$$

weshalb man S_1 folglich ermitteln kann mit:

$$S_1 = 1,05 \cdot \frac{1,05^5 - 1}{1,05 - 1}$$

Daraus folgt:

Partialsummenformel einer geometrischen Reihe ohne 1

Für die aus n Summanden bestehende n-te Partialsumme einer geometrischen Reihe ohne den Summanden 1 gilt für $q \neq 1$:

$$q + q^2 + q^3 + ... + q^n = q \cdot \frac{q^n - 1}{q - 1}$$

oder:

$$q + q^2 + q^3 + ... + q^n = q \cdot \left(q^n - 1\right) : (q - 1)$$

Beispiel 3: Für die folgende Summe gilt:

$$1,07 + 1,07^2 + ... + 1,07^{10} = 1,07 \cdot \left(1,07^{10} - 1\right) : (1,07 - 1)$$

$$\approx 14,7836$$

Beispiel 4: Die folgende Summe ergibt:

$$1,04 + 1,04^2 + ... + 1,04^7 = 1,04 \cdot \left(1,04^7 - 1\right) : (1,04 - 1)$$

$$\approx 8,2142$$

Die Formeln funktionieren im Übrigen auch für Wachstumsfaktoren, die kleiner als Eins sind, sprich für Abnahmefaktoren. Dazu werden wir später noch ein paar Berechnungen anstellen.

3.3 Die nachschüssige Sparplanformel

Nachdem Sie sich im letzten Kapitel die Arbeit gemacht haben, sich die Herkunft und Anwendung der Partialsummenformel einer geometrischen Reihe zu Gemüt zu führen, werden wir dieses Wissen jetzt verwenden, um das zukünftige Vermögen eines Sparplanes zu ermitteln.

Dafür schnappen wir uns einen Sparplan, bei dem jährlich 6.000 € in ein Asset fließen, das jährlich um 5 % an Wert zulegt. Betrachtet werden fünf Sparraten. Die erste Sparrate geht zu Beginn von Jahr 1 ein. Die fünfte Sparrate geht zu Beginn von Jahr 5 ein. Nach Eingang dieser fünften Sparrate wird der Sparplan gestoppt, sodass die letzte Sparrate nicht mehr verzinst wird. Folglich wurde die erste Sparrate vier Jahre lang mit 5 % p.a. verzinst. Um das nach fünf Sparraten zusammenkommende Vermögen zu ermitteln, rechnet man:

$$6.000 \, € + 6.000 \, € \cdot 1,05 + 6.000 \, € \cdot 1,05^2 +$$

$$+ \, 6.000 \, € \cdot 1,05^3 + 6.000 \, € \cdot 1,05^4 = 33.153,79 \, €$$

Dabei ist der erste Summand die letzte, nicht mehr verzinste Rate, und der letzte Summand ist die erste Rate, die vier Jahre lang verzinst wurde. Nun taucht in jedem Summanden der Faktor 6.000 € auf, weshalb dieser unter Anwendung des *Distributivgesetzes* ausgeklammert werden kann:

$$6.000 \, € \cdot \left(1 + 1,05 + 1,05^2 + 1,05^3 + 1,05^4\right)$$

Nun wird der Sinn des letzten Kapitels deutlich. In der Klammer steht die fünfte Partialsumme einer geometrischen Reihe. Die Berechnung kann demzufolge mit folgender Rechnung stattfinden:

$$6.000 \, € \cdot \frac{1,05^5 - 1}{1,05 - 1} = 33.153,79 \, €$$

oder ohne Bruchstrich:

$$6.000\,€ \cdot \left(1,05^{5} - 1\right) : (1,05 - 1) = 33.153,79\,€$$

Das klappt analog für beliebig viele Sparraten. Allgemein folgt:

Wenn Sie diese Formel recherchieren, finden Sie diese allerdings unter einem anderen Namen - *nachschüssige Rentenendwertformel* - ein Begriff aus der Rentenrechnung.

Beispiel 1: Sie investieren jährlich 6.000 € in ein Asset, das jährlich um 5 % an Wert zulegt. Wie hoch ist das Sparplanvermögen nach 10 Sparraten?

$$6.000\,€ \cdot \left(1,05^{10} - 1\right) : (1,05 - 1) = 75.467,36\,€$$

Beachten Sie bei Berechnungen mit dieser Formel stets, dass jeweils zum Ende des k-ten Jahres die $k + 1$-te Rate in den Sparplan eingezahlt wird. Dies liegt daran, dass bereits zum Anfang des ersten Jahres die allererste Rate eingeht. Die nachfolgende Abbildung visualisiert den Versatz von Sparrate und Jahr nochmals. In Beispiel 1 werden 10 Sparraten angenommen. Gemäß der Abbildung sind dabei 9 Jahre vergangen.

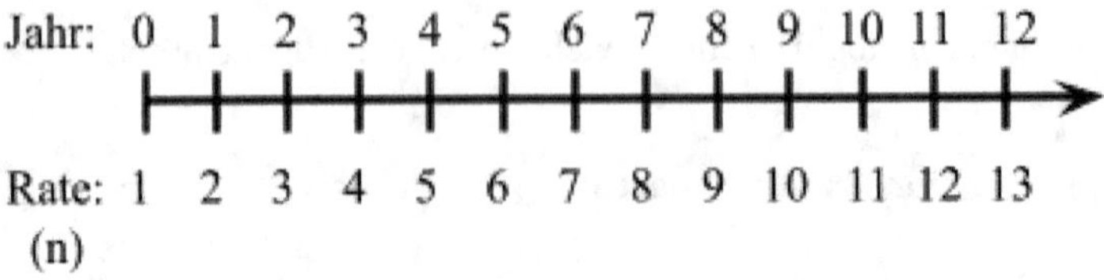

Abbildung 4: Zusammenhang von Jahr und Sparrate

Beispiel 2: Ein Anleger investiert jährlich 5.000 € zu 7 % p.a. Wie groß ist sein Sparplanvermögen nach 15 Sparraten?

Nach 15 Sparraten hat er:

$$5.000 \,€ \cdot \left(1,07^{15} - 1\right) : (1,07 - 1) = 125.645,11 \,€$$

Dabei sind 14 Jahre vergangen.

3.4 Die vorschüssige Sparplanformel

Die Formel aus dem letzten Kapitel lässt sich anwenden, wenn ein Sparplanvermögen direkt nach Eingang der letzten Sparrate berechnet werden soll, so dass diese nicht mehr verzinst wird. Ungünstig dabei ist, dass die Formel nicht mit Jahren, sondern mit Sparraten arbeitet. Sicherlich hat diese Formel ihre Berechtigung. Oftmals möchte man aber wissen, wie groß das Sparplanvermögen nach einer bestimmten Anzahl von Jahren ist. Möchte man das Sparplanvermögen nach zehn Jahren haben, so könnte man die Formel aus dem letzten Kapitel für elf Sparraten anwenden, und ganz am Schluss die nicht verzinste Rate abziehen. Dass das zum Ziel führt, steht außer Frage. Vielleicht gibt es aber einen Weg über eine weitere Formel.

Sie investieren jährlich 6.000 € in ein Asset, das mit 5 % p.a. wächst. Wir fragen nach dem Sparplanvermögen nach fünf Jahren. Die erste Sparrate geht dabei am Anfang von Jahr 1 ein und wird anschließend für fünf Jahre verzinst. Die letzte Sparrate geht am Anfang von Jahr 5 ein und wird für genau ein Jahr verzinst. Danach geht keine Sparrate mehr ein. Wie auch im letzten Kapitel gibt es fünf Sparraten, die aber insgesamt um ein Jahr länger verzinst werden. Die vollständige Berechnung des Sparplanvermögens kann dann geschrieben werden als:

$$6.000\ \text{€} \cdot 1,05 + 6.000\ \text{€} \cdot 1,05^2 + ... + 6.000\ \text{€} \cdot 1,05^5$$

Ganz links steht die letzte Sparrate, die ein Jahr lang verzinst wurde. Ganz rechts steht die erste Sparrate, die fünf Jahre lang verzinst wurde. Die Suche nach der Formel beginnt wieder mit dem Ausklammern der 6.000 €:

$$6.000\ \text{€} \cdot \left(1,05 + 1,05^2 + ... + 1,05^5\right)$$

In der Klammer steht die Partialsumme einer geometrischen Reihe ohne 1. Mit Hilfe der in 3.2 hergeleiteten zweiten Formel lässt sich der Rechenausdruck umschreiben zu:

$$6.000\,€ \cdot 1,05 \cdot \frac{1,05^5 - 1}{1,05 - 1} = 34.811,48\,€$$

oder ohne Bruchstrich:

$$6.000\,€ \cdot 1,05 \cdot \left(1,05^5 - 1\right) : (1,05 - 1) = 34.811,48\,€$$

Insgesamt folgt also:

Sparplanformel nach n Jahren (vorschüssig)

Wird jährlich die Rate R per Sparplan investiert und wächst das Asset jährlich mit dem Wachstumsfaktor q, dann ergibt sich das Sparplanvermögen nach n Jahren zu:

$$R \cdot q \cdot \frac{q^n - 1}{q - 1} \quad \text{oder} \quad R \cdot q \cdot \left(q^n - 1\right) : (q - 1)$$

wobei die erste Sparplanrate für n Jahre und die letzte Sparplanrate für ein Jahr verzinst werden.

In der Mathematik wird diese Formel *vorschüssige Rentenendwertformel* genannt.

Beispiel 1: Ein Sparer packt für seine Altersvorsorge jährlich 5.000 € in einen Sparplan. Das Asset, in das er investiert, legt jährlich um 7 % zu. Wie hoch ist sein Depotwert nach 25 Jahren?

$$5.000\,€ \cdot 1,07 \cdot \left(1,07^{25} - 1\right) : (1,07 - 1) \approx 338.382,35\,€$$

Insgesamt wurden dabei 25 Sparraten einkalkuliert, wobei die erste Rate 25 Jahre und die letzte für ein Jahr verzinst wurden.

Beispiel 2: Nicht immer läuft alles nach Plan. Was ist, wenn die Märkte in den 25 Jahren nicht so super laufen und nur mit einem mittleren Wachstum von 4 % pro Jahr gerechnet werden kann?

$$5.000 \, € \cdot 1,04 \cdot \left(1,04^{25} - 1\right) : (1,04 - 1) \approx 216.558,72 \, €$$

Beispiel 3: Der Sparer möchte sein Depot gemischt mit 5.000 € jährlich besparen. Er nimmt einen relativ risikolosen ETF[20], der "sichere"[21] 3 % p.a. machen wird. Dort sollen jährlich 2.500 € landen. Der zweite ETF ist hingegen umso risikoreicher, wird dafür aber im Mittel 8 % p.a. an Wert zulegen. Hier werden 2.500 € jährlich hinein gespart. Über den langen Anlagehorizont von 30 Jahren kann an sich angenommen werden, dass diese Mittelwerte auch tatsächlich erreicht werden.

$$2.500 \, € \cdot 1,03 \cdot \left(1,03^{30} - 1\right) : (1,03 - 1) = 122.506,70 \, €$$

$$2.500 \, € \cdot 1,08 \cdot \left(1,08^{30} - 1\right) : (1,08 - 1) = 305.864,67 \, €$$

Das macht zusammen 428.371,37 €.

Lassen Sie uns nochmals den Unterschied beider Formeln deutlich machen:

---

[20] ETF's verursachen Gebühren. Dazu wurde bereits etwas in einem vergangenen Kapitel gesagt. An dieser Stelle ignorieren wir die Gebühren. Hier soll es nur um das Erlernen des Umgangs mit der Formel gehen.

[21] Zu dem, was man unter "sicher" verstehen kann, kommen wir in einem späteren Kapitel noch.

<table>
<tr><td colspan="2" align="center">Tabelle 15: Vergleich der Sparplanformeln</td></tr>
<tr><td align="center">nach n Sparraten</td><td align="center">nach n Sparjahren</td></tr>
<tr><td align="center">nachschüssige
Rentenendwertformel</td><td align="center">vorschüssige
Rentenendwertformel</td></tr>
<tr><td align="center">$R \cdot \left(q^n - 1\right) : (q - 1)$</td><td align="center">$R \cdot q \cdot \left(q^n - 1\right) : (q - 1)$</td></tr>
<tr><td align="center">bestimmt das Sparplanvermögen nach n Sparraten, wobei die letzte Rate nicht verzinst, und die erste Rate n-1 Jahre verzinst wurde.</td><td align="center">bestimmt das Sparplanvermögen nach n Sparjahren, wobei die letzte Rate ein Jahr verzinst und die erste Rate n Jahre verzinst wurde.</td></tr>
<tr><td align="center">geeignet, falls der Sparplan unmittelbar nach der letzten Rate gestoppt wird.</td><td align="center">geeignet, falls der Sparplan am Ende des n-ten Jahres gestoppt wird.</td></tr>
</table>

Beispiel: Ein Sparer investiert jährlich 2.000 € in einen ETF, der jährlich 8 % p.a. zulegt.

Lässt er den Sparplan 10 Jahre lang laufen und stoppt den Sparplan am Ende des zehnten Jahres, so dass keine elfte Sparrate hinzu kommt und die zehnte Rate genau ein Jahr verzinst wird, dann ergibt sich das Sparplanvermögen mit der vorschüssigen Formel:

$$2.000 \, € \cdot 1,08 \cdot \left(1,08^{10} - 1\right) : (1,08 - 1) = 31.290,97 \, €$$

Lässt der Sparer den Sparplan neun Jahre lang laufen und legt noch eine letzte Rate zu Beginn des zehnten Jahres hinzu, bevor er den Sparplan stoppt, dann ergibt sich mit der nachschüssigen Formel:

$$2.000 \, € \cdot \left(1,08^{10} - 1\right) : (1,08 - 1) = 28.973,12 \, €$$

Damit wären ebenfalls zehn Sparraten eingegangen.

Lässt der Sparer den Sparplan zehn Jahre lang laufen und legt dann noch eine elfte Rate zum Vermögen hinzu, bevor der Sparplan gestoppt wird, dann ergibt sich das Sparplanvermögen wiederum mit der nachschüssigen Formel:

$$2.000\,€ \cdot \left(1,08^{11} - 1\right) : (1,08 - 1) = 33.290,97\,€$$

was exakt 2.000 € größer ist als das erste Rechenergebnis. Die nachfolgende Abbildung rundet das Beispiel ab. Pfeile, die von rechts an einen Skalenstrich heranzeigen, bedeuten, dass der Sparplan unmittelbar nach der letzten Rate gestoppt wird (nachschüssige Formel). Der Pfeil, der von links an den Skalenstrich zeigt, bedeutet, dass der Sparplan nach einer einjährigen Verzinsung der letzten Rate gestoppt wird (vorschüssige Formel), bevor die nächste Rate eingehen würde.

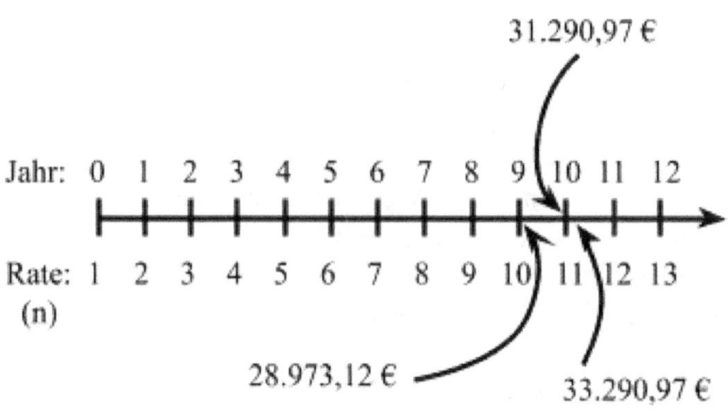

Abbildung 5: Unterschiede zwischen den Sparplanformeln

3.5 Tabellen für Rechenfaule

Mit den beiden Formeln können Sie variabel sämtliche Fälle durchkalkulieren. Manchmal genügt vielleicht auch eine grobe Schätzung. Diese soll nachfolgend mit Hilfe einer Tabelle einfacher als mit der Formel gelingen. Das Nervige an der nachschüssigen Formel:

$$R \cdot \left(q^n - 1\right) : (q - 1)$$

ist das Eingeben der beiden Klammerterme. Man könnte die Klammerterme allerdings zu einem Faktor F zusammenfassen, so dass man nur rechnen muss:

$$R \cdot F$$

wobei:

$$F = \left(q^n - 1\right) : (q - 1)$$

Der Faktor F hängt nur vom Wachstumsfaktor q und von der Anzahl der Sparraten n ab. Hätte man zu jedem *Tupel*[22] aus Wachstumsfaktor q und Sparratenanzahl n einen Faktor F vorliegen, dann könnte man sich eine Menge Rechenarbeit sparen.

In der Finanzmathematik heißt dieser Faktor *Rentenendwertfaktor*. Man könnte sich diesen Faktor für typische Renditen einfach ausrechnen und in einer Tabelle notieren. Genau das wurde nachfolgend gemacht. Dabei ist die Anzahl der Sparraten n in der ersten Zeile und der Wachstumsfaktor q in der ersten Spalte aufgetragen. Haben Sie beispielsweise 20 Sparraten und nehmen Sie ein Wachstum von 6 % p.a. an, dann schauen Sie in der Spalte mit dem Titel "20" und in der Zeile mit dem Titel "1,06". Das gefundene

---

[22] In der Mathematik ist ein Tupel vereinfacht gesagt ein Paar von Variablen, hier von q und n. Man könnte dieses Paar symbolisch als (q,n) darstellen.

gemeinsame Feld ist dann der Wert von Faktor F. In diesem Fall wäre das $F = 36,8$. Diese Zahl muss dann nur noch mit der jährlichen Sparrate multipliziert werden. Handelt es sich um 2.000 € jährlich, so erhalten Sie nach 20 Sparraten einen Depotwert von etwa:

$$R \cdot F = 2.000\,€ \cdot 36,8 = 73.600\,€$$

Da die Tabellenwerte gerundet sind, ist der Sparplanvermögen natürlich auch gerundet.

Tabelle 16: Gerundeter Rentenendwertfaktor F für Anzahl der Sparraten n und Wachstumsfaktor q (*nachschüssiger Rentenendwertfaktor*)								
	5	10	15	20	25	30	35	40
1,01	5,1	10,5	16,1	22,0	28,2	34,8	41,7	48,9
1,02	5,2	10,9	17,3	24,3	32,0	40,6	50,0	60,4
1,03	5,3	11,5	18,6	26,9	36,5	47,6	60,5	75,4
1,04	5,4	12,0	20,0	29,8	41,6	56,1	73,7	95,0
1,05	5,5	12,6	21,6	33,1	47,7	66,4	90,3	120,8
1,06	5,6	13,2	23,3	36,8	54,9	79,1	111,4	154,8
1,07	5,8	13,8	25,1	41,0	63,2	94,5	138,2	199,6
1,08	5,9	14,5	27,2	45,8	73,1	113,3	172,3	259,1
1,09	6,0	15,2	29,4	51,2	84,7	136,3	215,7	337,9
1,10	6,1	15,9	31,8	57,3	98,3	164,5	271,0	442,6

Beispiel 1: Sie investieren 25 Sparraten von jeweils 4.000 € zu 7 % p.a. Die erste Rate wird 24 Jahre verzinst, die letzte gar nicht. Dann beträgt der Faktor 138,2. Für Ihren Depotwert rechnen Sie dann einfach nur noch:

$$4.000 \,€ \cdot 138,2 = 552.800 \,€$$

Eine analoge Tabelle lässt sich auch für die vorschüssige Formel erstellen. Wenn man aus:

$$R \cdot q \cdot \left(q^n - 1\right) : (q - 1)$$

das Produkt:

$$R \cdot F$$

formt, dann ergibt sich der Rentenendwertfaktor mit:

$$F = q \cdot \left(q^n - 1\right) : (q - 1)$$

Die Tabelle ändert sich dann wie folgt:

Tabelle 17: Gerundeter Rentenendwertfaktor F für Anzahl der Sparjahre n und Wachstumsfaktor q (*vorschüssiger Rentenendwertfaktor*)								
	5	10	15	20	25	30	35	40
1,01	5,2	10,6	16,3	22,2	28,5	35,1	42,1	49,4
1,02	5,3	11,2	17,6	24,8	32,7	41,4	51,0	61,6
1,03	5,5	11,8	19,2	27,7	37,6	49,0	62,3	77,7
1,04	5,6	12,5	20,8	31,0	43,3	58,3	76,6	98,8
1,05	5,8	13,2	22,7	34,7	50,1	69,8	94,8	126,8
1,06	6,0	14,0	24,7	39,0	58,2	83,8	118,1	164,0
1,07	6,2	14,8	26,9	43,9	67,7	101,1	147,9	213,6
1,08	6,3	15,6	29,3	49,4	79,0	122,3	186,1	279,8
1,09	6,5	16,6	32,0	55,8	92,3	148,6	235,1	368,3
1,10	6,7	17,5	34,9	63,0	108,2	180,9	298,1	486,9

Beispiel 2: Sie investieren für 30 Jahre jährlich 3.000 € zu 4 % p.a. Die erste Rate wird 30 Jahre lang verzinst, die letzte Rate ein Jahr lang. Dann beträgt der Rentenendwertfaktor gemäß Tabelle 58,3 und das Sparplanvermögen beträgt rund:

$$3.000 \, € \cdot 58,3 = 174.900 \, €$$

3.6 Die Höhe der Sparrate

Wie hoch muss eigentlich Ihre Sparrate sein, damit Sie bei einer Verzinsung von 5 % p.a. nach 30 Jahren die Million knacken? Derartige Fragestellungen führen auf das Anwenden der Sparplanformeln in der Art, dass die Formel umgestellt werden muss. Die Tabellen mit den Rentenendwertfaktoren aus dem letzten Kapitel können dabei eine zeitsparende Hilfe sein.

Wir beantworten die eingangs gestellte Frage und beziehen uns dabei auf die vorschüssige Sparplanformel. Das Ergebnis der Sparplanformel soll 1.000.000 € ergeben. Arbeiten wir mit der vorschüssigen Formel, dann muss gelten:

$$1.000.000 \text{ €} = R \cdot 1,05 \cdot \left(1,05^{30} - 1\right) : (1,05 - 1)$$

Der einfachste Weg ist jetzt das Verwenden der Tabelle aus dem letzten Kapitel zum vorschüssigen Rentenendwertfaktor. Hat man die Tabelle nicht zur Hand, dann rechnen Sie die 1,05 und die beiden Klammerausdrücke und zusammen, was rund 69,8 ergibt. Das ist auch die Zahl, die Sie in besagter Tabelle finden. Dann kann die Gleichung geschrieben werden als:

$$1.000.000 \text{ €} \approx R \cdot 69,8$$

Teilen Sie nun durch 69,8, dann erhalten Sie grob gerundet die nötige jährliche Sparrate:

$$14.326,65 \text{ €} \approx R$$

Ein Zwölftel davon, d.h. 1.193,89 €, könnte als Monatsrate interpretiert werden.

Beispiel 1: Oftmals werden 7 % p.a. Rendite als mittlere Rendite langfristiger Investments in Aktien erwähnt. Wie muss ein Anleger in einen jährlichen Sparplan investieren, um nach 30 Jahren bei 7 % p.a. bei einer Million zu landen, wenn vorschüssig gerechnet wird?

$$1.000.000\,\text{€} = R \cdot 1,07 \cdot \left(1,07^{30} - 1\right) : (1,07 - 1)$$

Indem man die 1,07 und die beiden Klammern zusammenrechnet, oder die Tabelle zum vorschüssigen Rentenendwertfaktor verwendet, erhält man:

$$1.000.000\,\text{€} \approx R \cdot 101,1$$

Durch Division durch 101,1 ergibt das eine jährliche Rate von:

$$9.891,20\,\text{€} \approx R$$

Beispiel 2: Ein Sparer möchte nach 20 jährlichen Sparraten einen Wert von 300.000 € erreichen und will zu 4 % p.a. investieren. Wie hoch muss seine jährliche Sparrate sein, wenn er 19 Sparjahre und eine letzte nicht verzinste Rate kalkuliert? In diesem Fall muss nachschüssig mit 20 Raten gerechnet werden:

$$300.000\,\text{€} = R \cdot \left(1,04^{20} - 1\right) : (1,04 - 1)$$

Indem man die beiden Klammern zusammenrechnet, oder die Tabelle zum nachschüssigen Rentenendwertfaktor verwendet, erhält man:

$$300.000\,\text{€} \approx R \cdot 29,8$$

Nach Division durch 29,8 ergibt das eine jährliche Rate von:

$$10.067,11\,\text{€} \approx R$$

3.7 Der Anlagehorizont eines Sparplans

Die erste Million zu erreichen ist ein hoch gesetzter Meilenstein, für den die meisten Leute wohl sehr lange sparen müssen. Wie man die Anzahl der Sparjahre bei fester Rate ermittelt, um ein bestimmtes Sparplanvermögen zu erreichen, schauen wir uns in diesem Kapitel an.

Das Ergebnis der Sparplanformel soll 1.000.000 € ergeben. Wie lange müssten Sie jährlich 6.000 € zu 7 % investieren, um dieses Sparplanvermögen zu erreichen, wenn vorschüssig gerechnet wird?

Ein relativ einfacher Weg ist die Arbeit mit der Tabelle zu den Rentenendwertfaktoren. Diesen schauen wir uns zuerst an. Es soll gelten:

$$1.000.000 \, € = 6.000 \, € \cdot F$$

Den Rentenendwertfaktor F erhält man durch Division durch 6.000 €:

$$166,67 \approx F$$

Schauen Sie nun in die Tabellen mit den vorschüssigen Rentenendwertfaktoren und suchen Sie in der Zeile mit dem Wachstumsfaktor 1,07 nach dem Wert, der am nächsten an 166,67 dran ist. In der vorschüssigen Tabelle liegt unser berechneter Faktor zwischen 147,9 (35 Jahre) und 213,6 (40 Jahre), aber etwas näher an 147,9. Damit kann ein Sparplananlagehorizont zwischen 35 und 40 Jahren angenommen werden.

Wie macht man das aber, wenn man auf ein exaktes Ergebnis aus ist? Die Sache wird deutlich aufwändiger. Für die Beantwortung nutzen wir im Folgenden, passend zur Fragestellung, die vorschüssige Formel. Die Berechnung funktioniert bei entsprechender Fragestellung für die nachschüssige Formel ähnlich.

$$1.000.000 \, € = 6.000 \, € \cdot 1,07 \cdot \left(1,07^{n} - 1\right) : (1,07 - 1)$$

Klar kann man nun auch verschiedene Zahlen für n ausprobieren. Anhand der Betrachtung mit Hilfe der Tabellen zu den Rentenendwertfaktoren wissen wir zumindest, dass die gesuchte Zahl zwischen 35 und 40 liegen muss. Da könnten Sie nun die Zahlen von 36 bis 49 durchprobieren. Dieser Weg wäre noch halbwegs bequem. Wer etwas mehr Rechenaufwand nicht scheut, interessiert sich womöglich für einen exakten Rechenweg oder für eine Formel. Dafür dividieren wir die Gleichung durch 6.000 €. Das ergibt rund:

$$166,67 \approx 1,07 \cdot \left(1,07^{n} - 1\right) : (1,07 - 1)$$

was auf der linken Seite den vorschüssigen Rentenendwertfaktor ergibt. Den rechten Klammerausdruck auf der rechten Seite der Gleichung kann man auch ganz einfach ausrechnen:

$$166,67 \approx 1,07 \cdot \left(1,07^{n} - 1\right) : 0,07$$

Ganz rechts steht ja "geteilt durch 0,07". Damit diese Zahl dort verschwindet, muss die gesamte Gleichung mit 0,07 multipliziert werden:

$$11,67 \approx 1,07 \cdot \left(1,07^{n} - 1\right)$$

Die 1,07 vor der Klammer bekommen wir weg, indem wir die gesamte Gleichung durch 1,07 teilen. Da dann nichts mehr vor der Klammer auf der rechten Seite der Gleichung steht, kann die Klammer auch weggelassen werden:

$$10,91 \approx 1,07^{n} - 1$$

Die 1 auf der rechten Seite eliminieren wir, indem die Zahl auf der linken Seite mit 1 addiert wird:

$$11,91 \approx 1,07^{n}$$

Wer keine Lust auf Logarithmus hat, kann diese Gleichung durch "Probieren" lösen. Mit Logarithmus ergibt das allerdings viel schneller:

$$n \approx log_{1,07} 11,91 \approx 36,6$$

also vor Vollendung des 37-ten Jahres.

Sie müssen diesen Rechenweg aber nicht immer so gehen. Aus dem gezeigten Vorgehen folgt eine Formel. Auf eine allgemeingültige mathematische Herleitung wird an dieser Stelle verzichtet. Mathematisch Interessierte können die folgenden beiden Formeln für einen vor- bzw. nachschüssig berechneten Sparplan gern selbst anhand einer Herleitung überprüfen. Es gilt:

Berechnung des Sparplananlagehorizontes

Wird jährlich die Rate R in einen Sparplan eingezahlt, dessen jährliches Wachstum mit dem Wachstumsfaktor q beschrieben werden kann, dann erreicht man das Sparplanvermögen V nach ...

Nachschüssig: n Sparraten, wobei die letzte Sparrate nicht verzinst wird, und wobei gilt:

$$n = log_q\left(\frac{V}{R} \cdot (q - 1) + 1\right)$$

Vorschüssig: n Sparjahren, deren Anzahl bestimmt werden kann mit:

$$n = log_q\left(\frac{V \cdot (q-1)}{R \cdot q} + 1\right)$$

Beispiel 1: Wir rechnen das Einführungsbeispiel noch einmal mit Hilfe der vorschüssigen Formel aus. Eine Million Euro Sparplanvermögen sollen bei 7 % p.a. Wachstum und einer jährlichen Rate von 6.000 € erreicht werden. Die Anzahl der Sparjahre beträgt:

$$n = log_{1,07}\left(\frac{1.000.000\,€\cdot(1,07-1)}{6.000\,€\cdot 1,07} + 1\right) \approx log_{1,07} 11,90 \approx 36,6$$

Beispiel 2: Wie viele Sparraten der Höhe 6.000 € muss ein Anleger zu 5 % p.a. jährlich investieren, wobei die letzte Rate nicht verzinst wird, um ein Sparplanvermögen von 500.000 € zu erreichen? Hier muss nachschüssig gerechnet werden:

$$n = log_{1,05}\left(\frac{500.000\,€}{6.000\,€}\cdot(1,05-1) + 1\right) \approx log_{1,05} 5,17 \approx 33,8$$

Beispiel 3: Ein Sparer kann jährlich 1.200 € sparen. Er möchte wissen, wie viele Jahre er sparen muss, damit er bei einer Anlage zu 7 % p.a. auf einen Depotwert von 100.000 € kommt, wenn nachschüssig gerechnet wird.

$$n = log_{1,07}\left(\frac{100.000\,€}{1.200\,€}\cdot(1,07-1) + 1\right) \approx log_{1,07} 6,83 \approx 28,4$$

Also braucht er mehr als 28 Jahre.

Beispiel 4: Ein Sparer investiert jährlich 8.000 € zu 6 % p.a. Wie lange dauert es, bis er bei 250.000 € landet, wenn vorschüssig gerechnet wird?

$$n = log_{1,06}\left(\frac{250.000\,€\cdot(1,06-1)}{8.000\,€\cdot 1,06} + 1\right) \approx log_{1,06} 2,99 \approx 18,8$$

Nach 19 Jahren hat er eine viertel Million.

3.8 Schmilzt mein Sparplan-Vermögen bei negativen Zinssätzen?

Es gab Zeiten, in denen der Zins in quasi sichere Anlagemöglichkeiten negativ war. Das bedeutet einen Wachstumsfaktor, der kleiner als 1 ist. Bei einem negativen Zins von minus 2 % p.a. beträgt der Wachstumsfaktor 0,98. Der Wert einer Einmalanlage schmilzt bei so einem Wachstumsfaktor im Laufe der Zeit dahin. Bei einem Sparplan kommen aber immer neue Sparraten hinzu. Ob ein Sparplanvermögen dann tatsächlich kleiner oder doch größer wird, ist nicht mehr ganz so klar, kann aber durchgerechnet werden.

Angenommen, Sie wollen Geld "parken", es also möglichst sicher anlegen, befinden sich aber in Zeiten negativer Zinssätze, so dass die risikolose Geldanlage Geld kostet anstatt welches einzubringen. Sie legen jährlich 1.000 € in solche Anlageprodukte an und haben einen negativen Zins von minus 2 % p.a. Dann berechnen Sie Ihr Sparplan-Vermögen vorschüssig nach 15 Jahren mit:

$$1.000\,€ \cdot 0,98 \cdot \left(0,98^{15} - 1\right) : (0,98 - 1)$$

Beim Ausrechnen der Klammerausdrücke stellen Sie fest, dass negative Zahlen auftauchen. Da aber eine negative Zahl durch eine weitere negative Zahl dividiert wird, erhalten Sie dennoch ein positives Ergebnis.

$$1.000\,€ \cdot 0,98 \cdot (-\,0,2614) : (-\,0,02) \approx 12.808,60\,€$$

Bei Wachstumsfaktoren, die kleiner als 1 sind, können Sie ganz genauso rechnen wie bisher. Es gibt jedoch eine zusätzliche Eigenschaft solcher Sparvorgänge. Während ein Sparplan mit einem positiven Wachstumsfaktor immer weiter steigt, landet ein Sparplan mit einem Wachstumsfaktor kleiner als 1 niemals bei 0 €. Diese besondere Eigenschaft begründet sich durch das wiederholte

Nachsparen von Kapital. Negative Zinssätze mögen zwar beunruhigend wirken, schauen Sie sich allerdings die mathematische Seite an, dann kehrt wieder etwas Frieden in das Gemüt ein. Wenn die Alternative einer Anlage zu einem negativen Zins der inflationsbedingte Verfall Ihres hart erarbeiteten Geldes wäre, dann ist man zumindest froh, dass das Sparvermögen nicht auf Null fallen kann. Als Anleger können Sie sich dann wenigstens sicher sein, dass ihr risikolos geparktes Geld nicht voll wegschmilzt. Und nicht nur das - wir können mit Hilfe der Mathematik sogar prognostizieren, bei welchem Wert es sich letztendlich einpegeln wird.

Schauen wir uns das für den zu Beginn beschriebenen 1.000 € - Sparplan für verschiedene Laufzeiten und zu einem Zins von minus 2 % p.a. in einer Tabelle an, bei welchem Sparplanvermögen Sie landen, wenn vorschüssig gerechnet wird. Die nachfolgende Tabelle taucht zugegebenermaßen in unrealistische Anlagehorizonte ein. Dafür erkennen wir aber, welche mathematische Gesetzmäßigkeit dahinter stecken könnte. Die Ergebnisse in der Tabelle können Sie gern mit Hilfe der vorschüssigen Sparplanformel nachrechnen.

Egal, wie weit Sie diese Rechnung treiben, das Spar-Vermögen wird sich immer mehr einem Wert von 49.000 € annähern. In der Mathematik spricht man von einem sogenannten *Grenzwert* - einer Zahl, die niemals erreicht wird, der man sich aber unendlich dicht annähert. Für Sie als Anleger bedeutet das immerhin, dass sich das Sparplanvermögen nicht über einen bestimmten Wert hinaus bewegen wird.

Tabelle 18: Negative Verzinsung mit minus 2 % pa.a. eines Sparplanes zu 1.000 € pro Jahr	
Laufzeit in Jahren	Spar-Vermögen
10	8.963,43 €
20	16.287,21 €
50	31.155,69 €
100	42.501,64 €
200	48.138,19 €
300	48.885,70 €
500	48.997,99 €
700	48.999,96 €

Das Geheimnis liegt im vorschüssigen Rentenendwertfaktor:

$$F = 0,98 \cdot \left(0,98^{n} - 1\right) : (0,98 - 1)$$

Der rechte Klammerausdruck kann auch als minus 0,02 geschrieben werden:

$$F = 0,98 \cdot \left(0,98^{n} - 1\right) : (-\,0,02)$$

Wenn Sie im linken Klammerausdruck eine große Zahl für n einsetzen, dann ergibt das eine sehr sehr kleine Zahl, z.B.:

$$0,98^{500} \approx 0,000041$$

Für große Werte von n ergibt der linke Klammerausdruck auf der rechten Seite der Gleichung dann eine Zahl nahe bei minus 1:

$$\left(0,98^{500} - 1\right) \approx -\,0,999959$$

Mathematisch schreibt man das mit Hilfe des *limes*[23] auf:

$$\lim_{n \to \infty} F = \lim_{n \to \infty} \left(0,98 \cdot \left(0,98^{n} - 1\right) : (-\,0,02)\right)$$

Die Rechenzeile bedeutet, dass danach gefragt wird, welchem Grenzwert sich der vorschüssige Rentenendwertfaktor annähert, wenn man die Laufzeit des Sparplanes bei einer negativen Verzinsung annähert. Machen Sie sich keinen Kopf, wenn Ihnen der Ausdruck zu kompliziert erscheint. Hier geht es nicht um Symbolik, sondern darum, zu verstehen, dass das Sparplanvermögen bei einer Negativverzinsung einen sich einstellenden Grenzwert besitzt. Das Ergebnis dieser Berechnung ist:

$$0,98 \cdot (-\,1) : (-\,0,02) = 49$$

Multipliziert man den Rentenendwertfaktor mit der Sparplanrate, so erhält man bekanntermaßen das Sparplanvermögen. Mit der Rate von 1.000 € ergibt das 49.000 € als Grenzwert des Sparplanvermögens. Bei der nachschüssigen Berechnung wird ähnlich vorgegangen. Nach ein wenig mathematischer Kosmetik folgen die beiden Formeln für den Grenzwert des Sparplanvermögens bei negativer Verzinsung:

---

[23] Limes bedeutet so viel wie Grenze oder Grenzweg. Der Limes gibt in der Mathematik an, welchem Wert sich eine Zahlenfolge unendlich dicht annähert, welchen Wert die Zahlenfolge aber nie erreicht.

Grenzwert des Sparplanvermögens bei negativer Verzinsung

Fließt jährlich eine Rate R in einen Sparplan, wobei das Wachstum mit einem Wachstumsfaktor $0 < q < 1$ beschrieben werden kann, dann konvergiert[24] das Sparplanvermögen.

Bei vorschüssiger Rechnung konvergiert das Sparplanvermögen gegen:

$$R \cdot q : (1 - q) \quad \text{oder} \quad \frac{R \cdot q}{1-q}$$

und bei nachschüssiger Rechnung gegen:

$$R : (1 - q) \quad \text{oder} \quad \frac{R}{1-q}$$

Doch warum unterscheiden sich die beiden Formeln überhaupt? Sollten bei einer quasi unendlich langen Anlage nicht die gleichen Grenzwerte entstehen, egal ob vorschüssig oder nachschüssig gerechnet wird?

Der ursprüngliche eigentliche Unterschied war lediglich eine letzte nicht verzinste Rate. Auch diese ist hier wieder der Wert, um den sich die quasi unendliche lange besparten Sparplanvermögen unterscheiden. Mathematisch gesehen ist diese letzte Rate der Anfang der mathematischen *Reihe*, aus der wir die (nachschüssige) Sparplanformel hergeleitet haben. Je größer die Anzahl der Sparraten n, desto mehr Summanden kommen hinten dran. Der erste Summand (die letzte Rate) bleibt aber bestehen. Bei der vorschüssigen Berechnung ist der erste Summand eine bereits einmal verzinste Rate. Zieht man die nach- und die vorschüssige Summe bis ins unendliche, dann hat die nachschüssige Summe die gleichen Summanden, wie die

---

[24] Konvergieren bedeutet so viel wie annähern. Der Wert des Sparplanvermögens nähert sich einem Grenzwert an.

nachschüssige, und zusätzlich die nicht verzinste Rate. Mathematisch gesehen besteht daher ein Unterschied. Real gesehen kommt es ja gar nicht zur Unendlichkeit. Von daher ist es sinnvoll, eher etwas skeptischer zu rechnen, und die vorschüssige Formel anzusetzen, da diese immer ein kleineres Ergebnis liefert.

Beispiel 1: Sie sparen jährlich 2.500 € in ein risikoloses Finanzprodukt, das mit minus 1 % p.a. verzinst wird. Welchem Wert wird sich Ihr risikolos geparktes Sparvermögen langfristig annähern?

$$2.500 \, € \cdot 0,99 : (1 - 0,99) = 247.500 \, €$$

Beispiel 2: Sie haben einen jährlichen Aktiensparplan in Höhe von 500 €. Irgendwie haben Sie die Lage des Unternehmens falsch eingeschätzt. Die Aktie fällt jährlich um 3 % p.a. Weil Sie dennoch von dem Unternehmen überzeugt sind, lassen Sie den Sparplan laufen. Welchem Wert wird sich Ihr Aktienvermögen in diesem Unternehmen langfristig annähern, wenn der Kurs jährlich 3 % sinkt.

$$500 \, € \cdot 0,97 \cdot (1 - 0,97) \approx 16.166,67 \, €$$

3.9 Monatlich oder jährlich sparen?

Bisher betrachteten wir nur jährliche Sparpläne. Viele Leute sparen aber monatlich.. Die Kalkulation wird etwas aufwändiger, weil man in der Regel jährliche Renditen gegeben hat. Natürlich wird die Berechnung dafür umso genauer. Doch ist sie gleichzeitig auch aussagekräftiger? Oder anders gefragt: Lohnt sich der Rechenaufwand überhaupt?

Ein Sparer investiert jährlich 6.000 € in einen ETF. Diese jährliche Summe verteilt er auf 12 Monatsraten, was 500 € pro Monat bedeutet. Der ETF[25] wächst jährlich mit 5 % p.a. Wir nehmen einen Anlagehorizont von 15 Jahren an. Rechnet man die Sache (vorschüssig) mit einer jährlichen Investition durch, dann landen wir bei:

$$6.000 \, € \cdot 1,05 \cdot \left(1,05^{15} - 1\right) : (1,05 - 1) = 135.944,95 \, €$$

Wenn monatlich investiert wird, dann werden die ersten Raten ja bereits verzinst, bevor das Jahr zuende ist. Unterstellt man ein gleichbleibendes Wachstum, was in Wirklichkeit eigentlich nicht gegeben ist, dann müsste nun der unterjährige (monatliche) Wachstumsfaktor für unsere modellhaften Berechnungen her. Diesen erhalten wir bekanntermaßen als zwölfte Wurzel aus dem jährlichen Wachstumsfaktor 1,05. Gerundet ergibt das:

$$\sqrt[12]{1,05} \approx 1,0041$$

Die gute Nachricht: Sie brauchen keine neue Formel. Die Sparplanformel ist problemlos auf ein monatliches Investment abzuändern. Dabei wird die monatliche Sparrate mit 500 € und die Laufzeit mit 180 Monaten verwendet. Mit dem unterjährigen Zinsfaktor sieht die Rechnung nun so aus:

---

[25] Wie auch in bisherigen Beispielen ignorieren wir hier Gebühren. Verstehen Sie die 5 % Wachstum als Rendite nach Gebühren.

$$500\,€ \cdot 1,0041 \cdot \left(1,0041^{180} - 1\right) : (1,0041 - 1)$$

$$= 133.299,69\,€$$

Da wir den unterjährigen Zinsfaktor gerundet haben, gebe ich Ihnen noch das exakte Ergebnis an: 132.951,76 €. Das Ergebnis ist kleiner als das jährlich gerechnete - muss es ja auch. Denn bei der jährlichen Rechnung geht man davon aus, dass die 6.000 € bereits am Beginn eines jeden Jahres eingezahlt und dann verzinst werden. Bei einer monatlichen Rate von 500 € erreicht man die 6.000 € erst zu Beginn des zwölften Monats.

Die Abweichung von der Rechnung mit jährlicher Sparrate ist allerdings nicht allzu groß. Sie wird umso größer, je größer der Zinsfaktor ist. Damit Sie ein Gefühl dafür bekommen, in welcher Größenordnung sich die Abweichung bewegt, folgt eine Tabelle, die beide Berechnungen für verschiedene Zinsfaktoren über eine Laufzeit von 20 Jahren, d.h. 240 Monaten, vergleicht, wenn vorschüssig gerechnet wird:

Tabelle 19: Vergleich des Sparplan-Vermögens nach 20 Jahren bei einer Sparrate von jährlich 1.200 €, d.h. monatlich 100 €.				
q	Sparplan-vermögen bei jährlicher Rechnung	q_u	Sparplan-vermögen bei monatlicher Rechnung	Abweichung von der monatlichen Rechnung
1,03	33.211,78 €	1,002466	32.766,06 €	+1,36 %
1,05	41.663,10 €	1,004074	40.745,78 €	+2,25 %
1,07	52.638,21 €	1,005654	51.040,61 €	+3,13 %
1,09	66.917,44 €	1,007207	64.345,61 €	+4,00 %
1,11	85.518,17 €	1,008735	81.560,72 €	+4,85 %

Dabei ist q der jährliche Wachstumsfaktor und q_u der (unterjährige) monatliche Wachstumsfaktor.

Es lässt sich mathematisch nachweisen, dass die prozentuale Abweichung unabhängig von der Laufzeit n des Sparplanes ist. Die nächste Tabelle listet auf, um wie viel Prozent eine jährliche Berechnung ein größeres Sparplanvermögen kalkuliert als eine dazu passende monatliche Rechnung:

Tabelle 20: Prozentuale Abweichung einer jährlichen Sparplanberechnung gegenüber einer monatlichen Berechnung		
Wachstumsfaktor q	Abweichung (vorschüssig)	Abweichung (nachschüssig)
1,01	+0,46%	+0,45%
1,02	+0,91%	+0,89%
1,03	+1,36%	+1,32%
1,04	+1,81%	+1,74%
1,05	+2,25%	+2,15%
1,06	+2,69%	+2,55%
1,07	+3,13%	+2,94%
1,08	+3,56%	+3,32%
1,09	+4,00%	+3,69%
1,10	+4,43%	+4,06%
1,11	+4,85%	+4,41%
1,12	+5,28%	+4,76%
1,13	+5,70%	+5,09%
1,14	+6,11%	+5,42%

Beispiel 1: Ein Anleger investiert monatlich 400 € in einen Sparplan, dessen Wert jährlich um 7 % zulegt. Er rechnet allerdings mit der vorschüssigen jährlichen Formel, und erhält nach 10 Jahren eine Sparplanvermögen von:

$$4.800 \,€ \cdot 1,07 \cdot \left(1,07^{10} - 1\right) : (1,07 - 1) = 70.961,28 \,€$$

Um wie viel Euro fällt der Geldbetrag höher als mit der monatlichen Rechnung aus?

Laut Tabelle kalkuliert die vorschüssige jährliche Sparplanformel bei 7 % p.a. Wachstum einen um 3,13 % zu hohen Betrag des Sparplanvermögens. Das entspricht einem um den Faktor 1,0313 zu großen Vermögen. Dividiert man das obige Ergebnis durch 1,0313, so erhält man das Ergebnis, das bei der monatlichen Rechnung herausgekommen wäre:

$$70.961,28 \,€ : 1,0313 = 68.807,60 \,€$$

was einem Unterschied von gut 2.000 € entspricht. Zur Probe rechnen wir die monatliche vorschüssige Formel nach. Dabei ist der monatliche Wachstumsfaktor die zwölfte Wurzel aus 1,07, also rund 1,0057. Dann gilt:

$$400 \,€ \cdot 1,0057 \cdot \left(1,0057^{120} - 1\right) : (1,0057 - 1)$$

$$= 69.018,83 \,€$$

Die Abweichung erklärt sich dadurch, dass der monatliche Wachstumsfaktor auf vier Nachkommastellen gerundet wurde, und dass die prozentuale Abweichung in der Tabelle auf zwei Nachkommastellen gerundet wurde.

Wenn ich Sie noch damit glücklich machen kann, wie die prozentualen Abweichungen in der Tabelle ermittelt werden können, dann schauen Sie in den nachfolgenden Formelkasten:

Auf einen mathematischen Beweis wird an dieser Stelle verzichtet.

Beispiel 2: Um wie viel Prozent berechnet eine jährliche Berechnung ein größeres Sparplanvermögen, wenn vorschüssig mit einer jährlichen Rendite von 8 % gerechnet wird?

$$12 \cdot 1,08^{\frac{11}{12}} \cdot \left(\sqrt[12]{1,08} - 1\right) : (1,08 - 1) = 1,035649$$

Das entspricht einer prozentualen Abweichung von 3,5649 %.

3.10 Wie Sie Dynamikerhöhungen einkalkulieren

Nicht nur bei der privaten Rentenversicherung, sondern auch bei Sparplänen besteht die Möglichkeit einer *Dynamikerhöhung* der Einzahlungen. Wenn Sie dieses Jahr eine Sparrate von 2.000 € haben, und eine automatische Dynamikerhöhung von 3 % eingestellt haben, dann investieren Sie nächstes Jahr 2.060 € in den Sparplan und im Jahr darauf 2.121,80 €. D.h. Ihre Sparrate erhöht sich jährlich um den Dynamikprozentsatz. Wozu soll das gut sein? Zum einen erhöht sich Ihr Gehalt womöglich in gewissen Abständen. Die Dynamikerhöhung zwingt Sie quasi, einen höheren Anteil Ihres Gehaltes zu sparen und verhindert auf diese Weise, dass Sie mit Gehaltserhöhungen Ihren Lebensstandard gleichermaßen erhöhen. Zum anderen wird damit versucht, die Inflation[26] mit einzuarbeiten. Mit dem Geld, das Sie ansparen, können Sie bei anhaltender Inflation in vielen Jahren weniger kaufen als heute. Durch die Dynamikerhöhung erhöht sich das Sparvermögen, damit Sie später einen höheren Betrag zur Verfügung haben. Doch wie kompliziert ist es, diese Dynamikerhöhung bei Ihren Kalkulationen einzuarbeiten?

Ihr jährlicher Sparplan beginnt mit einer Rate von 2.000 € in einen ETF, der jährlich um 5 % an Wert zulegt. Gleichzeitig haben Sie eine Dynamikerhöhung der Sparrate um 3 % vereinbart. Auf welches Vermögen kommen Sie dann in 5 Jahren, wenn vorschüssig gerechnet wird?

Die erste Sparrate wird insgesamt fünfmal mit dem Wachstumsfaktor 1,05 multipliziert, um ihren Wert am Ende des fünften Jahres zu erhalten:

$$2.000 \, € \cdot 1{,}05^5 = 2.552{,}56 \, €$$

---

[26] Das Thema Inflation wird in einem späteren Kapitel noch eine Rolle spielen.

Die zweite Sparrate ist um 3 % höher als die erste, beträgt also 2.060 €. Diese wird nur viermal mit 5 % verzinst. Man könnte auch rechnen:

$$2.000\,€ \cdot 1,03 \cdot 1,05^4 = 2.503,94\,€$$

Die dritte Sparrate erhält man durch zweimalige Erhöhung der 2.000 € um 3 %, was 2121,80 € ergibt. Dieser Betrag wird dann nur noch dreimal um 5 % erhöht. Man könnte auch rechnen:

$$2.000\,€ \cdot 1,03^2 \cdot 1,05^3 = 2.456,25\,€$$

Für die vierte Sparrate gilt analog:

$$2.000\,€ \cdot 1,03^3 \cdot 1,05^2 = 2.409,46\,€$$

Und für die fünfte Rate, die am Anfang des fünften Jahres investiert wird:

$$2.000\,€ \cdot 1,03^4 \cdot 1,05 = 2.363,57\,€$$

Das Sparplanvermögen beträgt nach dem fünften Jahr folglich 12.285,78 €. Sicherlich erkennen Sie ein Muster in den Berechnungen des Wertes der Sparplanraten nach fünf Jahren. Der Exponent am *Dynamikfaktor* 1,03 nimmt jedes Jahr um 1 zu, während der Exponent am Wachstumsfaktor jedes Jahr um 1 abnimmt. Das muss sich doch irgendwie in eine Formel packen lassen, meinen Sie nicht?

Die folgende Plausibilisierung der Formel wird nun im Sinne der Übersichtlichkeit mit Variablen vollzogen. Versuchen Sie, den Schritten zu folgen. Ansonsten folgt am Ende wieder ein Formelkasten mit Beispielen, die die Anwendung der Formel demonstrieren.
Ersetzen wir die 2.000 € durch die Variable R, den Dynamikfaktor 1,03 durch q_d und den Wachstumsfaktor durch q, so haben wir insgesamt gerechnet:

$$R \cdot q^5 + R \cdot q_d \cdot q^4 + R \cdot q_d^2 \cdot q^3 + R \cdot q_d^3 \cdot q^2 + R \cdot q_d^4 \cdot q$$

Der Faktor R taucht in jedem Summanden auf und kann demnach ausgeklammert werden:

$$R \cdot \left(q^5 + q_d \cdot q^4 + q_d^2 \cdot q^3 + q_d^3 \cdot q^2 + q_d^4 \cdot q \right)$$

Stellen Sie sich vor, dass diese Summe noch länger wird, wenn nicht nur fünf, sondern vielleicht zehn oder zwanzig Jahre lang gespart wird. Das lässt sich so ohne weiteres nicht mit Hilfe einer geometrischen Reihe in eine Formel quetschen. Aber Sie ahnen es vielleicht schon. Hier kommt gleich wieder ein mathematischer Trick ins Spiel, der gemacht wird, weil er funktioniert. Das Ziel des Tricks ist es, dass die Exponenten der beiden Faktoren q_d und q den gleichen Wert haben. Zur Zeit sind diese aber noch gegenläufig. Das Problem lässt sich lösen, indem q^5 ausgeklammert wird:

$$R \cdot q^5 \cdot \left(1 + \frac{q_d}{q} + \frac{q_d^2}{q^2} + \frac{q_d^3}{q^3} + \frac{q_d^4}{q^4} \right)$$

Wenn Sie Schwierigkeiten haben, das entstandene Ergebnis in der Klammer zu verstehen, dann überlegen Sie, was herauskommen würde, wenn Sie q^5 jeweils mit jedem Summanden multiplizieren würden. Nehmen wir beispielsweise den dritten Summanden und multiplizieren ihn mit q^5. Dann ergibt sich unter Anwendung eines Potenzgesetzes[27]:

$$q^5 \cdot \frac{q_d^2}{q^2} = q^3 \cdot q_d^2$$

---

[27] Potenzgesetz: Dividiert man zwei Potenzen mit gleichen Basen, aber unterschiedlichen Exponenten, so wird die Basis beibehalten, und die Exponenten werden subtrahiert.

Der oben entstandene Ausdruck darf aufgrund eines anderen Potenzgesetzes[28] geschrieben werden als:

$$R \cdot q^5 \cdot \left(1 + \left(\frac{q_d}{q}\right) + \left(\frac{q_d}{q}\right)^2 + \left(\frac{q_d}{q}\right)^3 + \left(\frac{q_d}{q}\right)^4\right)$$

Ersetzen Sie den Quotienten aus Dynamikfaktor und Wachstumsfaktor durch eine neue Variable q_{kd}, die wir als *korrigierten Wachstumsfaktor* bezeichnen könnten:

$$q_{kd} = \frac{q_d}{q}$$

dann vereinfacht sich die Summe zu:

$$R \cdot q^5 \cdot \left(1 + q_{kd} + q_{kd}^2 + q_{kd}^3 + q_{kd}^4\right)$$

Verspüren Sie die gleiche Freude wie ich? Jetzt steht in der Klammer die Partialsumme einer geometrischen Reihe. Das konnten wir schon einmal vereinfachen. Gemäß Kapitel 3.2 folgt:

$$R \cdot q^5 \cdot \left(q_{kd}^5 - 1\right) : (q_{kd} - 1)$$

Verallgemeinert man dieses Vorgehen auf n Jahre, dann gilt:

---

[28] Potenzgesetz: Dividiert man Potenzen mit unterschiedlichen Basen aber gleichen Exponenten, so dürfen die Basen in eine gemeinsame Klammer geschrieben werden, wobei der gemeinsame Exponent nun an der Klammer hängt.

Sparplanvermögen (vorschüssig) unter Berücksichtigung von Dynamikerhöhungen:

Wird im ersten Jahr eine Rate R gespart, die dann jährlich um den Dynamikfaktor q_d zunimmt, und verzinst sich das Vermögen jährlich mit dem Wachstumsfaktor q, so ergibt sich das Sparplanvermögen nach n Jahren zu:

$$R \cdot q^n \cdot \left(q_{kd}^n - 1\right) : (q_{kd} - 1) \quad \text{oder} \quad R \cdot q^n \cdot \frac{q_{kd}^n - 1}{q_{kd} - 1}$$

mit dem korrigierten Wachstumsfaktor:

$$q_{kd} = q_d : q \quad \text{oder} \quad q_{kd} = \frac{q_d}{q}$$

Lassen Sie uns das an unserem Einführungsbeispiel überprüfen, bei dem die erste Sparrate 2.000 € betrug. Die Dynamikerhöhung beträgt 3 % p.a. und das Wertwachstum des Vermögens beträgt 5 % p.a. Der korrigierte Wachstumsfaktor ist rund:

$$q_{kd} = 1,03 : 1,05 \approx 0,98095$$

Für das Sparplanvermögen nach 5 Jahren folgt:

$$2.000 \, € \cdot 1,05^5 \cdot \left(0,98095^5 - 1\right) : (0,98095 - 1)$$

Beachten Sie, dass die Ergebnisse der beiden Klammerterme ein negatives Ergebnis liefern. Das liegt daran, dass der Dynamikfaktor kleiner als der Wachstumsfaktor ist. Wäre es umgekehrt, dann wären die Klammerterme positiv. Lassen Sie sich davon nicht beirren. Es sind ja zwei negative Zahlen, die dividiert werden, wodurch am Ende trotzdem ein positives Ergebnis entsteht. Würden Sie die Klammerterme einzeln ausrechnen, dann hätten Sie rund:

$$2.000 \, € \cdot 1,05^5 \cdot (-\,0,09169) : (-\,0,01905)$$

$$\approx 12.285,80 \, €$$

Da ja wieder gerundet wurde, gibt es eine kleine Abweichung von 2 Cent vom exakten Ergebnis.

Beispiel 1: Ein Anleger investiert im ersten Jahr 5.000 € und vereinbart eine jährliche Dynamikerhöhung von 7 %. Der Wert des Assets, in das er investiert, erhöht sich jährlich um 4 %. Auf welches Sparplanvermögen kommt er nach 10 Jahren?

Der korrigierte Wachstumsfaktor ist:

$$q_{kd} = 1,07 : 1,04 \approx 1,02885$$

Dieser ist diesmal größer als 1, weil der Dynamikfaktor größer als der Wachstumsfaktor ist. Für das Sparplanvermögen folgt:

$$5.000 \, € \cdot 1,04^{10} \cdot \left(1,02885^{10} - 1\right) : (1,02885 - 1)$$

$$\approx 84.398,72 \, €$$

Würde man den korrigierten Wachstumsfaktor nicht runden, so würden Sie eine Wert von 84.397,23 € erhalten.

Beispiel 2: Ein Anleger investiert im ersten Jahr 3.000 € und vereinbart eine Dynamikerhöhung von 6 %. Der Wert des Assets, in das er investiert, wächst jährlich um 6 %. Dynamikerhöhung und Wertwachstum sind diesmal gleich groß. Wie groß ist sein Sparplanvermögen nach 15 Jahren?

Der korrigierte Wachstumsfaktor ist:

$$q_{kd} = 1,06 : 1,06 = 1$$

Klar, dass er den Wert 1 besitzt, wenn Dynamikfaktor und Wachstumsfaktor gleich sind. Doch dabei entsteht ein Problem in der Formel:

$$3.000 \, € \cdot 1,06^{15} \cdot \left(1^{15} - 1\right) : (1 - 1)$$

Weil die Klammerterme jeweils den Wert Null ergeben, erhalten wir an dieser Stelle kein Ergebnis. In diesem Sonderfall erinnern wir uns daran, wie die Formel eigentlich zustande gekommen ist. Bei 15 Jahren würde die Formel lauten:

$$R \cdot q^{15} \cdot \left(1 + q_{kd} + q_{kd}^{2} + q_{kd}^{3} + ... + q_{kd}^{14}\right)$$

Eingesetzt mit unseren Zahlen heißt das mir $R = 3.000 \, €$, $q = 1,06$ und $q_{kd} = 1$:

$$3.000 \, € \cdot 1,06^{15} \cdot \left(1 + 1 + 1^{2} + 1^{3} + ... + 1^{14}\right)$$

In der Klammer stehen 15 Summanden, die hier jeweils 1 betragen. Das heißt:

$$3.000 \, € \cdot 1,06^{15} \cdot 15 = 107.845,12 \, €$$

Verallgemeinert man dieses Vorgehen auf n Jahre, dann gilt:

Sonderfall: Sparplanvermögen (vorschüssig) unter Berücksichtigung einer Dynamikerhöhung

Wird für n Jahre ein Sparplan betrieben, dessen erste Rate eine Höhe von R hat, und erhöht sich der Wert des besparten Assets jährlich um den Wachstumsfaktor q, dann beträgt das Sparplanvermögen nach n Jahren:

$$R \cdot q^n \cdot n$$

falls eine jährliche Dynamikerhöhung, ebenfalls um den Faktor q, vereinbart wurde.

Beispiel 3: Ein Anleger bespart ein jährlich mit 3,5 % an Wert zunehmendes Asset. Seine erste Rate beträgt 2.500 €. Die Dynamikerhöhung beträgt ebenfalls 3,5 % pro Jahr. Wie groß ist sein Sparplanvermögen nach 20 Jahren?

$$2.500 \text{ €} \cdot 1,035^{20} \cdot 20 = 99.489,44 \text{ €}$$

3.11 Dynamikerhöhung im nachschüssigen Sparplan

Möglicherweise möchten Sie nun noch wissen, wie die Dynamikerhöhung im nachschüssigen Sparplan kalkuliert wird.

Ein Anleger bespart ein jährlich um den Wachstumsfaktor 1,05 an Wert zunehmendes Asset. Seine erste Rate in Höhe von 500 € wird jährlich um den Dynamikfaktor 1,03 erhöht. Es werden 10 Raten investiert. Unmittelbar nach Investition der zehnten Rate wird der Sparplan gestoppt. Erinnern Sie sich daran, dass die zehnte Rate bei einer nachschüssigen Berechnung nach Abschluss des neunten Jahres in das Sparplanvermögen eingezahlt wird. Folglich wird die ganz zu Beginn investierte Rate 9-mal verzinst, und wächst auf einen Wert von:

$$500\,\text{€} \cdot 1,05^9 = 775,66\,\text{€}$$

Die zweite Rate ist um den Dynamikfaktor 1,03 größer und kann bis zum Stopp des Sparplans nur noch 8 Jahre lang wachsen:

$$500\,\text{€} \cdot 1,03 \cdot 1,05^8 = 760,89\,\text{€}$$

Für die dritte Rate gilt dann analog:

$$500\,\text{€} \cdot 1,03^2 \cdot 1,05^7 = 746,40\,\text{€}$$

Die Systematik zieht sich bis zur allerletzten Rate durch, die ja gar nicht mehr verzinst wird. Es handelt sich um die zehnte Rate. Diese erhält man, indem man die anfänglichn 500 €, was ja die erste Rate war, noch neunmal um den Dynamikfaktor erhöht:

$$500\,\text{€} \cdot 1,03^9 = 652,39\,\text{€}$$

Insgesamt wird (mit ausgeklammerten 500 €) gerechnet:

$$500 \text{ €} \cdot (1,05^9 + 1,03 \cdot 1,05^8 + 1,03^2 \cdot 1,05^7 + \ldots$$

$$\ldots + 1,03^8 \cdot 1,05 + 1,03^9)$$

Verallgemeinert mit den aus dem letzten Kapitel bekannten Symbolen ist das:

$$R \cdot \left(q^9 + q_d \cdot q^8 + q_d^2 \cdot q^7 + \ldots + q_d^8 \cdot q + q_d^9 \right)$$

Was im letzten Kapitel geklappt hat, kann wieder versucht werden. Wir klammern die höchste Potenz von q aus

$$R \cdot q^9 \cdot \left(1 + \frac{q_d}{q} + \frac{q_d^2}{q^2} + \ldots + \frac{q_d^9}{q^9} \right)$$

was wie auch im letzten Kapitel geschrieben werden konnte als:

$$R \cdot q^9 \cdot \left(1 + \left(\frac{q_d}{q}\right) + \left(\frac{q_d}{q}\right)^2 + \ldots + \left(\frac{q_d}{q}\right)^9 \right)$$

oder unter Verwendung des korrigierten Wachstumsfaktors:

$$q_{kd} = \frac{q_d}{q}$$

als:

$$R \cdot q^9 \cdot \left(1 + q_{kd} + q_{kd}^2 + \ldots + q_{kd}^9 \right)$$

was sich wegen der Partialsumme der geometrischen Reihe in der Klammer umschreiben lässt zu:

$$R \cdot q^9 \cdot \left(q_{kd}^{10} - 1\right) : (q_{kd} - 1)$$

Eingesetzt mit den Zahlen des Beispiels ergibt das mit dem korrigierten Wachstumsfaktor:

$$q_{kd} = 1,03 : 1,05 \approx 0,98095$$

$$500 \text{ €} \cdot 1,05^9 \cdot \left(0,98095^{10} - 1\right) : (0,98095 - 1)$$

$$\approx 7.124,38 \text{ €}$$

Hätten wir den korrigierten Wachstumsfaktor nicht gerundet, dann wären wir beim exakten Ergebnis 7.124,46 € gelandet.

Allgemein folgt, genau wie bei den Sparplanformeln ohne Dynamikerhöhung, dass sich die vorschüssige und die nachschüssige Formel lediglich um den Faktor q unterscheiden. Es gilt:

Sparplanvermögen (nachschüssig) unter Berücksichtigung von Dynamikerhöhungen

Wird im ersten Jahr eine Rate R gespart, die dann jährlich um den Dynamikfaktor q_d zunimmt, und verzinst sich das Vermögen jährlich mit dem Wachstumsfaktor q, so ergibt sich das Sparplanvermögen nach n Sparraten, wobei der Sparplan unmittelbar nach der letzten Rate gestoppt wird, zu:

$$R \cdot q^{n-1} \cdot \left(q_{kd}^{n} - 1\right) : (q_{kd} - 1) \quad \text{oder} \quad R \cdot q^{n-1} \cdot \frac{q_{kd}^{n}-1}{q_{kd}-1}$$

mit dem korrigierten Wachstumsfaktor

$$q_{kd} = q_d : q \quad \text{oder} \quad q_{kd} = \frac{q_d}{q}$$

Falls $q_d = q$, so gilt wie auch bei der vorschüssigen Sparplanformel nun analog:

$$R \cdot q^{n-1} \cdot n$$

Beispiel: Ein Anleger bespart ein jährlich um 7 % wachsendes Asset. Seine erste Rate beträgt 1.600 €. Zudem hat er eine Dynamikerhöhung von 2 % vereinbart. Er möchte den Sparplan unmittelbar nach der 20-ten Rate stoppen. Auch welches Sparplanvermögen kommt er dann?

Der korrigierte Wachstumsfaktor ist:

$$q_{kd} = 1,02 : 1,07 \approx 0,95327$$

Dann ergibt sich sein Vermögen rund zu:

$$1.600 \, € \cdot 1,07^{19} \cdot \left(0,95327^{20} - 1\right) : (0,95327 - 1)$$

$$\approx 76.278,93 \, €$$

3.12 Sparplan mit Anfangskapital

Nicht jeder Anleger startet nur mit einem Sparplan. Wie kalkuliert man, wenn man ein bestimmtes Anfangskapital investiert und gleichzeitig einen Sparplan beginnt?

Die Berechnung einer solchen Situation erfordert keine neuen Kenntnisse. Man sollte weniger kompliziert denken. Denn mathematisch gesehen handelt es sich bei einem Sparplan mit Anfangskapital um zwei verschiedene Rechnungen, egal ob es sich um ein und dasselbe Wertpapier handelt, in das ein Anfangskapital geflossen ist und das dann weiter bespart wird, oder ob es sich um verschiedene Assets handelt. Die Investition eines Anfangskapitals wird als Einmalanlage aufgefasst. Der Sparplan wird separat berechnet. Für die Ermittlung des Gesamtvermögens addiert man einfach beide Endergebnisse.

Ein Anleger investiert 2.000 € in ein Wertpapier. Außerdem beginnt er einen jährlichen Sparplan in Höhe von 500 € auf genau dieses Wertpapier. Das Wertpapier steigt 10 Jahre lang jährlich um 4 %. Wie groß ist das Vermögen am Ende des 10-ten Jahres?

Das Anfangskapital wird als Einmalanlage aufgefasst, d.h. die 2.000 € wachsen zehn Jahre lang mit dem Faktor 1,04:

$$2.000 \, € \cdot 1,04^{10} = 2.960,49 \, €$$

Weil der Sparplan zehn Jahre lang läuft und innerhalb des letzten Jahres gestoppt wird, berechnen Sie das zusammenkommende Sparplanvermögen vorschüssig mit:

$$500 \, € \cdot 1,04 \cdot \left(1,04^{10} - 1\right) : (1,04 - 1) = 6.243,18 \, €$$

Der gesamte Wert dieses Wertpapiers im Depot des Anlegers ist jetzt:

$$2.960,49 \, € + 6.243,18 \, € = 9.203,67 \, €$$

Weil die beiden am Ende addierten Zahlen unabhängig voneinander bestimmt wurden, müssen sie nicht mit dem gleichen Wachstumsfaktor ermittelt werden. Ein weiteres Beispiel demonstriert das.

Beispiel: Ein Anleger investiert 20.000 € in einen ETF A, der 15 Jahre lang um 6,5 % jährlich steigt. Gleichzeitig startet er einen jährlichen Sparplan auf einen anderen ETF B, der um 5 % p.a. wächst. Die erste Sparrate soll 1.000 € betragen. Auf den Sparplan vereinbart er eine Dynamikerhöhung von 1 % p.a. Welches Vermögen erreicht der Anleger nach 15 Jahren?

Die Berechnung der Einmalanlage liefert:

$$20.000\ € \cdot 1,065^{15} = 51.436,82\ €$$

Der korrigierte Wachstumsfaktor von ETF B ist rund:

$$1,01 : 1,05 \approx 0,96190$$

Berechnet man das Sparplanvermögen vorschüssig, so ergibt das:

$$1.000\ € \cdot 1,05^{15} \cdot \left(0,96190^{15} - 1\right) : (0,96190 - 1)$$

$$\approx 24.095,68\ €$$

Das Gesamtvermögen beträgt dann:

$$51.436,82\ € + 24.095,63\ € = 75.532,45\ €$$

3.13 Zuzügliche Ordergebühren

Die Banken verlangen für die Ausführung Ihrer Sparpläne in der Regel eine Ordergebühr von Ihnen. Was bei der Einmalanlage nur genau einmal fällig wird, fällt beim Sparplan immer wieder an. Wie schwierig ist es nun, diese Ordergebühren in unsere Sparplanformeln zu integrieren?

In diesem Kapitel schauen wir uns an, wie damit umgegangen werden muss, wenn die Ordergebühren zuzüglich zur Sparrate vom Verrechnungskonto eingezogen werden. In diesem Fall habe ich eine gute Nachricht für Sie: Die Gebühren können dann separat kalkuliert werden, und müssen nicht in die Sparplanformel integriert werden.

Sie investieren jährlich 3.000 € in einen ETF-Sparplan ohne Dynamikerhöhung. Der ETF wächst jährlich um 6 %. Dann beträgt Ihr Sparplanvermögen nach zehn Jahren:

$$3.000\,€ \cdot 1,06 \cdot \left(1,06^{10} - 1\right) : (1,06 - 1) = 41.914,93\,€$$

Auf jede Sparplanrate wird eine Gebühr von 1,5 % fällig, d.h. pro Rate:

$$3.000\,€ \cdot 0,015 = 45\,€$$

was nach zehn Raten eine Gesamtgebühr von 450 € bedeutet. Ziehen Sie diese Gebühr nun vom Sparplanvermögen ab, dann erhalten Sie Ihr tatsächliches Sparplanvermögen nach Gebühren:

$$41.914,93\,€ - 450\,€ = 41.464,93\,€$$

Das ist, wie Sie sehen, nicht schwierig. Wie verhält sich die Ordergebühr bei einer Dynamikerhöhung? Nimmt man eine Dynamikerhöhung von 2 % pro Jahr an, dann ergibt sich ein korrigierter Wachstumsfaktor von rund:

$$1,02 : 1,06 \approx 0,96226$$

woraus ein Sparplanvermögen von:

$$3.000\,€ \cdot 1,06^{10} \cdot \left(0,96226^{10} - 1\right) : (0,96226 - 1)$$

$$\approx 45.461,52\,€$$

folgt. Steigt die Sparplanrate, dann steigt automatisch auch die Ordergebühr. Bedenkt man allerdings das *Distributivgesetz* in der Mathematik, so kann zunächst die Summe aller Sparraten gebildet werden, so dass erst danach die Ordergebühr berechnet wird. Die Summe aller Sparraten bei einer Dynamikerhöhung von 2 % p.a. ist:

$$3.000\,€ + 3.000\,€ \cdot 1,02 + 3.000\,€ \cdot 1,02^{2} + \ldots$$

$$\ldots + 3.000\,€ \cdot 1,02^{9}$$

Klammert man die 3.000 € aus, dann kann man schreiben:

$$3.000\,€ \cdot \left(1 + 1,02 + 1,02^{2} + \ldots + 1,02^{9}\right)$$

Und da ist Sie wieder, die Partialsumme einer geometrischen Reihe, weshalb auch geschrieben werden kann:

$$3.000\,€ \cdot \left(1,02^{10} - 1\right) : (1,02 - 1) = 32.849,16\,€$$

Auf diese Summe aller investierten Raten wird nun die Ordergebühr von 1,5 % fällig:

$$32.849,16\,€ \cdot 0,015 = 492,74\,€$$

Ziehen wir diesen Wert vom Sparplanvermögen ab, dann erhält man das Sparplanvermögen nach Gebühren:

$$45.461,52\,€ - 492,74\,€ = 44.968,78\,€$$

Da die erste Rate beim vorschüssigen und beim nachschüssigen Sparplan jeweils 3.000 € beträgt. Und weil die zehnte Rate bei beiden insgesamt neun mal um den Dynamikfaktor erhöht wurde, ist die Summe der Ordergebühren dann unabhängig davon, ob der Sparplan vor- bzw. nachschüssig kalkuliert wird.

Insgesamt haben wir gezeigt:

Kumulierte Ordergebühren in einem Sparplan

Werden auf einen jährlichen Sparplan Ordergebühren fällig, die mit dem Ordergebührfaktor g beschrieben werden können, wobei $0 < g < 1$. Und hat die erste Rate außerdem den Wert R, der jährlich um den Dynamikfaktor q_d erhöht wird. Dann ergibt sich die Ordergebühr nach n Raten zu:

$$R \cdot g \cdot \left(q_d^n - 1\right) : \left(q_d - 1\right) \quad \text{oder} \quad R \cdot g \cdot \frac{q_d^n - 1}{q_d - 1}$$

Beträgt der Dynamikfaktor $q_d = 1$, dann gilt für die Höhe der Ordergebühren:

$$R \cdot g \cdot n$$

Beispiel: Ein Anleger bespart einen Sparplan mit einer Dynamikerhöhung von 1 % pro Jahr. Die Ordergebühr beträgt 0,7 % auf jede Sparrate. Seine erste Rate beträgt 800 €. Wie viele Ordergebühren hat er nach 10 Raten insgesamt zahlen müssen?

$$800\ \text{€} \cdot 0,007 \cdot \left(1,01^{10} - 1\right) : (1,01 - 1) = 58,59\ \text{€}$$

3.14 Integrierte Ordergebühren

Natürlich gibt es auch die Variante, dass die Ordergebühr in Ihre Sparplanrate integriert ist. Daraus folgt insgesamt ein kleinerer Investmentbetrag. Wird es uns gelingen, eine ähnlich simple Lösung wie im letzten Kapitel zu finden?

Sie investieren jährlich 2.000 €. Auf diese jährliche Rate wird eine Ordergebühr von 1,5 % je Rate fällig. Wenn diese Gebühr von der Sparrate abgezogen wird, dann investieren Sie tatsächlich nur:

$$2.000\, € \cdot 0,985 = 1.970\, €$$

Wenn das Asset, in das Sie investieren nun jährlich um 6 % zulegt, dann erhält man den Wert der ersten Sparrate nach einem Jahr mittels:

$$2.000\, € \cdot 0,985 \cdot 1,06 = 2.088,20\, €$$

Diese hat nach zehn Jahren einen Wert von:

$$2.000\, € \cdot 0,985 \cdot 1,06^{10} = 3.527,97\, €$$

Und das geschieht mit allen Sparplanraten. Sehen Sie, was grundsätzlich passiert? Jede investierte Rate wird einmalig um 1,5 % verringert, was einem Abnahmefaktor von 0,985 entspricht. Danach folgt ein Wachstum um den Wachstumsfaktor. Weil das mit allen Sparplanraten getan wird, kann aufgrund des *Distributivgesetzes* auch erst das Sparplanvermögen ermittelt und erst danach mit dem Gebührenfaktor multipliziert werden. Kurzum: Die bekannten Sparplanformeln bleiben erhalten. Lediglich die investierte Rate wird um einen Gebührenfaktor korrigiert. Es gilt:

Sparplanvermögen unter Berücksichtigung einer integrierten Ordergebühr

Wird jährlich eine Rate R in ein um den Wachstumsfaktor q jährlich wachsendes Asset investiert, und wird auf jede Rate eine Gebühr in Form eines Gebührenfaktors g fällig (mit $0 < g < 1$), dann beträgt das Sparplanvermögen:

nach n Raten mit unmittelbarem Sparplanstopp nach der letzten Rate (nachschüssig):

$$R \cdot (1 - g) \cdot \left(q^{n} - 1\right) : (q - 1)$$

nach n Jahren (vorschüssig):

$$R \cdot (1 - g) \cdot q \cdot \left(q^{n} - 1\right) : (q - 1)$$

Tatsächlich lässt sich dieses Prinzip genauso auf Sparpläne mit Dynamikerhöhung übertragen. Setzen Sie dann einfach den Faktor $(1 - g)$ an die Formel an.

Beispiel 1: Ein Anleger investiert jährlich 1.500 € in einen um 7 % p.a. an Wert zulegenden ETF. Die Bank verlangt je Rate eine Ordergebühr von 0,5 %. Wie viele Gebühren kommen über 20 Jahre zusammen, wenn vorschüssig gerechnet wird?

Ohne Ordergebühren hätte er:

$$1.500 \text{ €} \cdot 1,07 \cdot \left(1,07^{20} - 1\right) : (1,07 - 1)$$

$$\approx 65.797,77 \text{ €}$$

Mit Ordergebühren von 0,5 % je Rate sind es:

$$1.500 \,€ \cdot (1 - 0,005) \cdot 1,07 \cdot \left(1,07^{20} - 1\right) : (1,07 - 1)$$

$$\approx 65.468,78 \,€$$

Alternativ könnte man auch den zuerst ermittelten Betrag ohne Gebühren mit $(1 - 0,005)$ multiplizieren:

$$65.797,77 \,€ \cdot (1 - 0,005) = 65.468,78 \,€$$

Die Differenz der beiden Beträge ergibt die kumulierten Gebühren. Natürlich könnte man auch den Betrag ohne Gebühren mit 0,005 multiplizieren, um die Summe aller Gebühren zu erhalten:

$$65.797,77 \,€ \cdot 0,005 = 328,99 \,€$$

Egal, wie Sie es tun, Sie sehen, es gibt verschiedene Möglichkeiten.

Beispiel 2: Ein Anleger investiert eine erste Rate von 3.200 € in einen ETF. Diese Rate wird jährlich um 2 % erhöht (Dynamikerhöhung). Der ETF wächst mit 5,5 % p.a. Zudem verlangt die Bank eine Ordergebühr in Höhe von 1 % auf jede Sparrate. Welches Sparplanvermögen kommt nach zehn Jahren zusammen, wenn vorschüssig gerechnet wird?

Der korrigierte Wachstumsfaktor unter Berücksichtigung der Dynamikerhöhung ist:

$$q_{kd} = 1,02 : 1,055 \approx 0,96682$$

Der Ordergebührfaktor ist:

$$(1 - g) = (1 - 0,01) = 0,99$$

Dann ergibt sich das Sparplanvermögen zu:

$$3.200\,€ \cdot 0,99 \cdot 1,055^{10} \cdot \left(0,96682^{10} - 1\right) : (0,96682 - 1)$$

$$\approx 46.709,25\,€$$

3.15 Performancekosten

Was Sie in diesem Kapitel lesen können, haben wir eigentlich schon in vergangenen Kapiteln zur Einmalanlage besprochen. Es schadet aber nicht, diese Dinge noch einmal zu erwähnen, um diese auf Sparpläne übertragen zu können.

Ordergebühren sind die eine Sache, die auf die Gesamtperformance Ihres Sparplanes schlagen. Fondsgesellschaften erheben beispielsweise eine TER (Total Expense Ratio), die sich in Form von Prozentpunkten auf die Wertentwicklung des ETF's auswirkt. In diesem Fall ist die Berechnung einfach. Wenn derartige Gebühren als Prozentpunkte abgehen, können Sie diese einfach von der eigentlichen Rendite subtrahieren. Würde ein Fonds ohne TER jährlich um 7 % an Wert zulegen, und beträgt die TER 0,5 Prozentpunkte, dann liegt der Wertzuwachs insgesamt bei 6,5 % pro Jahr. Damit können Sie den Wachstumsfaktor entsprechend von 1,07 auf 1,065 anpassen.

Im zweiten Fall kann es auch sein, dass Gebühren in Form von Prozentsätzen auf die "gebührenlose" Rendite anfallen. Sollte das der Fall sein, werden die Prozentsätze nicht subtrahiert, sondern multipliziert. Beträgt die jährliche Rendite 7 % und fallen Kosten von 0,5 % pro Jahr an, so erhält man die Rendite nach Gebühren durch Multiplikation der Wachstumsfaktoren. Dabei muss beachtet werden, dass die Gebühr in Form eines *Abnahmefaktors* einkalkuliert wird. Eine Gebühr von 0,5 % bedeutet einen Abnahmefaktor von 0,995. Damit ergibt sich eine jährliche Rendite nach Gebühren von:

$$1,07 \cdot 0,995 = 1,06465$$

d.h. 6,465 %.

3.16 Zinsänderungen im Sparplan

An sich kann Ihnen niemand garantieren, dass die jährliche Rendite Ihres Sparplanes immer beispielsweise konstante 7 % beträgt. Was ist, wenn sich Renditen wegen grundsätzlicher Änderungen der Marktbedingungen mittel- bis langfristig verändern?

Sie investieren jährlich 3.600 € in einen ETF. Der Wert des ETF's nimmt in den ersten zehn Jahren um 8 % p.a. zu. Danach folgen marktschwächere Jahre, so dass der jährliche Zuwachs für fünf Jahre lang nur 3 % p.a. beträgt. Welches Sparplanvermögen erreichen Sie dann?

Wir brauchen von der Sache her nicht allzu kompliziert zu denken. Fassen wir die beiden verschiedenen Zinsphasen einfach als zwei verschiedene Prozesse auf, die separat kalkuliert werden können. Der Anfang ist einfach. Dazu ermitteln wir das Sparplanvermögen bei 8 % p.a. nach zehn Jahren:

$$3.600 \, € \cdot 1,08 \cdot \left(1,08^{10} - 1\right) : (1,08 - 1) = 56.323,75 \, €$$

Danach startet eine neue Sparplanphase mit 3 % p.a., die fünf Jahre lang läuft:

$$3.600 \, € \cdot 1,03 \cdot \left(1,03^{5} - 1\right) : (1,03 - 1) = 19.686,28 \, €$$

Dabei dürfen wir aber nicht vergessen, dass der Endbetrag der ersten Sparplanphase in den letzten fünf Jahren ebenfalls weiterhin an Wert gewinnt, und zwar 3 % p.a.. Dies fassen wir als Einmalanlage auf:

$$56.323,75 \, € \cdot 1,03^{5} = 65.294,66 \, €$$

Zusammen mit dem Endbetrag der zweiten Phase ergibt das schlussendlich ein Sparplanvermögen von:

$$65.294,66 \,€ + 19.686,28 \,€ = 84.980,94 \,€$$

Dieses Prinzip lässt sich auf beliebig viele Zinsänderungen übertragen. Hierfür eine Formel zu erstellen, ist weniger sinnvoll, weil ja unklar ist, wie viele Zinsänderungen der Anwender einkalkulieren möchte. Zudem würde die Formel unnötig lang und damit wenig handhabbar werden. Deshalb wird an dieser Stelle auf eine Formel verzichtet. Mit gesundem Menschenverstand wird man sein Ergebnis auch erhalten. Beachten Sie dabei, dass das erreichte Sparplankapital nach jeder Phase in der Folgephase als Einmalanlage aufgefasst werden kann.

3.17 Das Steuerproblem

Um die Steuersache kommen Sie auch bei Sparplänen nicht herum. Grundsätzlich lassen sich dabei mehrere Fälle unterscheiden.

Erstens kann es sein, dass das Asset, das Sie besparen, keine Ausschüttungen macht. Damit fällt auf die *Differenz zwischen der Summe aller Sparplanraten und dem erreichten Sparplanvermögen* eine Steuer an. D.h. Sie multiplizieren diese Differenz mit dem Steuersatz s (als Dezimalbruch) und ziehen das erhaltene Ergebnis vom prognostizierten Sparplanvermögen ab.

Beispiel 1: Ein Anleger spart jährlich 5.000 € in ein pro Jahr um 7 % p.a. wachsendes, nicht ausschüttendes Asset. Er ist nicht kirchensteuerpflichtig, weshalb sein Steuersatz 0,26375 beträgt. Wie hoch ist sein Sparplanvermögen (vorschüssig gerechnet), wenn er das Asset in zehn Jahren verkauft.

Die Summe aller Sparraten ist:

$$10 \cdot 5.000\ € = 50.000\ €$$

Das Sparvermögen nach zehn Jahren ist:

$$5.000\ € \cdot 1,07 \cdot \left(1,07^{10} - 1\right) : (1,07 - 1) = 73.918,00\ €$$

Auf die Differenz dieser beiden Beträge in Höhe von 23.918,00 € fällt eine Steuer an:

$$0,26375 \cdot 23.918,00\ € = 6.308,37\ €$$

so dass dem Anleger nach Steuer folgendes Vermögen bleibt:

$$73.918,00\ € - 6.308,37\ € = 67.609,63\ €$$

Beachten Sie, dass je nach Asset auch noch eine *Vorabpauschale* fällig werden kann. Diese wird am Ende jedoch verrechnet, so dass die Berechnung wie gezeigt durchgeführt werden kann. Im Hinterkopf behalten sollten Sie die Vorabpauschale trotzdem.

Im zweiten Fall macht Ihr bespartes Asset keine Kursgewinne und schüttet nur aus. Dabei fallen Steuern auf die Ausschüttungen an. Für die Sparplanberechnung muss der Wachstumsfaktor q korrigiert werden, wie wir das schon in Kapitel 2.16 gemacht hatten:

$$q_s = 1 + (q - 1) \cdot \bar{s} \quad \text{mit} \quad \bar{s} = 1 - s$$

Verwendet man diesen Wachstumsfaktor, so wird in einer Sparplanberechnung davon ausgegangen, dass alle Ausschüttungen unmittelbar in das besparte Asset reinvestiert werden.

Beispiel 2: Ein nicht kirchensteuerpflichtiger Anleger bespart jährlich ein Asset, das nicht an Wert zulegt, aber eine Ausschüttungsrendite von 7 % p.a. besitzt. Wie hoch ist das Sparplanvermögen (vorschüssig gerechnet) nach zehn Jahren, wenn alle Ausschüttungen unmittelbar reinvestiert werden?

Der korrigierte Wachstumsfaktor ist rund:

$$q_s = 1 + (1,07 - 1)(1 - 0,26375) \approx 1,0515$$

Damit ergibt sich nach zehn Jahren ein Vermögen von etwa:

$$5.000\,€ \cdot 1,0515 \cdot \left(1,0515^{10} - 1\right) : (1,0515 - 1)$$

$$\approx 66.593,10\,€$$

Verglichen mit Beispiel 1 fällt die Sache aufgrund des Steuerstundungseffektes etwas geringer aus. Das Sparplanvermögen bei Beispiel 1 ist etwa um den Faktor 1,015 höher, was insgesamt rund 1,5 % mehr entspricht. Auf die Tabellen, die Sie aus Kapitel 2.17 kennen, wird hier verzichtet. Die gesamte Berechnung könnte ebenso mit Dynamikerhöhungen durchgerechnet werden. Mit drei Tabellen würden Sie folglich nicht auskommen - die Angelegenheit würde mit Verwendung von weiteren Tabellen, die verschiedene Laufzeiten, Wachstumsfaktoren, Steuersätze und Dynamikfaktoren den Rahmen sprengen.

Die dritte Variante ist eine Mischform aus beidem, bei der ggf. noch ein Freibetrag einkalkuliert werden muss. Natürlich könnte man sich für verschiedene spezielle Fälle jeweils eine Formel bauen. Es bleibt am Ende wieder die Frage, wie sinnvoll das ist, wenn Sie ja doch nicht in der Lage sind, sichere Prognosen über zukünftige Renditen zu machen. Sicher ist eins - je länger Sie die Steuer stunden, desto besser fahren Sie. Die erste soeben besprochene Variante könnte damit die obere Grenze dessen sein, was Sie beim letztendlichen Verkauf Verkauf des Sparplanvermögens erzielen können. Mit der zweiten Variante schätzen Sie das Sparplanvermögen nach unten ab. Denn dabei wird davon ausgegangen, dass alle Ausschüttungen versteuert und dann reinvestiert werden. Mit Variante 2 fahren Sie prinzipiell am schlechtesten. Um weitere Komplexität zu vermeiden, können einfach beide Berechnungen durchgeführt werden, um einen Korridor anzugeben, in dem sich ein Vermögen bei einer angenommenen Rendite in der Zukunft bewegen wird.

Beispiel 3: Ein Anleger investiert jährlich 6.000 € in ein Asset, das bisher jährlich eine mittlere Rendite von 8 % versprochen hat, wobei neben einem Kurswachstum auch Ausschüttungen stattfinden. Mit welchem Vermögen kann der Anleger in 20 Jahren ungefähr rechnen, wenn er mit 9 % kirchensteuerpflichtig ist?

Für Variante 2 ergibt sich ein korrigierter Wachstumsfaktor von:

$$q_s = 1 + (1,08 - 1)(1 - 0,279951) \approx 1,0576$$

Das versteuerte Sparplanvermögen ergibt sich nach zwanzig Jahren
zu:

$$6.000 \text{ €} \cdot 1,0576 \cdot \left(1,0576^{20} - 1\right) : (1,0576 - 1)$$

$$\approx 227.492,89 \text{ €}$$

Für Variante 1 beträgt die Summe aller Sparraten:

$$20 \cdot 6.000 \text{ €} = 120.000 \text{ €}$$

und es ergibt sich ein Sparvermögen von:

$$6.000 \text{ €} \cdot 1,08 \cdot \left(1,08^{20} - 1\right) : (1,08 - 1) = 296.537,53 \text{ €}$$

Auf die Differenz dieser beiden Beträge in Höhe von 176.537,53 €
fällt eine Steuer an:

$$176.537,53 \text{ €} \cdot 0,279951 = 49.421,86 \text{ €}$$

so dass nach Steuer:

$$296.537,53 \text{ €} - 49.421,86 \text{ €} = 247.115,67 \text{ €}$$

verbleiben, was gegenüber Variante 2 einen um rund 8,6 % höheren
Wert bedeutet. Das Vermögen des Anlegers wird sich bei einer
angenommenen jährlichen Rendite von 8 % zwischen 227.492,89 €
und 247.115,67 € befinden. Und dies gilt auch dann, falls sich der
Anleger einen Freibetrag zunutze macht. Dabei rückt das erzielte
Vermögen weiter von der unteren Grenze weg.

Bevor das Kapitel seinen Abschluss findet, schauen wir noch auf eine
letzte Sache, die Ihr Verständnis etwas stärken wird. Im Kapitel zur
Steuerstundung in der Einmalanlage wurden Tabellen aufgeführt, die
angeben, um welchen Faktor das Vermögen größer ist, wenn die
Steuer möglichst stark gestundet wird. In den ersten beiden
Beispielen, die wir in diesem Kapitel hier durchdacht haben, wurde

gezeigt, dass die Abweichung bei einer 7 % - igen Rendite über zehn Jahre rund 1,5 % beträgt. Hätte man eine Einmalanlage statt eines Sparplanes betrachtet, so liefert Tabelle 12 eine um 9,1 % - ige Abweichung. Während in Beispiel 3 eine Abweichung von 8,6 % ermittelt wurde, wenn über 20 Jahre eine Rendite von 8 % angenommen wird, würde bei einer Einmalanlage gemäß Tabelle 14 eine Abweichung von 27,6 % entstehen. Kurzum: Der Steuerstundungseffekt ist bei einer Einmalanlage deutlich größer als bei einem Sparplan. Natürlich muss das so sein - der Steuerstundungseffekt arbeitet mit der Zeit immer stärker. Und bei einem Sparplan gibt es schließlich Sparraten, die zeitlich später stattfinden, so dass dieser Effekt weniger stark arbeiten kann.

Kap 4 Preis & Wert

Sind Sie ein Schnäppchenjäger? Eine Jeanshose, die im letzten Monat noch 54,99 € gekostet hat, können Sie heute für 19,99 € kaufen, weil das Lager des Händlers geräumt werden soll und das die letzte Jeanshose dieses Typs ist. Nehmen wir an, die Hose hatte insgesamt Material- und Herstellungskosten, die höher waren als 19,99 €. Dann haben Sie beim Kauf dieser Hose ein Objekt gekauft, das einen geringeren Preis hat als es Wert besitzt. Dies ist nur ein Beispiel über den Unterschied von Preis und Wert - mit Waren und Gütern eigentlich ein einfaches Gedankenspiel. Sie vergrößern Ihr Vermögen, wenn Sie Objekte zu einem Preis kaufen, der unterhalb des Wertes liegt.

Aber wie sieht es mit Geld an sich aus? Hat Geld eigentlich den gleichen Preis, wie es Wert besitzt? Warum diese Frage für Sie als Privatanleger von Bedeutung ist, schauen wir uns in diesem Kapitel an. Die in den letzten Kapiteln erworbenen mathematischen Fähigkeiten werden Ihnen in diesem Kapitel zu *Preis & Wert* auf jeden Fall von großem Nutzen sein.

4.1 Wert - ein schwammiger Begriff

Unter einem *Preis* kann sich jeder etwas vorstellen. Das ist der Betrag, den ich zahlen muss, wenn ich etwas kaufe. Es kann aber durchaus sein, dass das Gut, was ich kaufe, einen deutlich kleineren *Wert* besitzt, weil es eigentlich Billigware ist, die kaum Material- und Herstellungskosten hatte. Dann würde ich über dem Wert des Objektes kaufen. Folgendes Beispiel zeigt, dass der Begriff des *Wertes* nicht so ganz fassbar ist, wie man zunächst denkt.

Sie sind Kleinunternehmer und bauen hobbymäßig gern schöne Schränke. Sie haben Schrank A und Schrank B gebaut. Zwei verschiedene Schränke, die für Sie gleich schwierig zu bauen waren. Für Schrank A und für Schrank B hatten Sie zufällig die gleichen Materialkosten von 190 €. Die Herstellungskosten, die Sie aufgrund der Abnutzung Ihrer Werkzeuge und wegen der Stromkosten hatten, belaufen sich jeweils auf 10 €. Diese Beträge müssen also mindestens wieder reinkommen, damit Sie keinen Verlust machen. An jedem Schrank haben Sie 8 Stunden gearbeitet und würden sich natürlich darüber freuen, wenn Ihre Arbeitszeit honoriert wird. Da es aber Ihr Hobby ist, setzen Sie nur 5 € pro Arbeitsstunde an, d.h. jeweils 40 € für Ihre Arbeitszeit. Die Kosten für beide Schränke betragen nun jeweils 240 €. Irgendwie gefällt Ihnen Schrank A besser. Sie mögen ihn daher mehr und möchten deshalb mehr Geld für den Verkauf verlangen. Ein bisschen was verdienen wollen Sie auch. Schließlich möchten Sie bald neue Werkzeuge kaufen und Ihre Werkstatt modernisieren. Für Schrank A verlangen Sie 330 € und für Schrank B 300 €.

Am Wochenende kommt ein Bekannter zu Besuch, der sich Ihre Schränke anschauen möchte. Er findet Schrank B viel schicker und wundert sich über den geringeren Preis. Vor Freude, dass der qualitätsmäßig gleichwertige, aber schickere Schrank billiger ist, gibt er gern die 300 € und schlägt noch 10 € Trinkgeld oben drauf.

Sie haben den Wert von Schrank A als höher empfunden, Ihr Bekannter hat den Wert von Schrank B als höher empfunden. Persönliche Vorlieben oder emotionale Bindungen geben Objekten einen Wert, der nur schwer bepreist werden kann. Ein Preis wird einfach auf eine Ware draufgeschrieben. Der Wert - das ist ein schwammiger Begriff, der mehr als Herstellung-, Material- und Arbeitskosten einbezieht.

Auch Haltbarkeit oder subjektives Empfinden der Attraktivität einer Ware spielen eine Rolle. Wenn Sie ein altes Spielzeug verkaufen wollen, dann hängen Sie vermutlich noch etwas daran, wodurch der Wert aus Ihrer Sicht steigt. Wenn Sie ein Unternehmen bewerten, weil Sie Aktien dieser Firma kaufen wollen, dann beziehen Sie für den Wert die Zukunft dieses Unternehmens ein, für die Sie verschiedene Szenarien und damit auch verschiedene Werte erhalten.

In den Kapiteln zu Einmalanlage und zu Sparplänen haben wir in verschiedenen Szenarien ermittelt, wie groß das Vermögen bei einer bestimmten Rendite nach einer bestimmten Anzahl von Jahren sein wird. Am Ende sind diese Ergebnisse aber nur Zahlen. Sie mögen unter den festgelegten Annahmen korrekt berechnet und irgendwann auf Ihrem Konto sein. Aber diese Zahlen treffen keine Aussage über das, was Sie mit diesem Vermögen machen können. Der *Wert des Vermögens* ist in der Zukunft ein anderer als heute.

4.2 Wertverlust und -steigerung

Händler und Investoren brauchen trotzdem Wege, um Objekte zu *bewerten*. Gerade dann, wenn Dinge an Wert verlieren, schaut man genauer hin. Hier lauert ein Geschäft.

Sie kaufen ein Goldarmband für 3.000 € und ein fünf Jahre altes Auto für 12.000 €. Das sind die Preise, die Sie gezahlt haben. Beim Goldarmband sind Sie sich sicher, dass Preis und Wert gleich groß gewesen sind, weil es in der Herstellung wenig aufwändig war, und Sie das Armband zu seinem reinen Goldwert gekauft haben. Beim Auto haben Sie Preise verglichen und hoffen, dass Sie ein gutes Geschäft gemacht haben.

Der Goldpreis ist in den letzten Jahren grob angenommen etwa 10 % pro Jahr gestiegen. Weil Sie skeptisch sind, dass das so weiter geht, nehmen Sie nur eine Steigerung von 6 % p.a. für die nächsten Jahre an. In 5 Jahren wollen Sie das Armband wahrscheinlich wieder verkaufen. Sollte die Prognose aufgehen, dann hat sich der Goldpreis entsprechend erhöht und Ihr Goldarmband hat einen höheren Wert erreicht, nämlich:

$$3.000 \, € \cdot 1,06^5 = 4.014,68 \, €$$

Wenn Sie es verkaufen wollen, wird der Ankäufer vermutlich sehen, dass die Verarbeitung wenig aufwändig ist und Ihnen vielleicht 4.014,68 € geben. Der Wert Ihres Armbandes ist gestiegen. Und beim Verkauf haben Sie insgesamt 1.014,68 € verdient, wenn weitere Gebühren außer Acht gelassen werden.

Von Autos dieses Alters kann man mit einem Wertverlust von 5 % pro Jahr rechnen. Wenn keine größeren Schäden auftreten, dann beträgt der Wert Ihres Autos in 5 Jahren:

$$12.000 \, € \cdot 0,95^5 = 9.285,37 \, €$$

Hier ein Kratzer, da abgenutzte Sitze. Sie finden keinen Käufer, der Ihnen mehr als 8.500 € gibt. Aber Sie sind froh, dass Sie es loswerden können. Haben Sie jetzt tatsächlich 3.500 € Verlust gemacht?

Das können Sie so pauschal nicht sagen. Hätten Sie vor fünf Jahren ein teureres Auto gekauft, dann hätten Sie absolut gesehen einen größeren Wertverlust gemacht. Verglichen damit hätten Sie also irgendwie Plus gemacht. Hätten Sie lieber einen Oldtimer gekauft, der möglicherweise im Wert gestiegen wäre, dann hätten Sie insgesamt sogar etwas verdient. Irgendwie haben Sie aber einfach nur ein Transportmittel gebraucht, das war Ihnen das Auto wert. Ohne das Auto hätten Sie Bahn fahren müssen. Da müssten Sie erstmal die Ausgaben für die Zugtickets aufrechnen. Dabei dürfen Sie nicht vergessen, wie viel Zeit Sie auf dem Bahnhof mit Warten verdudelt haben. Zeit ist doch auch Geld, oder?

Sie sehen, dass die Rechnung nicht so wirklich ein Ende findet. Viele Dinge kann man sich so zurecht reden. Wenn es *Ihnen* Wert war, für 3.500 € fünf Jahre lang zur Arbeit zu fahren, was jährlich 700 € bzw. monatlich 58,33 € entspricht, dann haben Sie nicht wirklich einen Verlust gemacht. Allerdings habe ich in dieser Rechnung die Abnutzung für Reifen sowie die Kosten für die Wartung des Autos außer Acht gelassen.

Um Probleme dieser Art zu durchdenken, müssen Sie selbst ansetzen, was *Ihnen* bestimmte Dinge wert sind. Erst dann sehen Sie, ob Sie Verlust oder Gewinn machen. Wie Sie sehen, bezieht sich der Wert eines Objektes auf Sie selbst. Geld verdienen können Sie damit, wenn Sie wissen, was ein Objekt *anderen Menschen* Wert ist.

Doch nun genug von dem vielen Gerede um Preis und Wert. Sie haben hier schließlich ein Mathematikbuch in den Händen, das Ihnen auch Mathematik bieten sollte. Wie *Wert* berechnet werden kann, wird Thema der folgenden Kapitel.

4.3 Kaufkraftverlust

Wissen Sie, wie viele Stunden Sie arbeiten müssen, um 1.000 € zu verdienen? Da wäre es doch schade, wenn diese 1.000 € im Laufe der Zeit verfallen würden, wo Sie sie sich doch so hart erarbeiten mussten. Im überwiegenden Teil der letzten Jahre herrschte eine gewisse *Inflation*, d.h. der *Wert Ihres Geldes* unterlag einem Verfall. Nicht dass auf dem 1.000 € - "Schein" plötzlich eine kleinere Zahl steht. Sondern Sie können sich mit 1.000 € in der Zukunft weniger kaufen als heute. Das stimmt natürlich nicht so ganz, weil Preisanstiege üblicherweise nicht täglich passieren.
Das Gegenteil der Inflation ist eine *Deflation*. D.h. Sie können sich morgen mit 1.000 € mehr kaufen als heute. In diesem Fall gewinnt Ihr 1.000 € - "Schein" quasi über Nacht an Wert, ohne dass Sie etwas dafür tun müssen.

Wie hoch die Inflation ist, ist eigentlich eine falsche Fragestellung. Gefragt werden muss nach der *Inflationsrate*. Diese wird an zwei Indizes, dem VPI[29] und an dem HVPI[30] gemessen und beschreibt, inwiefern sich diese Indizes im Vergleich zum Vorjahr verändert haben. Welcher Index für Sie persönlich von Bedeutung ist, oder ob Sie diese gar nicht benötigen, hängt von Ihren persönlichen Bedürfnissen ab. Recherchieren Sie dazu am besten, wie sich diese Indizes zusammensetzen. Erinnern Sie sich an die letzten Kapitel - *Wert* ist ein schwammiger Begriff und bezieht sich darauf, was *Ihnen* etwas Wert ist. Wenn die Indizes Ihre persönlichen Bedürfnisse nicht abbilden, dann können Sie sich auch *Ihren eigenen personalisierten Verbraucherpreisindex* konstruieren, der alle Ihre Bedürfnisse enthält, für die Sie Geld ausgeben.

Das Kapitel zur Einmalanlage zeigte uns, wie sich Geld durch Verzinsung "vermehren" kann. Wer sein Geld nicht investiert oder verkonsumiert, muss in inflationären Zeiten mit einem Kaufkraftverlust seines Geldes leben. Geld, das nach einer Verzinsung

---

[29] VPI - Verbraucherpreisindex
[30] HVPI - Harmonisierter Verbraucherpreisindex

gewachsen ist, bildet schlussendlich auch nur eine Zahl ab, die trotz ihres Wachstums ebenfalls einem Kaufkraftverlust unterliegt.

Lassen Sie uns nun versuchen, inflationsbedingte Kaufkraftverluste mathematisch zu erfassen.

Angenommen, ein Deutscher gibt im grob geschätzten Durchschnitt pro Jahr etwa 2.500 € für Lebensmittel aus[31]. Setzt man mittlere 2 % p.a. Preiserhöhung an, was die Inflationsrate wiederspiegeln soll, dann kostet die gleiche Menge Lebensmittel in 10 Jahren[32]:

$$2.500 \, € \cdot 1,02^{10} \approx 3.047,49 \, €$$

also insgesamt 547,49 € bzw. etwa 21,90 % mehr. Anders ausgedrückt: Sie müssen in zehn Jahren 21,90 % mehr für die gleiche Menge bezahlen.

Stellen Sie sich jetzt vor, Sie nehmen Ihre 2.500 €, die Sie in diesem Jahr für den Lebensmittelwarenkorb ausgegeben hätten, und reisen zehn Jahre in die Zukunft. Dort wollen Sie sich selbstverständlich auch versorgen. Leider kommen Sie mit den 2.500 € nicht hin. Der Preis des Lebensmittelwarenkorbes ist ja gestiegen. Es hilft alles nichts, Sie müssen sich ja trotzdem ernähren. Wie viel Prozent dieses Warenkorbes können Sie sich in der Zukunft mit Ihren 2.500 € noch kaufen?

Wenn der Korb 3.047,49 € kostet, dann ermitteln wir, wie groß der Anteil der 2.500 € an diesem Wert ist:

$$2.500 \, € : 3.047,49 \, € \cdot 100 \approx 82,0347 \, \%$$

---

[31] Nageln Sie mich nicht auf diese Zahl fest. Ich habe eine runde Zahl gesucht, die in etwa den mittleren Konsumausgaben entspricht. Am Ende ist es auch nur ein Beispiel.
[32] Natürlich gibt es auch höhere Inflationsraten. Es folgen später Beispiele dazu.

Etwas mehr als 80 % von dem, was Sie in der Vergangenheit gekauft haben, können Sie sich also noch immer mit dem Geld leisten. Die 2.500 € haben im Laufe der Zeit an Kaufkraft verloren. In Zahlen beschrieben heißt das: Ihr *Wert* ist innerhalb der zehn Jahre *auf* 82,03 % abgesunken, weil Sie sich mit dem gleichen Geld in der Zukunft nur noch 82,03 % dessen leisten können, was Sie vor den zehn Jahren kaufen konnten. Wenn der Preis der Waren steigt, dann sinkt die Kaufkraft Ihres Geldes, was nicht heißt, dass auf Ihren Geldscheinen dann kleinere Zahlen stehen.

Damit wir den Kaufkraftverlust in spätere Berechnungen einbeziehen können, müssen wir ihn zahlenmäßig irgendwie erfassen. Die Grundidee ist, die Geldmenge von 2.500 € heute einer Prozentmenge von 100 % gleichzusetzen, die in der Zukunft nur noch 82,03 % der heutigen Menge beträgt. Es handelt sich damit um einen prozentualen Abnahmeprozess, bei dem 2.500 € mit dem Abnahmefaktor 0,8203 multipliziert werden:

$$2.500 \text{ €} \cdot 0,820347 = 2.050,87 \text{ €}$$

Interpretiert wird dieses Ergebnis so: 2.500 € haben in zehn Jahren noch eine Kaufkraft von rund 2.050,87 €, wenn die Preise jährlich um 2 % steigen.

Wie ist das nun zu verstehen, wenn in der einen Rechnung aus 2.500 € ein *Preis* von 3.047,49 € und in der anderen Rechnung ein *Wert* von 2.050,87 € werden? Der *Preisanstieg* auf 3.047,49 € ist das, was tatsächlich passiert. So viel werden Sie tatsächlich für den Warenkorb bezahlen müssen. Der *Wertverlust* auf 2.050,87 € bedeutet: Wenn Sie in der Zukunft etwas kaufen wollen, das in dieser Zukunft tatsächlich 2.500 € kostet, dann kostet es heute in der Gegenwart tatsächlich 2.050,87 €. Oder anders: Wenn Sie mit 2.500 € in die Zeitmaschine steigen und in der Zukunft einkaufen gehen, dann können Sie sich dort einen Lebensmittelwarenkorb kaufen, der in der Gegenwart 2.050,87 € gekostet hätte. Man könnte auch sagen: Der Zahlenwert der Kaufkraft des Geldes gibt an, für welchen Preis Sie sich heute etwas kaufen könnten, wenn die Preise auf den Preis in der Zukunft steigen würden.

Folgende Abbildung fasst die Informationen noch einmal bildlich zusammen:

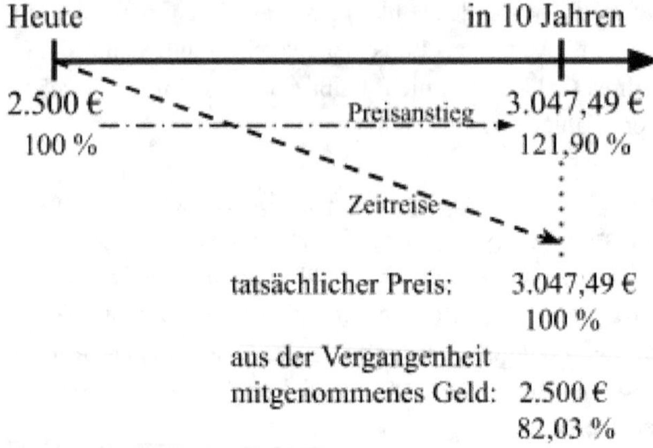

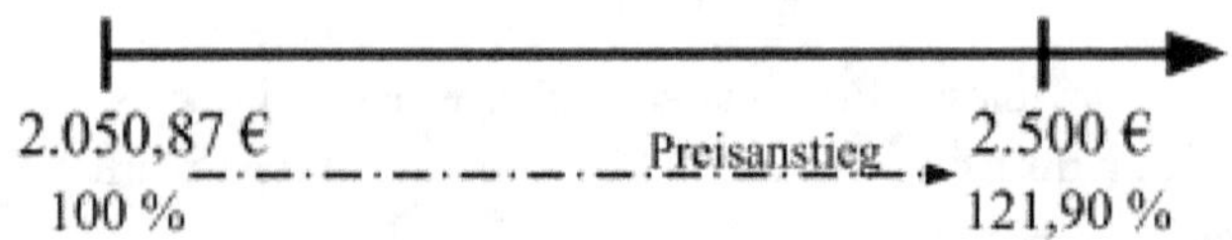

Abbildung 6: Mit dem in die Zeitmaschine mitgenommenen Geld kann man in der Zukunft nur 82,03 % des Warenkorbes kaufen, wenn die Preise insgesamt um 21,90 % zulegen. In der Zukunft kann man sich für 2.500 € das kaufen, was heute 2.050,87 € kostet.

Wenn die Preise jährlich um 2 % wachsen, sinkt die Kaufkraft Ihres Geldes dann ebenfalls um 2 % pro Jahr? Die Abbildung zeigt, dass etwas, das heute 2.050,87 € kostet, in 10 Jahren 2.500 € kostet. Das ist ein jährlicher Preisanstieg von 2 %, weshalb gilt:

$$2.050,87 \text{ €} \cdot 1,02^{10} = 2.500 \text{ €}$$

Anders formuliert: Kaufen Sie sich mit Ihren 2.500 € heute nichts, sondern warten zehn Jahre, dann können Sie sich damit nur einen Warenkorb kaufen, der heute 2.050,87 € kosten würde, obwohl Sie in der Zukunft die 2.500 € auf den Ladentisch legen. Prinzipiell wird der Kuafkraftverlust also umgekehrt zum Preisanstieg berechnet. Die Abbildung kann für die Ermittlung der Kaufkraft folglich rückwärts gelesen werden, so dass die Zukunftszahlen das Geld sind, was Sie mit in die Zeitmaschine nehmen, während die Gegenwartszahlen den heutigen Preis des Gutes darstellen, das Sie sich in der Zukunft kaufen können, wobei Sie aber die Zukunftszahl zu zahlen haben. Sie können die Abbildung damit so lesen, dass 2.500 € in zehn Jahren nur noch 2.050,87 € wert sind, und 3.047,49 € in zehn Jahren nur noch 2.500 € wert sind. Weil die Zukunftszahlen sich durch zehnmalige Multiplikation mit dem Preisanstiegsfaktor 1,02 aus den Gegenwartszahlen ergeben, gilt umgekehrt, dass sich die Gegenwartszahlen durch zehnmalige Division durch eben diesen Faktor aus den Zukunftszahlen ergeben. Da die Gegenwartszahlen aber als Kaufkraft der Zukunftszahlen interpretiert werden dürfen, erhält man die Kaufkraft demzufolge durch zehnmalige Division der Zukunftszahl.

Daraus kann man schlussfolgern, dass der Preisanstiegsfaktor invers zum Kaufkraftverlustfaktor ist. D.h., um den neuen Preis nach einem Preisanstieg zu ermitteln, multipliziert man mit dem Preisanstiegsfaktor. Und um die neue Kaufkraft nach einer Preiserhöhung zu bestimmen, dividiert man durch den Preisanstiegsfaktor. Deshalb gilt für den Kaufkraftverlustfaktor:

Preisanstieg und Kaufkraftverlust

Steigt ein Preis um den Faktor q an, dann ergibt sich der Abnahmefaktor q_{kauf} , der den Verlust der Kaufkraft beschreibt, mit:

$$q_{kauf} = \frac{1}{q} \quad \text{oder} \quad q_{kauf} = 1 : q$$

Beispiel 1: Der Preis eines Warenkorbes steigt um 2 % an. Dann beträgt der Abnahmefaktor, der den Kaufkraftverlust beschreibt:

$$q_{kauf} = 1 : 1,02 = 0,98039$$

was einer Abnahme der Kaufkraft um 1,961 % entspricht. Das bedeutet, nach einer Preiserhöhung eines Warenkorbes um 2 % können Sie sich mit dem gleichen Geldbetrag nach der Preiserhöhung nur noch 98,039 % des Warenkorbes leisten, d.h. 1,961 % weniger als vor der Preiserhöhung.

Beispiel 1 lässt sich mit dem Einführungsbeispiel dieses Kapitels verknüpfen. Wenn der jährliche Kaufkraftverlustfaktor 0,98039 beträgt, dann beträgt der Kaufkraftverlust von 2.500 € nach zehn Jahren:

$$2.500\ € \cdot 0,98039^{10} \approx 2.050,83\ €$$

Das ist zwar nicht ganz der im Einführungsbeispiel genannte Wert, das liegt aber daran, dass der Kaufkraftverlustfaktor gerundet wurde. Betrachtet man lediglich die zehnte Potenz des Kaufkraftverlustfaktors, so ergibt sich etwa:

$$0,98039^{10} \approx 0,8203$$

was wie im Einführungsbeispiel beschrieben einem Kaufkraftverlust auf 82,03 % entspricht.

Die Berechnung klappt im Übrigen auch umgekehrt, d.h. wenn die Preise fallen, wie folgendes Beispiel zeigt.

Beispiel 2: Der Preis eines Warenkorbes sinkt um 5 %. Dann beträgt der "Abnahmefaktor", der diesmal eine Kaufkraftzunahme beschreibt:

$$q_{kauf} = 1 : 0,95 = 1,0526$$

was einer Zunahme der Kaufkraft von 5,26 % entspricht. Sie können sich mit dem gleichen Geld nach der Preissenkung damit einen um 5,26 % wertvolleren Warenkorb leisten.

Nun wieder zurück zum Einführungsbeispiel. Der Preis des Warenkorbes steigt zehn Jahre lang um 2 % p.a. Folglich nimmt die Kaufkraft zehn Jahre lang jährlich um etwa 1,961 % ab. Der Wertverfall der 2.500 € lässt sich bestimmen, indem zehn mal mit 0,98039 multipliziert wird, oder indem zehn mal durch 1,02 geteilt wird:

$$2.500 \, € : 1,02^{10} = 2.050,87 \, €$$

Offenbar gilt:

Bestimmung der zukünftigen Kaufkraft

Erhöhen sich der Preis eines Warenkorbes, für den man heute den Geldbetrag G bezahlt, für n Jahre lang jährlich um den Faktor q, dann beträgt die Kaufkraft des Geldbetrages G in n Jahren:

$$G : q^n$$

Anders ausgedrückt: In n Jahren kann man sich für den Betrag G nur noch einen Warenkorb kaufen, der heute eine Preis von $G : q^n$ hätte.

Zwar ist diese Formel von ihrer Struktur her recht einfach. Das eigentlich schwierige ist es aber, sich stets die Bedeutung des Ergebnisses vor Augen zu halten. Daher folgen drei Beispiele mit inflationärem und eines mit deflationärem Hintergrund.

Beispiel 3: Die Preise für Ihre Lebensmittel wachsen zehn Jahre lang 3 % pro Jahr. Der Preis Ihres persönlichen jährlichen Lebensmittelwarenkorbes beträgt heute 2.000 €. Wie groß ist die Kaufkraft der 2.000 € in sieben Jahren?

Gemäß Formel gilt für die Kaufkraft der 2.000 €:

$$2.000 \text{ €} : 1,03^7 = 1.626,18 \text{ €}$$

D.h. Sie können sich in sieben Jahren mit 2.000 € nur noch einen Lebensmittelwarenkorb leisten, der heute 1.626,18 € kostet.

Beispiel 4: Sie fahren einmal im Jahr mit Ihrer Familie in den Urlaub. In diesem Jahr kostet Ihr Familienurlaub 3.000 €. Angenommen, die Urlaubspreise steigen in den nächsten Jahren jeweils um 7 % pro Jahr. Wie viel Prozent des gleichen Urlaubs können Sie sich in 5 Jahren noch für 3.000 € leisten?

Gemäß Formel gilt für die Kaufkraft der 3.000 € (bezogen auf diesen Urlaub) in fünf Jahren:

$$3.000 \text{ €} : 1,07^5 \approx 2.138,96 \text{ €}$$

Damit können Sie sich in 5 Jahren nur noch:

$$2.138,96 \text{ €} : 3.000 \text{ €} \cdot 100 \approx 71,30 \text{ %}$$

des diesjährigen Urlaubs leisten. Oder anders: In fünf Jahren können Sie sich mit 3.000 € einen Urlaub leisten, der heute 2.138,96 € kostet.

Beispiel 5: Sie haben sich 1.000 € beiseite gelegt, um Aktien einer Firma zu kaufen, die derzeit 100 € kosten. D.h. Sie könnten genau 10 Aktien kaufen. Aber irgendwie finden Sie jetzt nicht den Mut, das Geld derartig zu investieren. Sie möchten stattdessen lieber noch warten. Unglücklicherweise (zumindest für Sie) steigt die Aktie jährlich um 10 %. Wie viele Aktien können Sie sich in 5 Jahren kaufen?

Bezogen auf den Aktienkurs beträgt die Kaufkraft der 1.000 € in fünf Jahren:

$$1.000 \, € : 1,10^5 \approx 620,92 \, €$$

Das sind 62,09 %. D.h. für 1.000 € würden Sie keine 7 Aktien dieser Firma kaufen können.

Beispiel 6: In Ihrem Heimatort steht eine Immobilie für 120.000 € zum Verkauf. Sie selbst sind auch interessiert. Allerdings zögern Sie noch. Zu Ihrem Glück beginnen die Immobilienpreise von nun an um 3,5 % p.a. zu fallen. Wie groß ist die Kaufkraft der 120.000 €, bezogen auf Immobilien, in vier Jahren?

In diesem deflationären Szenario sinkt der Preis, während die Kaufkraft steigt. Eine Abnahme von 3,5 % bedeutet einen "Preisanstiegsfaktor" von 0,965. Damit folgt:

$$120.000 \, € : 0,965^4 = 138.379,58 \, €$$

D.h. Sie können sich in vier Jahren für Ihre 120.000 € eine "gleichwertige" Immobilie leisten, die heute 138.379,58 € kosten würde.

4.4 Kaufkraftverlust und Geldanlage

Nicht nur Banken und Vermögensberater, sondern heutzutage auch Finfluencer raten Ihnen, Ihr Geld nicht einfach Cash auf dem Girokonto zu belassen, weil die Inflation diesen Betrag stückweise entwertet. Ihnen wird empfohlen, zu investieren, um der Inflation entgegenzuwirken. Oft wird erzählt, dass Sie mit Investitionen in einen breit gestreuten ETF 7 % pro Jahr machen. Zieht man eine Inflation von 2 % ab, dann bleiben noch jährliche 5 % Wachstum für Sie übrig. Kann man so rechnen, oder war hier das Milchmädchen am Werk?

Die Preise steigen zehn Jahre lang um 2 % p.a. Sie haben heute etwas Geld drüber, das Sie nicht brauchen. Damit Ihr Geld nicht verfällt, investieren Sie 5.000 € in einen ETF, der jährlich um 7 % zulegt. Wie groß ist die Kaufkraft des investierten Betrages in der Zukunft?

Die investierten 5.000 € wachsen in dem ETF auf:

$$5.000 \, € \cdot 1,07^{10} = 9.835,76 \, €$$

Aufgrund der Preiserhöhungen können Sie sich mit 9.835,76 € in der Zukunft aber auch weniger leisten als heute. Die Kaufkraft dieses Betrages ist dann:

$$9.835,76 \, € : 1,02^{10} = 8.068,75 \, €$$

Lassen Sie uns diese Ergebnisse kurz interpretieren. Das, was Sie in zehn Jahren real in der Tasche haben, sind 9.835,76 €. Aufgrund der jährlichen Preiserhöhungen können Sie sich mit diesem Geld aber nur Waren kaufen, die heute 8.068,75 € kosten[33].

---

[33] Jetzt haben wir hier einfach mal ignoriert, dass beim Verkauf der ETF-Anteile noch Kapitalertragssteuer auf den Gewinn fällig wird. Das werden wir später noch mit einkalkulieren.

Um wie viel Prozent ist Ihr Kapital *kaufkraftbereinigt* gewachsen? Mathematisch suchen wir einen Wachstumsfaktor q_{real}, der die 5.000 € auf 8.068,75 € erhöht, und den kaufkraftbereinigten, d.h. realen Vermögenszuwachs beschreibt. Über zehn Jahre gelte demnach:

$$5.000\ € \cdot q_{real}^{10} = 8.068,75\ €$$

Nach Division der Gleichung durch 5.000 € ergibt das:

$$q_{real}^{10} = 1,61375$$

Und nach Ziehen der zehnten Wurzel folgt:

$$q_{real} \approx 1,049$$

Dieser Wachstumsfaktor entspricht einem jährlichen Wachstum von 4,9 %. Also nix mit 7 % minus 2 % macht 5 % Wachstum pro Jahr. Das Milchmädchen hat sich verrechnet. Die Rechnung fällt nämlich schlechter als erwartet aus.

Begrifflich unterscheiden wir den *nominalen* und den *realen* Vermögenszuwachs. *Nominal* hat sich Ihr Kapital jährlich um 7 % auf 9.835,76 € erhöht. Diese Zahl steht in zehn Jahren tatsächlich auf Ihrem Konto. *Real*, d.h. kaufkraftbereinigt, hat sich Ihr Vermögen nur um 4,9 % p.a. auf 8.068,75 € erhöht.

Prinzipiell sollte dieses Ergebnis ja nicht von dem anfänglich investierten Geldbetrag abhängen, sondern sich aus dem Wachstum des ETF und dem Preisanstieg ergeben. Lassen Sie uns eine schöne Formel dafür finden.

An sich wurde doch nichts anderes gemacht, als den investierten Geldbetrag zehnmal mit dem Wachstumsfaktor 1,07 zu multiplizieren, der den Vermögenszuwachs in dem ETF repräsentiert. Er beschreibt den *nominalen* Vermögenszuwachs. Und dieses Ergebnis wurde danach zehnmal durch den Faktor 1,02 dividiert, der die Preiserhöhungen widerspiegelt. Insgesamt haben wir deshalb gerechnet:

$$5.000 \, € \cdot 1,07^{10} : 1,02^{10} = 8.068,75 \, €$$

Doch schon die beiden Faktoren allein ergeben den realen prozentualen jährlichen Vermögenszuwachs. Der reale prozentuale Gesamtvermögenszuwachs beträgt:

$$1,07^{10} : 1,02^{10} \approx 1,6137$$

was einem realen Gesamtzuwachs von 61,37 % entspricht. Um den jährlichen realen prozentualen Zuwachs zu erhalten, haben wir vorhin die zehnte Wurzel gezogen. Zieht man die zehnte Wurzel aus $1,07^{10} : 1,02^{10}$, dann ergibt sich gemäß der Rechengesetze zu Potenzen und Wurzeln:

$$1,07 : 1,02 \approx 1,049$$

Das ist eine hervorragende Erkenntnis: Um den kaufkraftbereinigten jährlichen Vermögenszuwachs zu erhalten, muss die nominale Wachstumsrate einfach durch die Rate der Preiserhöhung dividiert werden. Allgemein folgt damit:

Kaufkraftbereinigter   realer   prozentualer   jährlicher Vermögenszuwachs

Erhöht sich Ihr Vermögen pro Jahr um den Faktor q, der den *nominalen* Vermögenszuwachs berschreibt, und erhöhen sich gleichzeitig die Preise der für Sie infrage kommenden Konsumwaren jährlich um den Faktor q_p, dann beträgt der kaufkraftbereinigte bzw. *reale* jährliche Vermögenszuwachs:

$$q_{real} = q : q_p \quad \text{oder} \quad q_{real} = \frac{q}{q_p}$$

Beispiel 1: Sie investieren 8.000 € zu einem jährlichen Wachstum von 6 %. Gleichzeitig steigen die Preise der für Sie infrage kommenden Güter jährlich um 4 %. Wie viel reales Vermögen entsteht aus den 8.000 €, wenn die Wachstumsraten für 15 Jahre konstant bleiben?

Der reale jährliche Vermögenszuwachs ist:

$$1,06 : 1,04 \approx 1,0192$$

was einem Wachstum von 1,92 % p.a. entspricht. Das kaufkraftbereinigte Vermögen in 15 Jahren beträgt dann:

$$8.000 \, € \cdot 1,0192^{15} = 10.640,97 \, €$$

wohingegen das nominale Vermögen:

$$8.000 \, € \cdot 1,06^{15} = 19.172,47 \, €$$

beträgt. In 15 Jahren können Sie sich mit den investierten 8.000 € nach deren Wachstum also Waren kaufen, die heute 10.640,97 € kosten, obwohl 19.172,47 € auf Ihrem Konto sind. Wissen Sie, was noch ernüchternder ist? Je nach Asset müssen Sie auf den Gewinn noch Kapitalertragssteuern abführen. Der nominale Gewinn ist:

$$19.172,47\ € - 8.000\ € = 11.172,47\ €$$

Davon sind, so Sie von der Kirchensteuer befreit sind, 26,375 % Steuern abzuführen. Das sind 2.946,74 €. Sie haben nominal also eigentlich nur 16.225,73 €. Kaufkraftbereinigt sind das:

$$16.225,73\ € : 1,04^{15} = 9.009,57\ €$$

Das Beispiel führt auf eine weitere Formel. Auf Gewinne werden je nach Assetklasse Steuern fällig, weshalb der nominale Betrag des Vermögens nicht für Konsum ausgegeben werden kann. Nach Abzug der Steuern auf den Gewinn kann von dem Restbetrag ermittelt werden, welche Kaufkraft dieser noch besitzt. Es gilt:

Kaufkraftbereinigter realer Gesamtvermögenszuwachs nach Steuer

Erhöht sich ihr Vermögen pro Jahr um den Faktor q, der den *nominalen* Vermögenszuwachs berschreibt, und erhöhen sich gleichzeitig die Preise der für Sie infrage kommenden Konsumwaren jährlich um den Faktor q_p, dann beträgt der kaufkraftbereinigte bzw. *reale* Gesamtvermögenszuwachs unter Berücksichtigung von Steuern, die durch den Steuersatz s beschrieben werden, auf den Vermögenszuwachs nach n Jahren:

$$Q_{real} = \big((1-s)\cdot\big(q^n - 1\big) + 1\big) : q_p^n$$

oder

$$Q_{real} = \frac{(1-s)\cdot\big(q^n-1\big)+1}{q_p^n}$$

Beispiel 2: Ein Anleger investiert 15.000 € in einen ETF, der jährlich um 8 % an Wert gewinnt. Gleichzeitig steigen die Preise der für den Anleger infrage kommenden Güter jährlich um 3 %. Der Anleger muss auf Gewinne 26,375 % Steuern zahlen. Welches kaufkraftbereinigte Vermögen hat er nach zehn Jahren?

Nominal wächst sein Vermögen auf:

$$15.000\ € \cdot 1,08^{10} = 32.383,87\ €$$

Auf den Gewinn von 17.383,87 € werden Steuern fällig, so dass dem Anleger nominal 27.798,88 € bleiben.

Der reale Gesamtwachstumsfaktor ist:

$$Q_{real} = \left((1 - 0,26375) \cdot \left(1,08^{10} - 1\right) + 1\right) : 1,03^{10}$$

$$\approx 1,3790$$

was einem realen Vermögenszuwachs von 37,90 % entspricht. Sein kaufkraftbereinigtes Vermögen nach Steuer ist dann rund:

$$15.000\ € \cdot 1,3790 = 20.685,00\ €$$

4.5 Kaufkraftverlust bei Sparplänen

Nicht nur mit der Einmalanlage kann der inflationsbedingten Entwertung des Geldes entgegengewirkt werden. Wir schauen daher darauf, wie ein Sparplan den Wertverlust unseres hart verdienten Geldes bekämpft.

Sie investieren jährlich 2.000 € in einen ETF, der jährlich 7 % an Wert gewinnt. Die Preise der für Sie infrage kommenden Konsumgüter steigen um 2 % p.a. Wie groß ist dann der kaufkraftbereinigte Vermögenszuwachs nach zehn Jahren?

Zunächst sollten wir uns fragen, *wie* denn gerechnet werden muss. Prinzipiell gibt es zwei Möglichkeiten der Berechnung. Nehmen Sie sich am besten selbst kurz Zeit, um darüber nachzudenken, welche der beiden folgenden Varianten zum richtigen Rechenergebnis führt, oder ob sogar beide zum richtigen Ergebnis führen werden:

(A) Wir verwenden die Sparplanformel mit einem Wachstumsfaktor von 1,07. Das Endergebnis wird dann um die Preissteigerungsrate 1,02 über zehn Jahre korrigiert.

(B) Wir verwenden die Sparplanformel mit dem kaufkraftbereinigten bzw. realen Wachstumsfaktor $q_{real} = 1,07 : 1,02 \approx 1,049$.

Schauen wir uns zuerst Variante (A) an. Nominal beträgt das Vermögen nach zehn Jahren bei vorschüssiger Berechnung:

$$2.000\ \text{€} \cdot 1,07 \cdot \left(1,07^{10} - 1\right) : (1,07 - 1) = 29.567,20\ \text{€}$$

Kaufkraftbereinigt sind das:

$$29.567,20\ \text{€} : 1,02^{10} = 25.255,40\ \text{€}$$

Nutzt man die Sparplanformel mit dem kaufkraftbereinigten Wachstumsfaktor (Variante (B)), dann ergibt das:

$$2.000\,€ \cdot 1{,}049 \cdot \left(1{,}049^{10} - 1\right) : (1{,}049 - 1) = 26.265{,}57\,€$$

Zumindest wissen wir jetzt, dass nicht beide Varianten korrekt sein können. Haben Sie sich sich schon für eine der beiden Möglichkeiten entschieden? Wenn ja, haben Sie dann auch darüber nachgedacht, warum das Ergebnis von (B) größer als das Endergebnis von (A) ist?

Lassen Sie uns strukturiert an die Sache herangehen. Bei der Einmalanlage ist es egal, wie sie rechnen. Ob Sie nun zuerst den nominalen Vermögenswert ermitteln und danach um die Preissteigerungen bereinigen, oder ob Sie gleich mit dem kaufkraftbereinigten Wachstumsfaktor rechnen, ist letztendlich egal. Der Grund dafür liegt darin, dass das investierte Geld bei der Einmalanlage genauso lange wächst, wie es entwertet wird. Das ist beim Sparplan nur bei der ersten investierten Rate der Fall. Die zweite Rate konnte bis zum Stopp des Sparplanes ein Jahr weniger wachsen, weil sie noch nicht investiert gewesen ist. In diesem Jahr hat sich die Kaufkraft dieser noch nicht investierten Rate allerdings verringert. Je weiter eine Sparplanrate in der Zukunft liegt, desto weniger Zeit hat sie zum Wachsen[34]. Der Knackpunkt liegt in dem Gedanken, dass die Geldbeträge der Sparplanraten nominal sind. Eine nicht investierte Rate unterliegt dauerhaft einer Entwertung. Und damit muss nach Variante (A) gerechnet werden. Würden Sie gemäß Variante (B) rechnen, dann würden Sie unterstellen, dass jede Sparplanrate genauso lange an Kaufkraft verloren hat, wie sie investiert gewesen ist, was ja nicht stimmt. Damit ergibt sich auch die Antwort auf die Frage, warum das Ergebnis bei Variante (B) höher ist als von (A). Die Raten werden bei (B) schlicht und ergreifend weniger lange entwertet. Wenn Sie noch einen weiteren Grund benötigen: Mathematisch gesehen würden wir die Sparplanformel neu herleiten, indem jede Sparplanrate über zehn Jahre lang um ihre Kaufkraft bereinigt werden müsste. Das aber ließe sich am Ende aus der Formel ausklammern. Folglich gilt:

---

[34] Falls das Geld für diese Sparplanrate nicht anderweitig investiert wurde.

Kaufkraftbereinigung des Sparplanvermögens

Wird in einen Sparplan investiert, so muss das Sparplanvermögen nominal ermittelt werden, und erst danach um die Preissteigerungsrate q_p korrigiert werden. Erhält man nach n Jahren nominal ein Sparplanvermögen S_n , dann beträgt der kaufkraftbereinigte Wert dieses Vermögens:

$$S_n : q_p^n \quad \text{oder} \quad \frac{S_n}{q_p^n}$$

Weil diese Formel so simpel ist, können Sie auch problemlos Dynamikerhöhungen einkalkulieren, die ja u.a. dafür da sind, einem Kaufkraftverlust entgegenzuwirken.

Beispiel: Ein Anleger investiert in einen ETF, der um 6 % p.a. an Wert zulegt. Die Preise der für ihn infrage kommenden Konsumgüter steigen jährlich um 2 %. Daher vereinbart er eine etwas höhere Dynamikerhöhung von 2,5 % p.a. Seine erste Rate beträgt 5.000 €. Auf welches Vermögen kommt er nach 15 Jahren, wenn vorschüssig gerechnet wird?

Der um die Dynamikerhöhung korrigierte Wachstumsfaktor ist:

$$q_{kd} = 1,025 : 1,06 \approx 0,9670$$

Nominal erspart er sich ein Vermögen von:

$$5.000 \text{ €} \cdot 1,06^{15} \cdot \left(0,9670^{15} - 1\right) : (0,9670 - 1)$$

$$\approx 143.611,53 \text{ €}$$

Bereinigt um die Preiserhöhungen ergibt sich ein kaufkraftbereinigtes Sparplanvermögen von:

$$143.611,53 \; € : 1,02^{15} = 106.705,48 \; €$$

Insgesamt wurden über 15 Jahre 75.000 € investiert, die sich bei Nichtinvestition kaufkraftbereinigt auf 55.726,10 € entwertet hätten.

Wir kalkulieren jetzt noch eine integrierte Ordergebühr von 1,5 % auf jede Sparplanrate mit ein. Der Gebührenfaktor ist in diesem Fall:

$$(1 - 0,015) = 0,985$$

Dann gilt für das Sparplanvermögen:

$$5.000 \; € \cdot 0,985 \cdot 1,06^{15} \cdot \left(0,9670^{15} - 1\right) : (0,9670 - 1)$$

$$\approx 141.457,36 \; €$$

Kaufkraftbereinigt sind das rund 105.104,90 €. Da lediglich mit dem Faktor 0,985 multipliziert wurde, kann man das auch mit den oben erhaltenen 106.705,48 tun:

$$106.705,48 \; € \cdot 0,985 = 105.104,90 \; €$$

Nominal gab es einen Gewinn, Ordergebühren mit einkalkuliert, von:

$$141.457,36 \; € - 75.000 \; € = 66.457,36 \; €$$

Die darauf fällig werdenden Steuern bei einem Steuersatz von 26,375 % betragen 17.528,13 € beim Verkauf des ETF. Damit bleiben nominal 123.929,23 €, die kaufkraftbereinigt einen Wert von 92.081,24 € betragen. Der kaufkraftbereinigte Gewinn nach Steuern beträgt nach Abzug der 75.000 € folglich 17.081,24 €.

4.6 Risikoloser Zins

Sie haben sich einen schönen Geldbetrag angespart - und nun? Was tun Sie jetzt damit? Eine Variante ist, die Kohle rauszuhauen und ein bisschen Spaß damit zu haben. Ist ein Konzept, was auch zum Leben gehört. Wenn Sie keinen Spaß mit dem Geld haben wollen, dann können Sie es zunächst auch einfach weiter herumliegen lassen, bis Ihnen etwas besseres einfällt. Das kann klug sein, wenn Sie beispielsweise demnächst etwas an Ihrem Haus erneuern und nur wenige Monate damit warten wollen. Ist das nicht der Fall, und Sie lassen Ihr Geld einfach nur mehrere Jahre unverzinst, dann verliert es seine Kaufkraft. Möglicherweise wollen Sie die Erneuerung an Ihrem Haus aber auch erst in 3 Jahren durchführen. In diesem Szenario kann Ihr Geld für Sie arbeiten - das aber am besten möglichst risikolos, damit Sie sich die bald anstehende Erneuerung an Ihrem Haus nicht wieder aus dem Kopf zu schlagen brauchen.

Was bedeutet eigentlich *risikolos*? Mathematisch bedeutet risikolos, dass Sie das investierte Geld inklusive Zinsen mit Sicherheit wieder zurückerhalten werden. Aber sind nicht alle Assetklassen in irgendeiner Weise risikobehaftet?

So ist es auch - Sie können nie ausschließen, dass Ihre Assets nicht auch an Wert verlieren können. Absolut sicher ist damit keine Anlageklasse. Es gibt aber Staaten, denen man sein Geld in Form von Anleihen borgen kann, von denen Sie ausgehen können, dass Sie Ihr Geld verzinst mit fast einhundertprozentiger Sicherheit wieder zurückerhalten werden. Der Zins dieser Staatsanleihen gilt dann als der *risikolose Zins*. Er unterscheidet sich jedoch von Staat zu Staat[35]. Für welchen Staat entscheide ich mich dann als Anleger?

Das können Sie sich aussuchen! Es gibt mathematisch gesehen keine Regel, welchen risikolosen Zins Sie in Berechnungen zu verwenden

---

[35] Sie können sich unter anderem recht umfangreich auf https://www.tagesgeldvergleich.net/statistiken/risikoloser-zinssatz dazu belesen.

haben. Schnappen Sie sich entweder den höchsten. Oder den, dem Sie am meisten vertrauen. Oder auch den, zu dem Sie am unkompliziertesten Zugriff haben bzw. zu dem Sie selbst auch investieren können. Das Thema Anleihen ist recht umfangreich und sprengt den Rahmen dieses Kapitels. Lässt man eine Anleihe bis zum Ihrem Ablaufdatum laufen, dann erhält man sein investiertes Geld inklusive der Zinsen zurück. Verkauft man die Anleihe vorher, dann ist das nicht garantiert. Wenn Ihnen das zu anstrengend ist, verbietet Ihnen niemand, Tages- oder Festgeldzinssätze für Sie persönlich als risikolosen Zins heranzuziehen.

Wozu aber das Gerede um einen risikolosen Zins? Dient es wirklich nur dazu, zu überlegen, wo das eigene Geld für bestimmte Zeiträume möglichst sicher geparkt werden kann? Es gibt noch einen zweiten Grund: Angenommen, Ihr persönlicher risikoloser Zins auf Ihrem Tagesgeldkonto des Vertrauens beträgt 4 % p.a. Wenn Sie ein weiteres Asset entdecken, mit dem in der Vergangenheit beispielsweise 4,5 % p.a. Wertzuwachs erzielt werden konnte, an das aber Risiken geknüpft sind, dann müssen Sie abwägen, ob Ihnen das Risiko 0,5 Prozentpunkte mehr wert ist. Der risikolose Zins dient damit als Referenzwert, um verschiedene Investitionsmöglichkeiten abwägen zu können.

4.7 Der Wert künftigen Geldes

Sie haben einem Freund 1.000 € geliehen und können sich sicher sein, dass Sie diese 1.000 € auch wieder zurückbekommen werden. Er weiß aber leider noch nicht, wie bald er Ihnen das Geld zurückzahlen kann. Kann Ihnen der Zeitpunkt nicht egal sein, falls Sie das Geld nicht unmittelbar benötigen? Ob er es morgen oder erst in drei Jahren an Sie zurückfließen lässt, ist doch einerlei, oder etwa nicht?

Wenn Sie das Geld gleich bekommen, dann können Sie es sofort ausgeben. In drei Jahren haben die 1.000 € in einem inflationären Szenario an Kaufkraft verloren und Sie können sich weniger davon kaufen. Nimmt man eine Preissteigerungsrate der für Sie infrage kommenden Konsumgüter von 2 % p.a. an, so beträgt die Kaufkraft Ihres Geldes in drei Jahren nur noch:

$$1.000 \, € : 1,02^3 \approx 942,32 \, €$$

Das sind 94,32 % dessen, was Sie sich heute mit dem Geld kaufen können. Ihr Freund "beraubt" Sie sozusagen umso mehr um die Kaufkraft Ihres Geldes, je weiter der Rückzahlungszeitpunkt in der Zukunft liegt. Diese Regel gilt aber nur für inflationäre Zeiten. In deflationären Zeiten tut er Ihnen gewissermaßen einen Gefallen.

Geht es nicht um das Ziel, das Geld zu verkonsumieren, sondern darum, das Geld für sich arbeiten zu lassen, so muss leicht umgedacht werden. Würden Sie das Geld nämlich heute erhalten, dann könnten Sie es investieren, damit es wachsen kann. Die 1.000 € wären in drei Jahren nominal mehr wert als heute. Wenn die 1.000 € erst in drei Jahren in Ihren Besitz übergehen, dann haben Sie drei Jahre Wachstum verloren, in denen das Geld hätte an Wert zulegen können.

Weil wir davon ausgehen, dass es immer eine Assetklasse mit positiver Rendite gibt, und weil wir nicht per se sagen können, dass stets inflationäre Zeiten herrschen, wird der Wert eines in der Zukunft eintreffenden Zahlungsstromes daran festgemacht, wie man es hätte investieren können. 1.000 €, die man in der Zukunft erhält, sind weniger wert als 1.000 €, die man heute erhält, weil man sie heute schon zu einer positiven Rendite investieren könnte.

Wie hoch beziffert man denn den Wert von 1.000 €, die in drei Jahren erst eintreffen würden? Es gibt schließlich viele Anlagemöglichkeiten mit verschiedenen Renditen. Denken Sie über eine Extremvariante nach. Sie könnten prinzipiell ein sehr riskantes Investment mit einer sehr hohen Renditechance wählen. Ob das Geld dann in drei Jahren noch da ist, ist zweifelhaft. Da wäre es besser gewesen, wenn Sie das Geld auf Ihrem Sparkonto gelassen hätten. Das andere Extrem ist ein risikoloses Investment, bei dem Sie quasi sicher sein können, dass Sie das Geld inklusive Zinsen zurückerhalten werden. Und genau da liegt die Antwort der obigen Frage. Der Wert eines zukünftigen Zahlungsstromes wird am risikolosen Zins festgemacht.

Im letzten Kapitel wurde beschrieben, dass es keine mathematische Festlegung gibt, welcher Wert für den risikolosen Zins gewählt werden soll. Sie als Privatanleger schnappen sich den Wert, zu dem Sie Vertrauen und Zugang haben. Wenn Sie also keine Staatsanleihen kaufen wollen, dann verwenden Sie eben keinen Anleihezins, sondern den Zins Ihres Tages- oder Festgeldkontos. Sie sehen genau wie bei der Preissteigerungsrate, dass es sich auch dabei um eine auf den Anleger zugeschnittene Berechnung handelt.

Angenommen, Sie erhalten 4 % p.a. Zinsen auf Ihr Tagesgeld und sehen das als Ihren persönlichen risikolosen Zinssatz an. Dann könnten Sie 1.000 € schon heute zu diesem Zinssatz investieren und hätten in drei Jahren einen Betrag von 1.124,86 €. Sind dann 1.000 €, die Ihnen erst in drei Jahren zufließen, einfach nur 124,86 € weniger wert als heute? Ganz so einfach ist die Sache nicht. Mit dieser Berechnung wurde nämlich die Frage, wie viel ein Zahlungsstrom von 1.000 € in der Zukunft wert ist, nicht beantwortet. Stattdessen wurde der künftige nominale Wert eines heutigen Investments ermittelt. Erinnern Sie sich zurück an das Grundlagenkapitel zur Prozentrechnung. Dort haben wir uns umfassend damit beschäftigt, welche Zahl der Grundwert und welche Zahl der Prozentwert ist. Will man den Wert heute investierter 1.000 € in drei Jahren wissen, dann sind die 1.000 € der Grundwert. Der heutige Zeitpunkt, an dem Sie sich befinden, ist und bleibt der 100 % - Zeitpunkt. Fragt man umgekehrt danach, wie viel ein in drei Jahren eintreffender Zahlungsstrom von 1.000 € heute wert ist, dann ist der heutige Zeitpunkt noch immer der 100 % - Zeitpunkt. Nur haben wir die 1.000 € bei diesem Gedanken als zukünftigen nominalen Wert angesetzt - also als Prozentwert, nicht als Grundwert.

Die Frage muss also eigentlich so lauten: Wie viel Geld müssten Sie heute risikolos investieren, damit Sie in drei Jahren 1.000 € haben? Die Antwort dieser Frage sagt damit im Grunde aus, wie ein zukünftiger Zahlungsstrom von 1.000 € risikolos erzeugt werden kann. Bei einem angenommenen risikolosen Zins von 4 % p.a. heißt das:

$$heutiger\, Wert \cdot 1,04^3 = 1.000\ €$$

Teilt man beide Seiten der Gleichung durch $1,04^3$, so folgt:

$$heutiger\, Wert = 1.000\ € : 1,04^3 = 889,00\ €$$

Um in drei Jahren durch ein risikoloses Investment 1.000 € erhalten zu können, müssten Sie heute 889,00 € anlegen. D.h. Ihnen zufließende 1.000 € in drei Jahren sind heute 889,00 € wert. Würde Ihr Freund Ihnen heute 1.000 € geben, dann könnten Sie die 889,00 € und außerdem zusätzliche 111 € risikolos anlegen und in drei Jahren mehr als 1.000 € besitzen, nämlich 1.124,86 €. Das beschriebene Beispiel wird in der nachfolgenden Abbildung visualisiert:

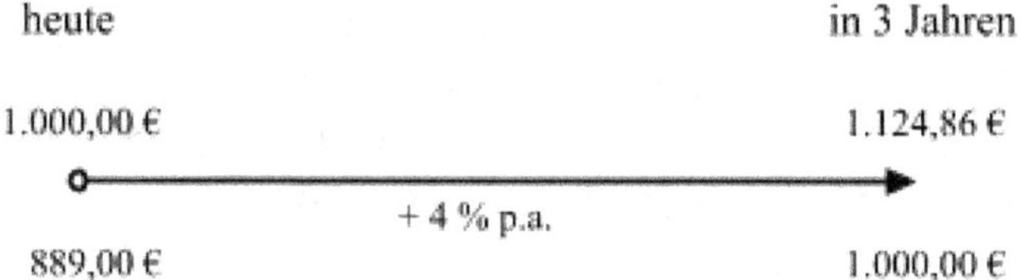

Abbildung 7: Risikolose Anlage: Ein in drei Jahren eintreffender Zahlungsstrom von 1.000 € ist heute 889 € wert, weil genau so viel für drei Jahre zu einem risikolosen Zins von 4 % p.a. angelegt werden muss.

Es gilt:

Wert eines zukünftigen Zahlungsstromes

Fließt Ihnen in n Jahren ein Zahlungsstrom E (Einnahme) zu, dann beträgt der heutige Wert dieses Zahlungsstromes:

$$E : q^{n} \quad \text{oder} \quad \frac{E}{q^{n}}$$

wobei q der risikolose Zinsfaktor ist.

Zum Abschluss des obigen Beispiels unterscheiden wir noch zwei Begriffe, die in diesem Zusammenhang oftmals genannt werden. Berechnet man, auf welchen Wert die 1.000 € in drei Jahren anwachsen werden, indem man mit dem Zinsfaktor multipliziert, dann spricht man davon, dass die 1.000 € *aufgezinst* werden. Fragt man umgekehrt nach dem Wert eines zukünftigen Zahlungsstroms von 1.000 € und ermittelt man diesen durch Division durch den Zinsfaktor, so spricht man davon, dass die 1.000 € *abgezinst* oder *diskontiert* werden.

Beispiel: Ein Anleger borgt einem Freund 1.000 €. Der Freund des Anlegers will das Geld auf jeden Fall zurückzahlen. Wie viel wert sind die 1.000 € heute, wenn der Freund den Betrag in 5 Jahren zurückbezahlt, falls der risikolose Zins 4 % p.a. beträgt? Steuern und andere Gebühren sollen außer Acht gelassen werden.

Die 1.000 € werden über fünf Jahre abgezinst:

$$1.000 \, € : 1{,}04^5 = 821{,}93 \, €$$

D.h., der Anleger müsste heute 821,93 € risikolos zu 4 % p.a. anlegen, damit in 5 Jahren daraus 1.000 € werden würden. Würde der Anleger aber schon heute die 1.000 € zurückerhalten, dann könnte er sie direkt risikolos anlegen. Der nominale Wert dieser Geldanlage ergibt sich durch Aufzinsen und beträgt:

$$1.000 \, € \cdot 1{,}04^5 = 1.216{,}65 \, €$$

Man könnte diese nominalen Werte nun noch um den Kaufkraftverlust bereinigen. Wir nehmen eine jährliche Preissteigerungsrate von 2 % an. Der Anleger erhält erst in fünf Jahren seine 1.000 € zurück. Die Kaufkraft dieser 1.000 € beträgt dann aber leider nur noch:

$$1.000 \, € : 1{,}02^5 = 905{,}73 \, €$$

Hätte er die 1.000 € gleich risikolos investieren können, dann würde die Kaufkraft des investierten Geldes in fünf Jahren:

$$1.216{,}65 \, € : 1{,}02^5 = 1.101{,}96 \, €$$

betragen. Inwiefern hängen diese beiden Ergebnisse nun mit den 821,93 € zusammen? Der folgende kleine Text systematisiert die Bedeutung der Zahlen.

Der Anleger müsste heute 821,93 € fünf Jahre lang zu 4 % p.a. investieren, um einen nominalen Wert von 1.000 € zu erzielen.

Aufgrund des Kaufkraftverlustes beträgt der reale Wert dieser in fünf Jahren eintreffenden 1.000 € aber nur 905,73 €. D.h. Mit diesen in Zukunft eintreffenden 1.000 € kann er sich in fünf Jahren Konsumgüter kaufen, die heute 905,73 € kosten. Würde er das Geld nicht erst in fünf Jahren, sondern heute bekommen, dann könnte er es sofort anlegen und hätte in der Zukunft einen nominalen Wert von 1.216,65 €. Kaufkraftbereinigt beträgt der reale Wert 1.101,96 €. Er kann sich bei sofortiger Anlage der 1.000 € in fünf Jahren also Waren kaufen, die heute 1.101,96 € kosten. Die nachfolgende Abbildung illustriert die Situation:

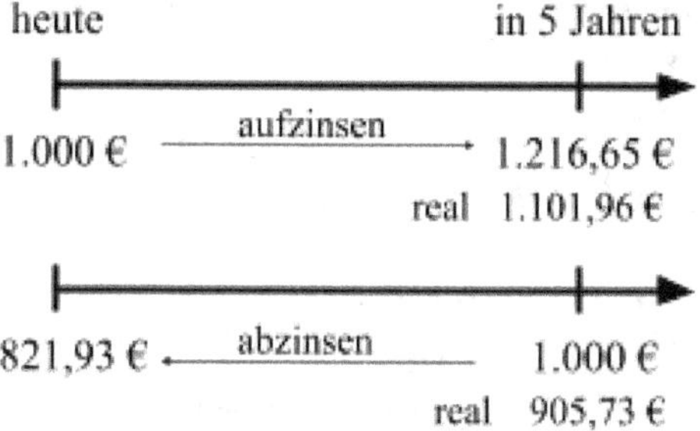

Abbildung 8: Nominaler und kaufkraftbereinigter Wert heute risikolos angelegter 1.000 € und in Zukunft eintreffender 1.000 € im Vergleich.

Interessanterweise unterscheiden sich die nominalen und die realen Differenzen der Zukunftswerte:

$$Diff_{nom} = 1.216,65\ € - 1.000\ € = 216,65\ €$$

$$Diff_{real} = 1.101,96\ € - 905,73\ € = 196,23\ €$$

Grundsätzlich heißt das: Nominal kostet den Anleger der zukünftige Zahlungsstrom 216,65 €, real verliert er nur 196,23 €, wenn er das Geld nicht sofort anlegen kann. Aber auch hier kann man die nominale Differenz über fünf Jahre um den Kaufkraftverlust bereinigen. Es gilt:

$$216,65 \, \text{€} : 1,02^5 = 196,23 \, \text{€}$$

Abschließend schauen wir uns, bezogen auf dieses Beispiel, noch an, was passiert, wenn der risikolose einen anderen Wert besitzt. Statt 4 % p.a. gibt es 2 % p.a. Trifft der Zahlungsstrom von 1.000 € in fünf Jahren ein, während der risikolose Zinsfaktor 1,02 ist, so ist der heutige Wert dieses Zahlungsstroms:

$$1.000 \, \text{€} : 1,02^5 = 905,73 \, \text{€}$$

Ist der risikolose Zins deutlich höher, nämlich 6 % p.a., dann ist der heutige Wert des Zahlungsstroms:

$$1.000 \, \text{€} : 1,06^5 = 747,26 \, \text{€}$$

Bei 4 % p.a. ermittelten wir einen heutigen Wert von 821,93 €. Offenbar ist der heutige Wert eines zukünftigen Zahlungsstroms umso höher, je kleiner der risikolose Zins ist. Das ist auch logisch: Je höher der risikolose Zins, desto weniger Kapital wird für die Erzeugung eines bestimmten zukünftigen Zahlungsstroms über eine risikolose Anlage benötigt. Um bei 2 % p.a. risikolosen Zinses in fünf Jahren auf 1.000 € zu kommen, werden 905,73 € benötigt. Liegt der risikolose Zins bei 6 % p.a., so sind nur 747,26 € anzulegen, also weniger - weil es ja mehr Zinsen zu fast keinem Risiko gibt.

4.8 Veränderung des risikolosen Zinses

Die Erkenntnisse des letzten Kapitels lassen sich nur für den Fall eines konstanten risikolosen Zinses anwenden. Prinzipiell klappt die Verwendung der Formel auch, wenn man den mittleren risikolosen Zins über einen gewissen Zeitraum annimmt bzw. abschätzt. Will man aber eine Erhöhung oder eine Absenkung des risikolosen Zinses für die Wertermittlung künftiger Zahlungsströme einkalkulieren, dann muss die Formel leicht angepasst werden.

Sie haben Geld in einen Oldtimer investiert und nehmen sich fünf Jahre Zeit, diesen Oldtimer aufzuarbeiten. Wenn Sie Ihre Sache gut machen, dann können Sie ihn womöglich in fünf Jahren für 25.000 € verkaufen. Der risikolose Zins liegt heute bei 2 %. Dieser steigt von jetzt an jährlich um 25 *Basispunkte*[36]. Welchen Wert hat die zukünftige Einnahme von 25.000 € Jahren heute?

Um herauszufinden, mit welchem Faktor die 25.000 € abgezinst werden müssen, denken wir umgekehrt und stellen uns die Frage: Wie viel Geld müssten Sie heute risikolos anlegen, damit Sie in fünf Jahren 25.000 € haben? Im letzten Kapitel wurde gezeigt, dass durch den Zinsfaktor dividiert werden muss. In diesem Beispiel gibt es mehrere Zinsfaktoren, weil der Zins einer Veränderung unterliegt. Im ersten Jahr bedeuten 2 % risikoloser Zins einen risikolosen Zinsfaktor von 1,02. Eine Erhöhung des risikolosen Zinses um 25 Basispunkte für das Folgejahr führt zu einem Zins von 2,25 % und folglich einem Zinsfaktor von 1,0225. Für das dritte Jahr gilt ein Zins von 2,50 %, was einem Zinsfaktor von 1,0250 entspricht, usw. Um mit risikoloser Anlage in fünf Jahren einen Zahlungsstrom von 25.000 € zu erzeugen, muss ein Anlagebetrag G stückweise um die verschiedenen Zinsfaktoren erhöht werden, und zwar insgesamt fünf mal:

$$G \cdot 1,02 \cdot 1,0225 \cdot 1,0250 \cdot 1,0275 \cdot 1,03 \cdot 1,0325$$

---

[36] Ein *Basispunkt* sind 0,01 Prozentpunkte. Eine Erhöhung eines Zinses um 25 Basispunkte ist damit eine Erhöhung um 0,25 Prozentpunkte.

$$= 25.000 \, €$$

Rechnet man alle Zinsfaktoren zusammen, so ergibt sich rund:

$$G \cdot 1,1681 \approx 25.000 \, €$$

Nach Division durch 1,1681 erhalten wir:

$$G \approx 21.402,28 \, €$$

So viel müssten Sie risikolos anlegen, um in fünf Jahren ebenfalls einen Zahlungsstrom von 25.000 € zu erhalten. Der Wert der 25.000 €, die Sie in fünf Jahren für den Verkauf bekommen werden, beträgt heute 21.402,28 €. Im Umkehrschluss dürften Sie nicht mehr für den Aufkauf des Oldtimers bezahlen, falls es Ihnen um eine Geldanlage geht. Denn per risikoloser Anlage erhalten Sie die 25.000 € schlussendlich auch ohne das Abmühen beim Aufbau des Oldtimers.

Insgesamt wird für der Ermittlung des heutigen Wertes des zukünftigen Zahlungsstromes durch das Produkt aller Zinsfaktoren geteilt:

Wert eines zukünftigen Zahlungsstromes bei veränderlichem risikolosen Zins

Fließt Ihnen in n Jahren ein Zahlungsstrom E zu, dann beträgt der heutige Wert dieses Zahlungsstromes:

$$E : Q \quad \text{oder} \quad \frac{E}{Q}$$

wobei Q das Produkt aller risikolosen Zinsfaktoren ist:

$$Q = q_1 \cdot q_2 \cdot q_3 \cdot{}_{\dots}$$

Beispiel: Ein Anleger erhält in zehn Jahren einen Zahlungsstrom von 2.000 €. Der risikolose Zins beträgt für 6 Jahre 3 % p.a. und für 4 Jahre 1 % p.a. Wie groß ist der Wert dieses Zahlungsstroms heute?

Die erste Variante ist, zuerst das Produkt der Zinsfaktoren zu berechnen. Dabei kann das Produkt mittels Potenzschreibweise verkürzt notiert werden:

$$Q = 1,03^6 \cdot 1,01^4 \approx 1,2425$$

Anschließend werden die 2.000 € durch diesen Gesamtwachstumsfaktor geteilt:

$$2.000 \,€ : 1,2425 = 1.609,66 \,€$$

Das Ergebnis ist leicht ungenau, da der Gesamtwachstumsfaktor gerundet wurde. Alternativ kann die Berechnung auch in einer Zeile geschehen:

$$\frac{2.000 \,€}{1,03^6 \cdot 1,01^4} = 1.609,61 \,€$$

oder:

$$2.000 \,€ : 1,03^6 : 1,01^4 = 1.609,61 \,€$$

Der Wert der in zehn Jahren eintreffenden 2.000 € beträgt heute 1.609,61 €. Angenommen, der risikolose Zins beträgt in den letzten vier Jahren nicht 1 % p.a., sondern 2 % p.a., dann beträgt der heutige Wert der 2.000 €:

$$2.000 \,€ : 1,03^6 : 1,02^4 = 1.547,41 \,€$$

4.9 Wie Sie Unternehmungen bewerten

Eine Photovoltaikanlage (PV-Anlage), mit der Sie ein wenig zusätzlich Geld verdienen könnten - das wäre doch ein schöne Sache. Ihrem Nachbarn gehört ein kleines Stück Land, auf dem sich eine PV-Anlage befindet. Er will wegziehen und die PV-Anlage verkaufen. Leider muss sie in 5 Jahren erneuert oder entsorgt werden. Die Anlage bringt aufgrund der Einspeisevergütung jährlich 5.000 €. Dass Sie diese 5.000 € einnehmen würden, ist mit dem Stromabnehmer bereits abgemacht und damit als sicher anzusehen. Der Einfachheit halber lassen wir für dieses EInführungsbeispiel außer Acht, dass die Anlage entsorgt oder erneuert werden muss und gehen ebenfalls davon aus, dass das Stück Land keinen nennenswerten Wiederverkaufswert besitzt. Es entstehen damit weder Kosten, noch weitere Einnahmen. Ihr Nachbar möchte 21.000 € von Ihnen haben. Ist das ein guter Deal?

Zunächst erscheint die Investition super. Denn wenn Sie fünf Jahre lang jeweils 5.000 € einnehmen und dafür 21.000 € bezahlen, dann haben Sie doch 4.000 € verdient, oder? Anders ausgedrückt hätten Sie 25.000 € für einen Preis von 21.000 € gekauft.

Es wäre auch eine Möglichkeit gewesen, Ihre 21.000 € auf andere Weise zu investieren - und zwar risikolos. Bei einer risikolosen Anlage des Geldes machen Sie Rendite, ohne einen Verlust fürchten zu müssen. Die Investition in die PV-Anlage könnte das ein oder andere Risiko bergen, z.B. unerwartete Sachbeschädigung oder Unwetter, die die Anlage beschädigen, wodurch Reparaturkosten fällig werden. Im Folgenden unterstellen wir einen risikolosen Zins von 4 % p.a.

Wenn Sie die 21.000 € zu diesem Zins anlegen, dann haben Sie nach fünf Jahren:

$$21.000 \, € \cdot 1{,}04^5 \approx 25.549{,}71 \, €$$

Zu Vergleichszwecken stellen wir die Wertentwicklung in einer Tabelle dar:

Tabelle 21: Wertentwicklung von 21.000 € bei fünfjähriger Verzinsung mit 4 % p.a.	
Jahr	Wert des angelegten Geldes am Ende des Jahres
Anfang Jahr 1	21.000 €
Ende Jahr 1	21.840 €
Ende Jahr 2	22.7123,60 €
Ende Jahr 3	23.622,14 €
Ende Jahr 4	24.567,03 €
Ende Jahr 5	25.549,71 €

Aus dieser Sicht sieht das risikolose Investment besser aus als die Investition in die PV-Anlage, denn dort bekommen Sie doch nur 25.000 €. Risikolos kommen Sie auf fast 550 € mehr. Diesen Mehrwert würden Sie aus dieser Sicht auch tatsächlich erwirtschaften. Die 25.000 € Umsatz der PV-Anlage und die 25.549,71 € sind nämlich nominale Werte.

Aber die Entscheidung für das risikolose Investment mit der Begründung der Erwirtschaftung dieser nominalen Werte ist dennoch nicht korrekt. Es gibt tatsächlich noch eine dritte Variante. Sie könnten 21.000 € in die PV-Anlage investieren und die jährlich reinkommenden 5.000 € unmittelbar risikolos anlegen.
Die ersten 5.000 €, die Sie dieses Jahr bekommen, können Sie nicht mehr anlegen, da Sie diese erst am Ende des Jahres ausbezahlt bekommen. Aber im nächsten Jahr verzinsen sich diese 5.000 € mit 4 % p.a., wenn Sie diese sofort nach Erhalt anlegen. Diese 5.000 € haben dann die Möglichkeit, vier Jahre lang mit 4 % p.a. zu wachsen. Die 5.000 €, die Sie am Ende des zweiten Jahres als Ertrag der

PV-Anlage bekommen, werden ebenfalls angelegt und können drei Jahre lang mit 4 % p.a. wachsen, usw. Die letzte Einnahme erhalten Sie ja erst am Ende des fünften Jahres, weshalb sich diese nicht mehr verzinsen kann. Aufgrund der unmittelbaren risikolosen Anlage des eintreffenden Zahlungsstroms nehmen Sie so gesehen mehr als 25.000 € ein. Die Tabelle zeigt die Wertentwicklung:

Tabelle 22: Investment in die PV-Anlage und unmittelbare risikolose Anlage der jährlichen Zahlungsströme			
Ende Jahr	Einnahme	verzinst mit Faktor	Ergebnis nach 5 Jahren
1	5.000 €	$1,04^4$	5.849,29 €
2	5.000 €	$1,04^3$	5.624,32 €
3	5.000 €	$1,04^2$	5.408 €
4	5.000 €	$1,04$	5.200 €
5	5.000 €	-	5.000 €
Summe	25.000 €	-	27.081,61 €

Statt 25.000 € erhalten Sie 27.081,61 €. Würden Sie die jährlichen Einnahmen nicht gleichzeitig risikolos investieren, dann würden Ihnen mehr als 2.000 € entgehen. Für einen Einsatz von 21.000 € erhalten Sie 27.081,61 €, was einen Zugewinn von 6.081,61 € bedeutet. Insgesamt ist diese Form der Anlage, gemessen am Endergebnis, auch besser als die risikolose Anlage der 21.000 €. Die folgende Tabelle fasst die Ergebnisse der drei Investmentmöglichkeiten zusammen:

Tabelle 23: Nominale Einnahme und Gewinn nach Investition der 21.000 € in 5 Jahren		
risikolose Anlage zu 4 % p.a.	reine Anlage in die Unternehmung	Anlage in die Unternehmung und sofortige risikolose Anlage der Zahlungsströme zu 4 % p.a.
25.549,71 €	25.000 €	27.081,61 €
+4.549,71 €	+4.000 €	+6.081,61 €

Lassen Sie uns nun wieder nach einem Weg suchen, die Frage, welches Investment gewählt werden sollte, mit Hilfe von Formeln zu beantworten. Die Ergebnisse der ersten beiden Spalten sind einfach zu ermitteln. Für die dritte Spalte wurde gerechnet:

$$5.000\,€ + 5.000\,€ \cdot 1,04 + 5000\,€ \cdot 1,04^2 + 5.000\,€ \cdot 1,04^3$$
$$+ 5.000\,€ \cdot 1,04^4 \approx 27.081,61\,€$$

wobei der erste Summand die letzte Einnahme repräsentiert, die nicht mehr verzinst werden kann. Der letzte Summand ist die allererste Einnahme, die vier Jahre lang risikolos angelegt werden kann. Es wurde eine Summe gebildet, bei der die 5.000 € jeweils mit dem Faktor 1,04 *aufgezinst* wurden. D.h. unter Berücksichtigung des risikolosen Zinssatzes wurde ermittelt, wie sich der Wert der jährlichen Einnahmen entwickelt, wenn diese stückweise risikolos investiert werden. Na schau einer an - mal wieder begegnet uns eine Partialsumme einer geometrischen Reihe. Diese ist nicht einmal unbekannt. Hier wird genauso gerechnet wie bei einem Sparplan, der nachschüssig kalkuliert wird.

Damit folgt:

Zukünftiger Wert einer Unternehmung in n Jahren mit Einnahmen am Ende eines Jahres

Bei einem risikolosen Zinsfaktor q und jährlichen Einnahmen E am Ende eines jeden Jahres beträgt der Wert der Unternehmung in n Jahren:

$$E \cdot \left(q^{n} - 1\right) : (q - 1)$$

wenn jede Einnahme E unmittelbar zum risikolosen Zins angelegt wird.

Doch die drei Beträge in der letzten Tabelle beziffern einen nominalen Wert zu einem zukünftigen Zeitpunkt. Sicherlich kann man auf diese Weise verschiedene Investmentmöglichkeiten vergleichen. Aufwändigerweise müssen dazu aber mehrere Rechnungen durchgeführt werden. Vielleicht können wir uns etwas Rechenaufwand sparen, wenn wir den Blickwinkel leicht verändern.

Statt den Wert der Unternehmung bzw. des investierten Kapitals zu einem zukünftigen Zeitpunkt zu ermitteln, könnten wir doch auch fragen, welchen Wert die Unternehmung, d.h. die künftigen Einnahmen) heute hat. Denn den heutigen Wert Ihres Kapitals kennen Sie ja: 21.000 €. Praktikabel wäre eine Berechnung, die uns sagt, ob die 21.000 € als Einmalanlage zum risikolosen Zins besser oder schlechter wachsen werden, als wenn sie in die Unternehmung investiert werden.
Die Unternehmung liefert jährliche Zahlungsströme von jeweils 5.000 €. Weil diese Zahlungsströme in der Zukunft liegen, sind sie gemäß den Erkenntnissen der letzten Kapitel heute weniger wert.

Als Anleger wissen Sie zwar, dass das Erkaufen der Gesamteinnahmen von 25.000 € mit einem Kapitaleinsatz von 21.000 € an sich ein Plusgeschäft ist. Da Sie die 25.000 € aber nicht heute erhalten, sondern in Tranchen in der Zukunft, lässt sich von vornherein nicht beantworten, ob man nicht doch lieber gleich die

21.000 € zum risikolosen Zinssatz anlegen sollte. Eine konkrete Berechnung muss her.

Sie erhalten die erste 5.000 € - Rate in einem Jahr. Der Wert dieser 5.000 € ist:

$$5.000 \, € : 1,04 = 4.807,69 \, €$$

Denn genau diesen Betrag müssten Sie risikolos anlegen, um in einem Jahr ebenfalls 5.000 € zu erreichen. Der Wert der zweiten 5.000 € - Rate in zwei Jahren hat heute demzufolge einen Wert von:

$$5.000 \, € : 1,04^{2} = 4.622,78 \, €$$

Wenn wir das Konzept für alle fünf Raten durchziehen, erhalten wir den heutigen Gesamtwert aller Einnahmen. Anders formuliert: Wir errechnen den heutigen Wert der 25.000 €, die Sie gestaffelt über die nächsten fünf Jahre erhalten. Für die nächsten drei Raten gilt:

$$5.000 \, € : 1,04^{3} = 4.444,98 \, €$$

$$5.000 \, € : 1,04^{4} = 4.274,02 \, €$$

$$5.000 \, € : 1,04^{5} = 4.109,64 \, €$$

Addieren wir alle fünf Wert auf, so erhalten wir 22.259,11 €. So viel sind die gestaffelt eingenommenen 25.000 € heute wert. D.h. so viel müssten Sie, ebenfalls gestaffelt, risikolos investieren, um nach fünf Jahren auf 25.000 € zu kommen. Gestaffelt heißt, dass Ihre erste risikolos investierte Rate 4.109,64 €, die zweite 4.272,02 €, usw. betragen muss.

Sie kaufen deshalb nicht 25.000 €, sondern 22.259,11 € für einen Kapitaleinsatz von 21.000 € ein, weil die 25.000 € im Gegensatz zu den 22.259,11 € erst in der Zukunft existent sind, und nicht heute. Damit das ein gutes Geschäft ist, wird vorausgesetzt, dass Sie die zukünftigen jährlichen 5.000 € - Einnahmen jeweils möglichst unverzüglich risikolos anlegen können. Tun Sie das nicht, beträgt der zukünftige Wert ja nur 25.000 €, was ja weniger ist, als bei der Einmalanlage der 21.000 € am Ende entstehen würde. Zum besseren Verständnis werden die Zahlen alle in der folgenden Abbildung zum heutigen und zum zukünftigen Zeitpunkt strukturiert dargestellt:

Wert Ihres Geldes heute	Wert Ihres Geldes bei risikoloser Einmalanlage in der Zukunft
21.000 €	25.549,71 €

Wert der Unternehmung heute	Wert der Unternehmung in der Zukunft (mit unmittelbarer risikoloser Anlage der Einnahmen)
22.259,11 €	27.081,61 €

Preis der Unternehmung heute	Wert der Unternehmung in der Zukunft (ohne unmittelbare risikolose Anlage der Einnahmen)
21.000,00 €	25.000,00 €

Abbildung 9: Vergleich der heutigen und zukünftigen Werte verschiedener Investmentmöglichkeiten

Der Abbildung können Sie entnehmen, welchen Wert Sie bei der jeweiligen Anlagestrategie in fünf Jahren erreichen werden. Und hier wird nochmal die Wichtigkeit der Anlageentscheidung deutlich. Würden Sie sich für die Unternehmung entscheiden, und die Einnahmen nicht unmittelbar risikolos investieren, dann wären Sie mit der Einmalanlage der 21.000 € am Ende besser gefahren. Nur bei

Investition der Einnahmen ist der Unternehmenswert höher als bei der Einmalanlage.

Lange Rede, kurzer Sinn: Sie ermitteln zuerst den heutigen Wert der Unternehmung. Liegt dieser Wert über dem Preis der Unternehmung, dann lohnt sich das Investment, wenn die Einnahmen der Unternehmung unmittelbar risikolos angelegt werden.
Für den heutigen Unternehmenswert unter dieser Bedingung muss nun eine Formel her. Insgesamt haben wir doch eigentlich wegen des Abszinsens und anschließendem Aufsummieren der Einnahmen gerechnet:

$$\frac{5.000\,€}{1,04} + \frac{5.000\,€}{1,04^2} + \frac{5.000\,€}{1,04^3} + \frac{5.000\,€}{1,04^4} + \frac{5.000\,€}{1,04^5} = 22.259,11\,€$$

Irgendwie sieht das doch wie die Partialsumme einer geometrischen Reihe aus, finden Sie nicht? Aber irgendwie stört es, dass die 1,04 jeweils unterm Bruchstrich steht. Machen wir uns nix draus, und klammern zuerst einmal die 5.000 € aus, die in jedem Summanden enthalten ist:

$$5.000\,€ \cdot \left(\frac{1}{1,04} + \frac{1}{1,04^2} + \frac{1}{1,04^3} + \frac{1}{1,04^4} + \frac{1}{1,04^5} \right)$$

Hier kommt wieder ein mathematischer Trick ins Spiel. Dieser soll die uns bekannte Partialsumme einer geometrischen Reihe zu erzeugen, weil sich diese in eine Formel umschreiben lässt. Wir klammern die höchste Potenz aus - diesmal aber unterm Bruchstrich:

$$5.000\,€ \cdot \frac{1}{1,04^5} \cdot \left(1,04^4 + 1,04^3 + 1,04^2 + 1,04 + 1 \right)$$

Das muss man kurz wirken lassen, bevor man es versteht. Denken Sie einfach rückwärts, als ob Sie die Klammer lösen wollen würden. Dann sehen Sie, dass der Schritt korrekt war. Das kann gemäß der Regeln der Bruchrechnung auch einfacher geschrieben werden:

$$\frac{5.000 \, \text{€}}{1{,}04^5} \cdot \left(1{,}04^4 + 1{,}04^3 + 1{,}04^2 + 1{,}04 + 1\right)$$

Und weil da in der Klammer fünf Summanden einer geometrischen Reihe stehen, können wir den Ausdruck bekanntermaßen mit Hilfe der Partialsummenformel der geometrischen Reihe umschreiben zu:

$$\frac{5.000 \, \text{€}}{1{,}04^5} \cdot \frac{1{,}04^5 - 1}{1{,}04 - 1}$$

Der Term lässt sich auch anders schreiben - alles eine Frage der mathematischen Kosmetik, die an dieser Stelle nicht weiter erläutert werden soll. Nutzen Sie einfach, was Ihnen besser gefällt. Weitere Varianten sind:

$$5.000 \, \text{€} \cdot \frac{1{,}04^5 - 1}{1{,}04^5 \cdot (1{,}04 - 1)} \qquad \text{oder} \qquad 5.000 \, \text{€} \cdot \frac{1 - \frac{1}{1{,}04^5}}{1{,}04 - 1}$$

Es folgt:

Heutiger Wert einer Unternehmung mit Einnahmen am Ende eines Jahres

Erzeugt eine Unternehmung n Jahre lang am Ende eines jeden Jahres eine Einnahme E, und ist q der risikolose Zinsfaktor, dann ist der heutige Wert der Unternehmung:

$$E \cdot \frac{q^n - 1}{q^n \cdot (q - 1)} \qquad \text{oder} \qquad E \cdot \frac{1 - \frac{1}{q^n}}{q - 1}$$

$$\text{oder} \quad E \cdot \left(q^n - 1\right) : q^n : (q - 1)$$

wenn jede Einnahme E unmittelbar zum risikolosen Zins angelegt wird.

Während wir uns mit diesem Beispiel beschäftigt haben, habe ich Ihnen einfach mal untergejubelt, dass die Einnahmen jeweils am Ende eines Jahres in Ihre Tasche fließen würden. Wie sieht es dann aus, wenn die Einnahmen am Anfang des Jahres zu Ihnen als Anleger fließen?

Hierbei würde die erste Einnahme quasi sofort eintreffen, nachdem Sie in die Unternehmung investiert haben. In diesem Fall könnte die erste Einnahme direkt risikolos angelegt und fünf Jahre lang verzinst werden. Die letzte Einnahme kann dann noch ein Jahr lang verzinst werden. Der Wert der Unternehmung in n Jahren kann demzufolge mit der bekannten vorschüssigen Sparplanformel ermittelt werden. Es gilt:

Zukünftiger Wert einer Unternehmung in n Jahren bei Einnahmen am Anfang eines Jahres

Bei einem risikolosen Zinsfaktor q und jährlichen Einnahmen E am Anfang eines jeden Jahres beträgt der Wert der Unternehmung in n Jahren:

$$E \cdot q \cdot \left(q^n - 1\right) : (q - 1)$$

wenn jede Einnahme E unmittelbar zum risikolosen Zins angelegt wird.

Damit beträgt der (zukünftige) Unternehmenswert in 5 Jahren bei jährlichen Einnahmen von 5.000 € am Anfang eines Jahres und bei einem risikolosen Zins von 4 % p.a.:

$$5.000 \, € \cdot 1,04 \cdot \left(1,04^5 - 1\right) : (1,04 - 1) = 28.164,87 \, €$$

Wie viel ist das Unternehmen dann heute wert? Nun, da die erste Einnahme quasi direkt nach Investition in das Unternehmen zu Ihnen fließt, beträgt der Wert dieser Einnahme auch 5.000 €. Sie liegt nämlich nicht wirklich in der Zukunft. Die anderen vier Einnahmen liegen in der Zukunft, wobei die letzte Einnahme am Anfang des fünften Jahres reinkommt. Wenn heute der Anfang des ersten Jahres ist, dann befindet sich der Zeitpunkt der fünften Einnahme vier Jahre in der Zukunft. Die Berechnung zur Bewertung der Unternehmung verändert sich damit wie folgt:

$$5.000\text{ €} + \frac{5.000\text{ €}}{1{,}04} + \frac{5.000\text{ €}}{1{,}04^2} + \frac{5.000\text{ €}}{1{,}04^3} + \frac{5.000\text{ €}}{1{,}04^4} \approx 23.149{,}48\text{ €}$$

Im Vergleich zu der Berechnung mit Einnahmen am Ende eines Jahres wird jede Rate einmal weniger durch 1,04 dividiert, weil alle Einnahmen ein Jahr weniger weit in der Zukunft liegen. Klammert man die 5.000 € sowie die höchste Potenz der 1,04 unter dem Bruchstrich aus, so folgt:

$$\frac{5.000\text{ €}}{1{,}04^4} \cdot \left(1{,}04^4 + 1{,}04^3 + 1{,}04^2 + 1{,}04 + 1\right)$$

was nach gleicher Argumentation wie bei der Wertermittlung mit Einnahmen am Ende vereinfacht werden kann zu:

$$5.000\text{ €} \cdot \frac{1{,}04^5 - 1}{1{,}04^4 \cdot (1{,}04 - 1)}$$

Damit folgt:

Heutiger Wert einer Unternehmung mit Einnahmen am Anfang eines Jahres

Erzeugt eine Unternehmung n Jahre lang am Anfang eines jeden Jahres eine Einnahme E, und ist q der risikolose Zinsfaktor, dann ist der heutige Wert der Unternehmung:

$$E \cdot \frac{q^n - 1}{q^{n-1} \cdot (q-1)} \quad \text{oder} \quad E \cdot \frac{q - \frac{1}{q^{n-1}}}{q-1}$$

$$\text{oder} \quad E \cdot \left(q^n - 1\right) : q^{n-1} : (q - 1)$$

Verändert sich durch den veränderten Zeitpunkt der Einnahme eigentlich die Entscheidung, in die Unternehmung zu investieren, oder sollte man in diesem Fall lieber auf die Einmalanlage umschwenken? Die Frage kann man sich prinzipiell auch ohne Berechnung beantworten. Wenn alle Einnahmen zeitlich eher reinkommen, können Sie länger risikolos investiert werden. Daher spricht noch mehr für die Investition in die Unternehmung.

Die folgende Abbildung zieht abschließend die Vergleiche. Hier sehen Sie noch einmal, dass die Unternehmenswerte heute und in fünf Jahren jeweils nur um den Faktor 1,04 verschieden sind. Unterm Strich handelt es sich um mehr als 1.000 € Unterschied.

Wert Ihres Geldes heute

Wert Ihres Geldes bei risikoloser Einmalanlage in der Zukunft

21.000 €

25.549,71 €

Wert der Unternehmung heute

Wert der Unternehmung in der Zukunft
(Einnahmen am Ende jedes Jahres)

22.259,11 €

27.081,61 €

Wert der Unternehmung heute

Wert der Unternehmung in der Zukunft
(Einnahmen am Anfang jedes Jahres)

23.149,47 €

28.164,87 €

Abbildung 10: Vergleich zukünftiger Unternehmenswerte

Es folgen zwei einfache fiktive Beispiele, um die Rechenschritte nochmals deutlich zu machen.

Beispiel 1: Ein guter Freund möchte Ihnen seine kleine Ölbohranlage verkaufen. Er sagt, dass die Geschäfte mit den Kunden bereits abgemacht sind. Die Prognose sagt, dass die Ölquelle bald versiegen wird und dieses sowie noch 4 weitere Jahre mit konstanten Erträgen laufen wird. *Am Ende jedes Jahres* erhalten Sie 3.000 €, bis die Ölquelle leer ist. Insgesamt erhalten Sie also 15.000 €. Der risikolose Zins liegt in den nächsten Jahren bei 3 % p.a. Er verlangt von Ihnen 12.000 €. Ist das ein gutes Geschäft?

Auf den ersten Blick sind 12.000 € gut, weil ja insgesamt 15.000 € Einnahmen kommen, so dass 3.000 € Gewinn gemacht werden. Die 15.000 € wandern aber nicht heute, sondern jährlich versetzt in Ihre Tasche. Die 12.000 € könnten Sie dann evtl. gewinnbringender anlegen. Der heutige Wert der Unternehmung ist:

$$3.000\,€ \cdot \left(1,03^5 - 1\right) : 1,03^5 : (1,03 - 1) = 13.739,12\,€$$

Da dieser Wert höher ist als die 12.000 €, die Sie zahlen müssten, machen Sie ein gutes Geschäft - allerdings nur dann, wenn Sie die jährlichen Einnahmen unmittelbar risikolos für sich arbeiten lassen. Die Kalkulation wäre an dieser Stelle zu Ende.
Wir vergleichen aber zu Übungs- und Verständniszwecken noch den zukünftigen Wert der Unternehmung mit dem zukünftigen Wert der Einmalanlage von 12.000 €. Die Unternehmung ist in 5 Jahren:

$$3.000\,€ \cdot \left(1,03^5 - 1\right) : (1,03 - 1) = 15.927,41\,€$$

wert. Die Einmalanlage führt Sie auf:

$$12.000\,€ \cdot 1,03^5 = 13.911,29\,€$$

Diese beiden Ergebnisse bestätigen die zuvor bereits erhaltene Erkenntnis, dass die Investition in die Unternehmung unter den gegebenen Bedingungen die gewinnbringendere Entscheidung wäre.

Beispiel 2: Wir greifen die Situation aus Beispiel 1 noch einmal auf. Da der heutige Wert der Unternehmung vom risikolosen Zins abhängig ist, kann es je nach Zinsniveau sein, dass Sie sich doch gegen die Investition in die Unternehmung entscheiden sollten. Wie verändert sich der heutige Wert der Unternehmung bei sonst gleichen Bedingungen, wenn der risikolose Zins für die nächsten Jahre 10 % beträgt?

$$3.000 \, € \cdot \left(1,10^5 - 1\right) : 1,10^5 : (1,10 - 1) = 11.372,36 \, €$$

Einen heutigen Preis von 12.000 € zu zahlen, wäre damit kein gutes Geschäft. Zu Vergleichszwecken folgen noch die zukünftigen Werte der Einmalanlage und der Unternehmung. Die Unternehmung ist in fünf Jahren:

$$3.000 \, € \cdot \left(1,10^5 - 1\right) : (1,10 - 1) = 18.315,30 \, €$$

wert. Bei der Einmalanlage landen Sie bei einem nominalen Vermögen von:

$$12.000 \, € \cdot 1,10^5 = 19.326,12 \, €$$

4.10 Zinsfreie Zeiten

Fragen Sie sich, was passiert, wenn der risikolose Zinsfaktor $q = 1$ ist? Das wäre der Fall, wenn der risikolose Zinssatz 0 % p.a. betragen würde. Die bekannten Formeln aus dem letzten Kapitel sind dann nicht anwendbar. Bei Einnahmen von 1.000 € am Ende eines Jahres würde man den heutigen Unternehmenswert bei einem risikolosen Zinsfaktor von 1 mit der Formel wie folgt bestimmen:

$$1.000 \text{ €} \cdot \left(1^n - 1\right) : 1^n : (1 - 1) \quad \text{oder} \quad 1.000 \text{ €} \cdot \frac{1^n - 1}{1^n \cdot (1-1)}$$

Im Nenner des Bruches würde 1 minus 1 gerechnet werden, was ja Null ergibt. Und wenn im Nenner eines Bruches Null steht, bedeutet das, dass durch Null geteilt wird. Das dürfen wir aber nicht, weil sonst die Welt untergeht. Ihr Taschenrechner würde kein Ergebnis liefern.

Doch das bedeutet nicht, dass es keinen Unternehmenswert gibt. Diese mathematische Besonderheit hat ihren Ursprung in der Herleitung der Gleichung, worauf an dieser Stelle nicht weiter eingegangen werden soll. Wie kann man den Wert der Unternehmung trotz dieser Tatsache berechnen?

Dazu drehen wir das Rad der Zeit so weit zurück, als hätten wir die Formeln für den heutigen Unternehmenswert noch nicht hergeleitet. Angenommen, eine Unternehmung generiert zehn Jahre lang am Ende eines jeden Jahres 1.000 € an Einnahmen, und der risikolose Zins liegt bei 4 % p.a. Dann würden Sie ohne Formel rechnen:

$$\frac{1.000 \text{ €}}{1,04} + \frac{1.000 \text{ €}}{1,04^2} + \frac{1.000 \text{ €}}{1,04^3} + \ldots + \frac{1.000 \text{ €}}{1,04^{10}}$$

um den heutigen Unternehmenswert zu bestimmen. Wenn der risikolose Zins aber 0 % beträgt, und q damit den Wert 1 hat, rechnen Sie:

$$\frac{1.000\ \text{€}}{1} + \frac{1.000\ \text{€}}{1^2} + \frac{1.000\ \text{€}}{1^3} + ... + \frac{1.000\ \text{€}}{1^{10}}$$

Egal, welcher Exponent an einer 1 hängt, da kommt immer 1 raus. Und 1.000 € geteilt durch 1 ergibt 1.000 €. Von der Sache her addieren Sie zehn mal 1.000 €. Da könnten Sie auch rechnen:

$$1.000\ \text{€} \cdot 10 = 10.000\ \text{€}$$

Der heutige Wert der Unternehmung beträgt folglich 10.000 €, falls der risikolose Zins bei 0 % p.a. liegt. Das ergibt nicht nur mathematisch, sondern auch praktisch Sinn. Wenn es keine risikolosen Zinsen gibt, dann haben Sie auch nicht die alternative Anlagemöglichkeit der risikolosen Investition Ihres Geldes. Folglich ist jede Investition eine Geldanlage mit Risiko. Das Abzinsen mit dem risikolosen Zinsfaktor ergibt ja nur deshalb Sinn, weil eine risikolose Einmalanlage mit der Investition in eine Unternehmung verglichen wird, bei der die jährlichen Einnahmen wiederum risikolos angelegt werden. Beträgt der Zinssatz 0 %, dann ergibt der Vergleich ja gar keinen Sinn mehr, weil Ihr Geld bei risikoloser Anlage gar nicht mehr wächst (oder schrumpft). By the way - Sie erhalten das gleiche Ergebnis, wenn Sie zehn Einnahmen *am Anfang des Jahres* kalkulieren. Daher folgt insgesamt:

Heutiger Wert einer Unternehmung bei einem risikolosen Zinsfaktor von 1

Liegt der risikolose Zinssatz bei 0 % p.a., wodurch der risikolose Zinsfaktor den Wert 1 besitzt, so lautet beträgt der heutige Wert einer Unternehmung, die n Jahre lang jährlich Einnahmen E generiert:

$$E \cdot n$$

4.11 Wert einer Unternehmung mit steigenden Einnahmen

Stets Einnahmen konstanter Größe zu kalkulieren, ist oftmals an der Realität vorbei gedacht. Vielleicht wächst Ihre Unternehmung aufgrund steigender Verkäufe. Möglicherweise sind Sie aber auch in der Lage, Preise zu erhöhen. In diesem Kapitel überlegen wir, wie die Erhöhungen der Einnahmen in die bestehenden Formeln einkalkuliert werden können.

Eine Unternehmung liefert am Ende dieses Jahres eine Einnahme von 2.000 €. Die Einnahmen steigen jährlich um 5 %. Nach zehn Jahren ist die Unternehmung beendet, sodass keine Einnahmen mehr generiert werden. Wie hoch ist der heutige Wert dieser Unternehmung, wenn der risikolose Zins über die nächsten zehn Jahre 3 % p.a. beträgt?

Ohne Formel würden wir rechnen:

$$\frac{2.000\text{ €}}{1{,}03} + \frac{2.000\text{ €}\cdot 1{,}05}{1{,}03^2} + \frac{2.000\text{ €}\cdot 1{,}05^2}{1{,}03^3} + ... + \frac{2.000\text{ €}\cdot 1{,}05^9}{1{,}03^{10}}$$

wobei ganz links die Einnahme am Ende dieses Jahres steht. Danach folgt die Rate am Ende des nächsten Jahres. Diese liegt nicht nur (von heute an gesehen) zwei Jahre in der Zukunft, weshalb sie durch $1{,}03^2$ geteilt wird, sondern ist auch um 5 % höher als die Einnahme vom Ende des ersten Jahres. Die allerletzte Einnahme liegt zehn Jahre in der Zukunft und wurde neunmal um 5 % erhöht. Was in jedem Summanden steckt, ist der Quotient aus den 2.000 € und 1,03 - das kann wie üblich ausgeklammert werden, wodurch die Brüche in der Klammer in Zähler und Nenner den gleichen Exponenten erhalten:

$$\frac{2.000\text{ €}}{1{,}03} \cdot \left(1 + \frac{1{,}05}{1{,}03} + \frac{1{,}05^2}{1{,}03^2} + ... + \frac{1{,}05^9}{1{,}03^9}\right)$$

Der Ausdruck lässt sich mit einem Potenzgesetz vereinfachen zu:

$$\frac{2.000\ \text{€}}{1,03} \cdot \left(1 + \frac{1,05}{1,03} + \left(\frac{1,05}{1,03}\right)^2 + ... + \left(\frac{1,05}{1,03}\right)^9\right)$$

Wenn man den Quotienten aus Einnahmenwachstumsfaktor (hier 1,05) und dem Faktor des risikolosen Zinses bildet, so erhält man rund 1,0194 und kann den Ausdruck vereinfacht schreiben als:

$$\frac{2.000\ \text{€}}{1,03} \cdot \left(1 + 1,0194 + 1,0194^2 + ... + 1,0194^9\right)$$

was sich unter Verwendung der Partialsummenformel einer geometrischen Reihe umschreiben lässt zu:

$$\frac{2.000\ \text{€}}{1,03} \cdot \frac{1,0194^{10}-1}{1,0194-1} \approx 21.203,36\ \text{€}$$

Die Einnahmenerhöhung wurde damit nicht wirklich in die Formel eingearbeitet. Denn dazu hätten wir wie auch im letzten Kapitel unter dem Bruchstrich die höchste Potenz von 1,03 ausklammern müssen. Das hätte dann das Problem gegenläufiger Potenzen in Zähler und Nenner ergeben. Welch Glück - wir konnten dieses Problem umgehen, weshalb sich eine neue Formel ergibt:

Heutiger Wert einer Unternehmung mit steigenden Einnahmen am Ende eines Jahres

Generiert eine Unternehmung n Jahre lang am Ende eines jeden Jahres Einnahmen und ist die Einnahme des ersten Jahres E, die jährlich um den (Einnahmen-) Wachstumsfaktor q_e wächst, dann beträgt der heutige Wert der Unternehmung:

$$E \cdot \frac{w^n - 1}{q \cdot (w-1)} \quad \text{oder} \quad E \cdot \left(w^n - 1\right) : q : (w - 1)$$

wenn über die nächsten n Jahre ein risikoloser Zinsfaktor von q angenommen werden kann, wobei w ein Korrekturfaktor ist, der sich aus dem Einnahmenwachstumsfaktor und dem risikolosen Zinsfaktor ergibt:

$$w = \frac{q_e}{q} \quad \text{oder} \quad w = q_e : q$$

Beispiel 1: Eine Unternehmung generiert acht Jahre lang am Ende eines jeden Jahres Einnahmen. Die erste Einnahme beträgt 500 €. Die Einnahmen können jedes Jahr um 10 % gesteigert werden. Wie groß ist der heutige Wert der Unternehmung, wenn der risikolose Zins die nächsten acht Jahre 4 % beträgt?

Dann ist:

$$w = 1,10 : 1,04 \approx 1,0577$$

woraus folgt:

$$500\,€ \cdot \left(1,0577^8 - 1\right) : 1,04 : (1,0577 - 1) \approx 4.719,29\,€$$

Beispiel 2: Die Formel funktioniert natürlich auch für sinkende Einnahmen. In diesem Fall verwendet man einen Abnahmefaktor. Eine Unternehmung generiert zehn Jahre lang am Ende eines jeden Jahres Einnahmen. Die erste Einnahme beträgt 1.000 €. Die Einnahmen sinken pro Jahr um 3 %. Wie groß ist der heutige Wert der Unternehmung, wenn der risikolose Zins die nächsten zehn Jahre 2 % beträgt?.

Es ist:

$$w = 0,97 : 1,02 \approx 0,9510$$

und:

$$1.000 \ \text{€} \cdot \left(0,9510^{10} - 1\right) : 1,02 : (0,9510 - 1) \approx 7.901,77 \ \text{€}$$

Der Vollständigkeit halber gibt's noch die Formel für die Einnahmen am Anfang eines Jahres. Wie in vergangenen Kapiteln beschrieben, ändert sich die Situation nur derart, dass die Einnahmen einmal weniger abgezinst werden. Es wird sozusagen einmal weniger durch den risikolosen Zinsfaktor dividiert. Die gesuchte Formel ergibt sich dann aus der soeben hergeleiteten, indem mit dem risikolosen Zinsfaktor multipliziert wird. Es folgt:

Heutiger Wert einer Unternehmung mit steigenden Einnahmen am Anfang eines Jahres

Generiert eine Unternehmung n Jahre lang am Anfang eines jeden Jahres Einnahmen und ist die Einnahme des ersten Jahres E, die jährlich um den Wachstumsfaktor q_e wächst, dann beträgt der heutige Wert der Unternehmung:

$$E \cdot \frac{w^n - 1}{(w-1)} \quad \text{oder} \quad E \cdot \left(w^n - 1\right) : (w - 1)$$

wenn über die nächsten n Jahre ein risikoloser Zinsfaktor von q angenommen werden kann, wobei:

$$w = \frac{q_e}{q} \quad \text{oder} \quad w = q_e : q$$

Auf ein Beispiel wird an dieser Stelle verzichtet. Vor Abschluss dieses Kapitels ist allerdings noch zu klären, wie bei einem risikolosen Zinssatz von 0 % p.a. bzw. einem risikolosen Zinsfaktor von 1 gerechnet werden muss. Nun, in allen Berechnungen würde, wie im letzten Kapitel gezeigt, der Nenner der Brüche in der Summe den Wert 1 haben, weil die Einnahmen nicht abgezinst werden. Die Berechnung würde bei den hier demonstrieren Varianten auf eine Summe der Form:

$$E + E \cdot q_e + E \cdot q_e^2 + \dots + E \cdot q_e^{n-1}$$

hinauslaufen. Diese Form haben wir schon im Sparplankapitel gehabt. Daraus folgt:

Heutiger Wert einer Unternehmung mit steigenden Einnahmen bei einem risikolosen Zinssatz von 0 % p.a.

Beträgt der risikolose Zinssatz 0 % p.a., was einem risikolosen Zinsfaktor von 1 entspricht, dann beträgt der heutige Wert einer Unternehmung, deren Einnahmen jährlich um den Faktor q_e wachsen:

$$E \cdot \left(q_e^n - 1\right) : \left(q_e - 1\right) \quad \text{odder} \quad E \cdot \frac{q_e^n - 1}{q_e - 1}$$

wobei die erste Einnahme E ist.

Weil es sich um nichts anderes als die bekannte Sparplanformel handelt, belassen wir es dabei. Ein Beispiel ist auch hier nicht erforderlich.

4.12 Wert einer Unternehmung mit unterjährigen Einnahmen

Je nach Unternehmung kommen nicht nur am Anfang oder Ende eines Jahres Einnahmen in die Kasse, sondern auch unterjährig. Dass es mathematisch etwas aufwändiger ist, das zu betrachten, sollte auf der Hand liegen. Lohnt sich der Mehraufwand?

Eine Unternehmung generiert fünf Jahre lang monatliche Einnahmen in Höhe von 200 €, jeweils am Ende des Monats. Wie groß ist der heutige Wert der Unternehmung, wenn der risikolose Zins 3 % p.a. beträgt?

Würden wir jährlich rechnen, so erhielte man einen heutigen Unternehmenswert von:

$$2.400 \, € \cdot \left(1,03^5 - 1\right) : 1,03^5 : (1,03 - 1) = 10.991,30 \, €$$

Bei monatlicher Betrachtung sind es nicht fünf, sondern 60 Raten, die eingenommen werden. Da für einen korrekten Vergleich eine monatliche Verzinsung in risikoloser Anlage herangezogen werden muss, wird zuvor noch der unterjährige risikolose Zins als zwölfte Wurzel bestimmt:

$$\sqrt[12]{1,03} \approx 1,00247$$

Rein an der bereits bekannten Formel ändert sich mathematisch nichts. Die Jahreseinnahme von 2.400 € wird durch die Monatseinnahme von 200 € ersetzt. Und stat fünf Jahren setzen wir 60 Monate für n ein. Man kann folglich rechnen:

$$200 \, € \cdot \left(1,00247^{60} - 1\right) : 1,00247^{60} : (1,00247 - 1)$$

$$\approx 11.140,39 \, €$$

Dieser Wert basiert zwar auf einem gerundeten unterjährigen Zinsfaktor, weil aber monatlich gerechnet wurde, ist er exakter als der, den wir oben ermittelt haben (hätten wir den unterjährigen risikolosen Zins nicht gerundet, dann wären wir bei 11.141,62 € als heutigen Wert der Unternehmung gelandet).

Ob Sie sich die Arbeit machen und monatlich rechnen, hängt davon ab, wie genau Sie tatsächlich die Einnahmen prognostizieren können. Eine Abschätzung mit jährlichen Einnahmen tut es vermutlich auch. Ebenso wenig können Sie den risikolosen Zins genau prognostizieren.

Analog gehen Sie vor, wenn die Einnahmezeitpunkte jeweils am Anfang des Monats liegen. Die bekannten Formeln, auch die bei steigenden bzw. fallenden Einnahmen, bleiben ebenso erhalten. Sie müssen lediglich die Höhe der Einnahmen auf die Monatseinnahme abändern, den unterjährigen risikolosen Zins als zwölfte Wurzel des risikolosen Zinses berechnen, und bei steigenden Einnahmen den Wachstumsfaktor von Monat zu Monat verwenden.

Wachsen die Einnahmen allerdings nicht monatlich, sondern jährlich, obwohl sie monatlich rechnen wollen, dann lässt sich das Konzept so nicht anwenden.

4.13 Zins- und Einnahmenänderung

Natürlich sind die Annahmen eines konstanten risikolosen Zinses und konstanter Einnahmen wenig realitätsentsprechend. Wer sich nicht mit den bisher bekannten Formeln und damit mit einer groben Schätzung zufrieden gibt, hat etwas Arbeit vor sich. Sicherlich lassen sich die folgenden Berechnungen per Hand durchführen. Wenn's zu aufwändig wird, gibt's aber immer noch Tabellenkalkulation.

Eine Unternehmung steht für 50.000 € zum Verkauf. Die jährlichen Einnahmen betragen für die nächsten zehn Jahre 6.000 € am Ende eines Jahres und der risikolose Zins 2 % p.a. Danach gibt es keine Einnahmen mehr.

Die 50.000 € hätten Sie in rund 8,3 Jahren wieder rein. In 10 Jahren hätten Sie 60.000 € eingenommen, macht also 10.000 € Gewinn. Dass es sich, verglichen mit einer risikolosen Einmalanlage, um eine gute Investition handelt, zeigt die Berechnung des heutigen Wertes der Unternehmung:

$$6.000 \, € \cdot \left(1,02^{10} - 1\right) : 1,02^{10} : (1,02 - 1) = 53.895,51 \, €$$

Sie würden die Unternehmung mit 50.000 € unter ihrem heutigen Wert von 53.895,51 € kaufen.

Was aber, wenn sich nach 5 Jahren eine Erhöhung des risikolosen Zinses um 50 Basispunkte ergibt? In diesem Fall müssen die ersten fünf Einnahmen mit dem Zinsfaktor 1,02 abgezinst werden:

$$\frac{6.000 \, €}{1,02} + \frac{6.000 \, €}{1,02^2} + \frac{6.000 \, €}{1,02^3} + \frac{6.000 \, €}{1,02^4} + \frac{6.000 \, €}{1,02^5}$$

Für die Einnahme am Ende des sechsten Jahres muss die Zinserhöhung einberechnet werden. Dazu überlegen wir zuerst, wie viel Geld risikolos angelegt werden müsste, damit nach sechs Jahren ein Anlagebetrag von 6.000 € entsteht, wenn fünf Jahre lang ein risikoloser Zins von 2 % und ein Jahr lang ein risikoloser Zins von 2,5 % herrscht. Die gesuchte Anlagebetrag würde fünf Jahre lang mit dem Faktor 1,02 und ein Jahr lang mit dem Faktor 1,025 erhöht werden:

$$G \cdot 1,02^5 \cdot 1,025 = 6.000 \ \text{€}$$

so dass der heutige Wert der in sechs Jahren eintreffenden 6.000 € wie folgt ermittelt wird:

$$\frac{6.000 \ \text{€}}{1,02^5 \cdot 1,025}$$

Ein in sieben Jahren eintreffender Zahlungsstrom von 6.000 € wird nach gleicher Logik fünfmal mit 1,02 und zweimal mit 1,025 abgezinst, so dass sich der heutige Wert des in sieben Jahren eintreffenden Zahlungsstroms ergibt mit:

$$\frac{6.000 \ \text{€}}{1,02^5 \cdot 1,025^2}$$

Der Unternehmenswert kann demnach mit folgender Berechnung ermittelt werden:

$$\frac{6.000 \ \text{€}}{1,02} + \frac{6.000 \ \text{€}}{1,02^2} + \frac{6.000 \ \text{€}}{1,02^3} + \frac{6.000 \ \text{€}}{1,02^4} + \frac{6.000 \ \text{€}}{1,02^5} +$$

$$\frac{6.000 \ \text{€}}{1,02^5 \cdot 1,025} + \frac{6.000 \ \text{€}}{1,02^5 \cdot 1,025^2} + \frac{6.000 \ \text{€}}{1,02^5 \cdot 1,025^3} + \frac{6.000 \ \text{€}}{1,02^5 \cdot 1,025^4} + \frac{6.000 \ \text{€}}{1,02^5 \cdot 1,025^5}$$

$$= 53.527,98 \ \text{€}$$

Diese Zeilen per Hand durchzurechnen, ist fehleranfällig. Eine Formel wäre schön. Aber eine Formel mit beliebig vielen Zinserhöhungen nimmt ziemliche Komplexitätsausmaße an. Für eine Zinserhöhung lässt sich da was machen.

Dazu klammern wir den Quotienten aus 6.000 € und $1,02^5$ aus der gesamten Summe aus. Damit ergibt sich:

$$\frac{6.000\,\text{€}}{1{,}02^5} \cdot \left(1{,}02^4 + \ldots + 1{,}02 + 1 + \frac{1}{1{,}025} + \ldots + \frac{1}{1{,}025^5}\right)$$

Der erste Teil der Summe in der Klammer ist eine Partialsumme einer geometrischen Reihe. Diese lässt sich wie üblich vereinfachen. Aus dem zweiten Teil der Summe, in dem jeweils der neue Zinsfaktor enthalten ist, kann man $\frac{1}{1{,}025^5}$ ausklammern. Es folgt:

$$\frac{6.000\,\text{€}}{1{,}02^5} \cdot \left(\frac{1{,}02^5 - 1}{1{,}02 - 1} + \frac{1}{1{,}025^5} \cdot \left(1{,}025^4 + \ldots + 1{,}025 + 1\right)\right)$$

Dabei entsteht eine weitere Partialsumme einer geometrischen Reihe, die sich ebenfalls zusammenfassen lässt:

$$\frac{6.000\,\text{€}}{1{,}02^5} \cdot \left(\frac{1{,}02^5 - 1}{1{,}02 - 1} + \frac{1}{1{,}025^5} \cdot \frac{1{,}025^5 - 1}{1{,}025 - 1}\right)$$

Schnappen Sie sich gern Ihren Taschenrechner und bestätigen Sie das Ergebnis, das wir oben bereits erhalten haben. Würden wir eine weitere Zinserhöhung einberechnen, so würde sich die Formel mit zusätzlichen Klammern und Partialsummenformeln geometrischer Reihen ineinander verschachteln. Darauf wird hier verzichtet. Stattdessen fassen wir die Erkenntnisse zusammen:

Wert einer Unternehmung mit Einnahmen am Ende eines Jahres bei einmaliger Veränderung des risikolosen Zinses

Generiert eine Unternehmung am Ende eines jeden Jahres die Einnahme E, hat der risikolose Zinsfaktor für die nächsten n Jahre den Wert q_1, und ist der risikolose Zinsfaktor für die darauffolgenden m Jahre q_2. Dann beträgt der Wert der Unternehmung in $n + m$ Jahren:

$$\frac{E}{q_1^n} \cdot \left(\frac{q_1^n - 1}{q_1 - 1} + \frac{1}{q_2^m} \cdot \frac{q_2^m - 1}{q_2 - 1} \right)$$

Beispiel: Eine Unternehmung generiert am Ende eines jeden Jahres Einnahmen von 10.000 €. Der risikolose Zins beträgt 4 Jahre lang 3 % p.a. Für die darauffolgenden sechs Jahre ist der risikolose Zins um 75 Basispunkte höher. Wie groß ist dann der heutige Wert dieser Unternehmung?

$$\frac{10.000\,\text{€}}{1{,}03^4} \cdot \left(\frac{1{,}03^4 - 1}{1{,}03 - 1} + \frac{1}{1{,}0375^6} \cdot \frac{1{,}0375^6 - 1}{1{,}0375 - 1} \right) = 84.128.16\ \text{€}$$

Will man steigende Einnahmen und einen steigenden risikolosen Zins einberechnen[37], so ist das Aufstellen einer Formel nicht mehr handhabbar. Es sei denn, sie gehen davon aus, dass Zins und Einnahme gleichartig steigen. Weil das ein spezieller Sonderfall ist, verzichten wir auf diese Formel. Ein Beispiel soll zeigen, wie per Hand vorgegangen werden kann, um sich ändernde Einnahmen und Zinsen einzuarbeiten.

---

[37] Die Betrachtungen klappen natürlich auch für fallende Einnahmen und fallende Zinsen.

Eine Unternehmung generiert am Ende dieses Jahres eine Einnahme von 4.000 €. Die Einnahme steigt jedes Jahr um 200 €[38]. Nach fünf Jahren ist die Unternehmung beendet und generiert keine Einnahmen mehr. Der risikolose Zins liegt in diesem Jahr bei 2 % p.a. Er steigt nach zwei Jahren um 100 Basispunkte an. Wie groß ist der Wert der Unternehmung heute?

Zu Fuß rechnen wir:

$$\frac{4.000\ €}{1{,}02} + \frac{4.200\ €}{1{,}02^2} + \frac{4.400\ €}{1{,}02^2 \cdot 1{,}03} + \frac{4.600\ €}{1{,}02^2 \cdot 1{,}03^2} + \frac{4.800\ €}{1{,}02^2 \cdot 1{,}03^3}$$

$$= 20.454{,}12\ €$$

Derartige Berechnungen sind etwas mühsam. Jede Einnahme ist anders und muss unterschiedlich abgezinst werden. Eine Tabellenkalkulation zur Hand zu nehmen, wird die meisten Fehler vermeiden.

---

[38] Wir könnten auch eine prozentuale Erhöhung der Einnahmen annehmen. Warum aber nicht auch einmal eine Berechnung an einer linearen Erhöhung der Einnahme vornehmen?

4.14 Zwei Werte für eine Unternehmung

Den risikolosen Zins bekommt man irgendwie ganz gut abgeschätzt, wenn man den heutigen Wert einer Unternehmung bestimmen möchte. Die Höhe der Einnahmen und deren eventuelles Wachstum oder deren künftige Abnahme kann man vielleicht auch noch halbwegs gut voraussagen, wobei man gut beraten ist, immer etwas skeptischer zu rechnen. Wie steht's aber um die Dauer der Einnahmen n? In den bisherigen Beispielen dieses Buches wurde angenommen, dass die Einnahmen irgendwann stoppen. Doch diese Beispiele dienten ausschließlich dem Verständnis der Mathematik. Es ist eher unrealistisch, dass die Unternehmenseinnahmen irgendwann plötzlich versiegen. Wir schauen uns zu diesem Zweck ein weiteres fiktives Beispiel an, welches das Verständnis, auf welche Weise nun gedacht werden sollte, stützen soll.

Angenommen, eine Unternehmung generiert am Ende eines jeden Jahres Einnahmen in Höhe von 1.200 €, und zwar länger als wir leben. Desweiteren besteht für diese quasi *ewige* Zeitdauer ein risikoloser Zins von 4 %. Welchen Preis sollten Sie für diese Unternehmung bezahlen?

Ohne die Angabe der Jahre, in denen die Einnahmen generiert werden, kann der heutige Unternehmenswert nicht bestimmt werden. Doch welchen Zeitraum sollten wir hier festlegen?
Einerseits können wir sagen, dass die Unternehmung für immer in unserem Besitz bleiben soll. Die Anzahl der Jahre wäre in diesem Fall die Zeit bis zu unserer Lebenserwartung. Die kennen wir aber nicht. Wie mit dem Fall einer solchen ewigen Anlage umgegangen werden kann, wird dann Thema des Folgekapitels sein.

Was hat es zu bedeuten, wenn einfach eine Anlagedauer n (in Jahren) festgelegt wird, z.B. $n = 10$? Dann ermitteln Sie mit den bekannten Formeln den heutigen Wert der Unternehmung für den Fall, dass Ihnen für genau diese 10 Jahre Einnahmen zufließen. Denn die Formel ermittelt den heutigen Wert dieser 10 Einnahmen. Weil die

Einnahmen danach aber real weiterlaufen, bedeutet das Anwenden der Formel mit einem festen n, dass Sie sich nur diese 10 Einnahmen "erkaufen" würden, und die Unternehmung dann abstoßen. Zum besseren Verständnis vergleichen wir verschiedene Szenarien.

Dazu ändern wir die eingangs beschriebene Situation etwas ab. Die Unternehmung soll für 20 Jahre am Ende eines jeden Jahres 1.200 € einbringen, wobei der risikolose Zins dauerhaft bei 4 % p.a. liegt. Sie selbst interessieren sich für den Kauf dieser Unternehmung, nehmen aber nur eine Anlagedauer von 10 Jahren an. Der heutige Wert, den Sie sich ausrechnen, beträgt damit:

$$1.200 \, € \cdot \left(1,04^{10} - 1\right) : 1,04^{10} : (1,04 - 1) = 9.733,07 \, €$$

Ein anderer Anleger, der sich ebenfalls für den Kauf der Unternehmung interessiert, rechnet mit 20 Jahren und erhält als heutigen Unternehmenswert:

$$1.200 \, € \cdot \left(1,04^{20} - 1\right) : 1,04^{20} : (1,04 - 1) = 16.308,39 \, €$$

Sie und der andere Anleger rechnen sich für dasselbe Unternehmen verschiedene heutige Werte aus, weil Sie ja beide eine unterschiedliche Anlagedauer haben. Sie würde die jährlichen Einnahmen von 1.200 € für 9.733,07 € kaufen, und der andere Anleger für 16.308,39 €, wenn ein mathematisch fairer Preis bezahlt werden soll. Für den Fall, dass nur Sie beide am Kauf der Unternehmung interessiert sind, und der jetzige Eigentümer die Unternehmung unbedingt verkaufen will, wird wohl Ihr Konkurrent den Zuschlag erhalten, weil er aufgrund seiner größeren Anlagedauer den höheren Preis bieten wird. Rein rational wird bei mehreren Kaufinteressenten immer derjenige den Zuschlag erhalten, der die längere Anlagedauer im Kopf hat. Zahlt ein Käufer einen zu hohen Preis, so muss er eigentlich seine Anlagedauer vergrößern, um rückwirkend einen fairen Preis bezahlt zu haben.

Mal angenommen, Sie erhalten den Zuschlag zu Ihrem geringeren fairen Preis von 9.733,07 €. Dann würden Sie nur für die Einnahmen der nächsten zehn Jahre bezahlen. Die restlichen Einnahmen hätten Sie quasi "geschenkt" bekommen. Mathematisch interessant ist aber die Frage, welchen Preis der andere Anleger dann für die Einnahmen der restlichen zehn Jahre bezahlen müsste, wenn Sie sich entscheiden, die Unternehmung nach zehn Jahren an ihn zu verkaufen. Ist es so einfach, dass wir einfach die Differenz zwischen den beiden oben erhaltenen Ergebnissen bilden können, so dass diese 6.575,32 € der neue Kaufpreis sind? Für die gleiche Anzahl an Einnahmen würde Ihr Konkurrent also weniger bezahlen als Sie vor zehn Jahren. Passt die Rechnung so?

Nein, das klappt so nicht. Reisen Sie geistig zehn Jahre in die Zukunft. Wenn Sie die Unternehmung, d.h. die Einnahmen der folgenden zehn Jahre, verkaufen wollen, dann sind die zukünftigen Einnahmen anders abzuzinsen als wenn man zehn Jahre in die Vergangenheit zurück denkt. Schaut man aus der Vergangenheit auf die besagten Einnahmen, so liegen diese elf bis 20 Jahre in der Zukunft und werden dementsprechend abgezinst. Der Wert dieser Einnahmen würde vom Anfangszeitpunkt tatsächlich 6.575,32 € betragen. Da aber bereits zehn Jahre vergangen sind, liegen die nächsten Einnahmen nur ein bis zehn Jahre in der Zukunft. Abgezinst ergibt das 9.733,07 €. Die nachfolgende Abbildung fasst die Erkenntnisse dieses Kapitels abschließend zusammen.
Alles schön und gut - trotzdem haben wir auch hier die Annahme plötzlich stoppender Einnahmen getroffen. Im nächsten Kapitel lösen wir uns von dieser Annahme.

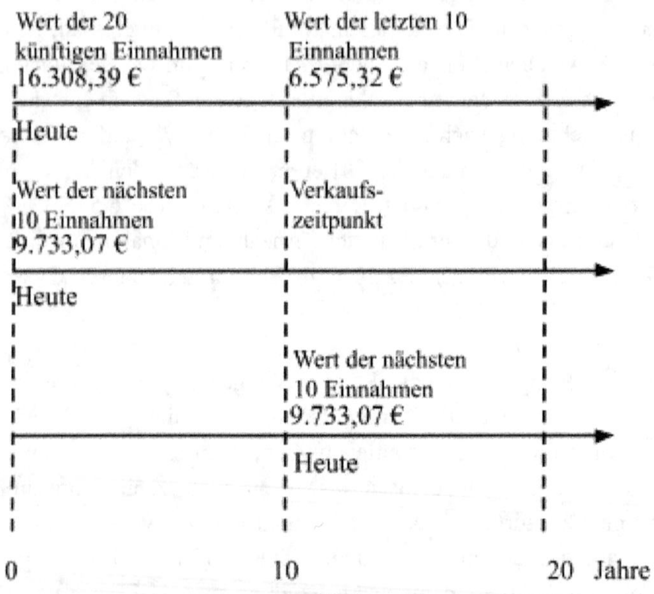

Abbildung 11: Unternehmenswert und zukünftiger Verkauf

4.15 Ewige Anlagedauer und Lebenserwartung

Je länger Sie planen, in eine Unternehmung investiert zu bleiben, desto höher ist der Preis, den Sie heute dafür zahlen würden. Wollen Sie beispielsweise eine Aktie kaufen, die Sie nie wieder verkaufen möchten, dann ist die Anlagedauer n gleich *Ihrer* restlichen Lebenserwartung. Rechnen können Sie damit aber nicht, weil Sie ja nicht wissen, wie lange Sie noch leben werden.

Wir schauen uns zunächst exemplarisch eine Abschätzungsmöglichkeit an. Sie möchten eine Unternehmung kaufen, die am Ende eines jeden Jahres 4.500 € an Einnahmen generiert. Den risikolosen Zins bis zu Ihrem Lebensende nehmen wir mit jährlichen 2,5 % an. Wie viel Wert ist die Unternehmung dann heute?

Angenommen, Sie sind heute 35 Jahre alt und männlich. Nach Recherchen fanden Sie heraus, dass Ihre Lebenserwartung 78 Jahre beträgt. Um abzuschätzen, welchen Wert die Unternehmung für Sie heute hat, können Sie den Wert für Ihre Restlebenserwartung von 43 Jahren, und auch für z.B. zehn Jahre mehr und zehn Jahre weniger bestimmen. D.h. Sie setzen in die Formel:

$$4.500 \, € \cdot \left(1,025^{n} - 1\right) : 1,025^{n} : (1,025 - 1)$$

für n die Zahlen 43, 33 und 53 ein. Dann ergeben sich die Unternehmenswerte in Abhängigkeit von der geschätzten Lebenserwartung zu:

$$Wert(33) = 100.313,46 \, €$$

$$Wert(43) = 117.749,01 \, €$$

$$Wert(53) = 131.369,63 \, €$$

Und wenn Ihre Lebenserwartung noch 70 Jahre beträgt, dann ist der heutige Wert der Unternehmung 148.040,36 €. Es lohnt sich da, seinen eigenen Gesundheitszustand, seine Lebensweise und Statistiken über Lebenserwartungen zu studieren, um eine möglichst gute Abschätzung machen zu können. Bedenken Sie noch einmal, dass der erhaltene Zahlenwert lediglich der heutige Wert der Einnahmen ist, die Sie in die Berechnung einbezogen haben. Bezieht ein anderer Investor mehr Einnahmen ein, dann erhält er einen anderen Wert.

Zwar sind die Einnahmen heute umso weniger wert, je weiter sie in der Zukunft liegen. Dennoch kann man an diesem Beispiel sehen, wie stark sich die angenommene Restlebenserwartung auf den heutigen Wert der Unternehmung niederschlägt. Ein Diagramm, das den heutigen Unternehmenswert in diesem Beispiel in Abhängigkeit vom eingesetzten n, also der Restlebenserwartung darstellt, rundet dieses Kapitel ab. Zudem wurden zwei weitere risikolose Zinssätze eingearbeitet. Man sieht deutlich, dass ein höherer risikoloser Zins zu einem geringeren Unternehmenswert führt.

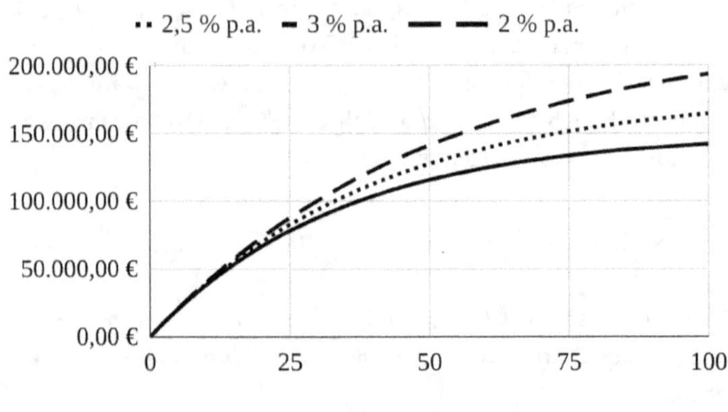

Abbildung 12: Unternehmenswert in Abhängigkeit von der Restlebenserwartung des Anlegers zu verschiedenen risikolosen Zinssätzen

Bei Betrachtung der drei Kurven macht sich eine Auffälligkeit bemerkbar. Alle drei Kurven wachsen degressiv. Man könnte vermuten, dass diese Kurven irgendwann gar nicht mehr wachsen. Vielleicht lässt sich diese Tatsache mathematisch nutzen.

4.16 Auf zur Unendlichkeit

Das im letzten Kapitel gezeigte degressive Wachstum des heutigen Unternehmenswertes in Abhängigkeit von der Anlagedauer legt die Vermutung nahe, dass der Unternehmenswert wegen der immer stärker abgezinsten Einnahmen irgendwann einen konstanten Wert annehmen wird.

Als Beispiel nehmen wir eine Unternehmung her, die am Ende eines jeden Jahres 1.000 € an Einnahmen generiert. Für drei verschiedene risikolose Zinssätze wird im Folgenden der heutige Wert der Unternehmung für große Anlagezeiträume dargestellt, die die menschliche Restlebenserwartung deutlich übersteigen.

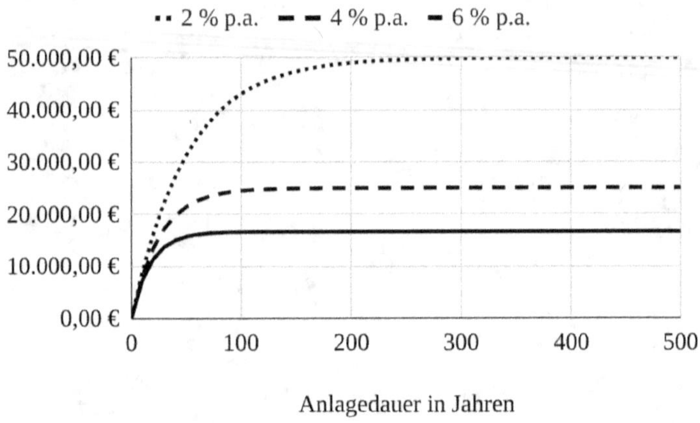

Abbildung 13: Unternehmenswert in Abhängigkeit von der Anlagedauer zur verschiedenen risikolosen Zinssätzen für große Anlagezeiträume

Tatsächlich kann man den Kurvenverläufen entnehmen, dass der heutige Wert der Unternehmung jeweils konvergiert. Die Grenzwerte sind 50.000 € bei 2 % p.a., 25.000 € bei 4 % p.a. und 16.666,66 € bei 6 % p.a. Diese werden allerdings nur mathematisch erreicht. In den typischen Restlebenserwartungen eines Anlegers sind die Kurven noch im Bereich einer steigenden Phase. Der genaue Blick auf das Diagramm zeigt aber, dass der Grenzwert umso eher erreicht wird, je höher der risikolose Zinssatz ist. Es lohnt sich folglich, nach einer Formel für den heutigen Wert der *ewigen Einnahmen* einer Unternehmung zu suchen. Diese kann immer als maximaler heutiger Wert einer Unternehmung bestimmt werden, wenn diese für die Ewigkeit Einnahmen generiert.

Diesen ewigen heutigen Wert können Sie natürlich herausbekommen, indem Sie einfach eine recht große Zahl für das n einsetzen. Weil Sie aber ein Mathematikbuch in den Händen halten, teilen Sie vielleicht die Freude über eine neue Formel, mit der Sie mit etwas weniger Aufwand zum Ziel kommen.

Bezogen auf das beschrieben Beispiel lautet die Formel bei einem risikolosen Zins von 4 % p.a.:

$$1.000 \, \text{€} \cdot \left(1{,}04^{n} - 1\right) : 1{,}04^{n} : (1{,}04 - 1)$$

wobei es in diesem Fall geeigneter ist, die Formel zunächst mit Bruchstrich zu schreiben:

$$1.000 \, \text{€} \cdot \frac{1{,}04^{n}-1}{1{,}04^{n}\cdot(1{,}04-1)}$$

Aufgrund der Regeln der Bruchrechnung darf der Klammerterm als Nenner unter die 1.000 € geschoben werden:

$$\frac{1.000 \, \text{€}}{1{,}04-1} \cdot \frac{1{,}04^{n}-1}{1{,}04^{n}}$$

wobei die Klammer bei dieser Schreibweise weggelassen werden kann, weil die Vorrangreihenfolge eindeutig dargestellt ist. Der rechte Bruch ist eine Differenz mit einem gemeinsamen Nenner. Das kann auch als Differenz zweier Brüche mit gleichem Nenner geschrieben werden. Weil Punkt-, vor Strichrechnung geht, muss dann aber wieder eine Klammer geschrieben werden:

$$\frac{1.000\,€}{1{,}04-1} \cdot \left(\frac{1{,}04^n}{1{,}04^n} - \frac{1}{1{,}04^n}\right)$$

Dabei besitzt der linke Bruch in der Klammer den gleichen Zähler und Nenner, was sich zu 1 kürzen lässt:

$$\frac{1.000\,€}{1{,}04-1} \cdot \left(1 - \frac{1}{1{,}04^n}\right)$$

Bisher haben wir nichts weiter getan, als die Formel vom Anfang umzuschreiben. Sie liefert also genau das gleiche Ergebnis. Diese Formel hier enthält aber nur noch an einer Stelle ein n. Wie entwickelt sich der Wert des Terms in der Klammer, wenn man für n eine sehr lange Restlebenserwartung einsetzt? Wenn wir nicht wissen, welche Zahl jetzt verwendet werden soll, so werden uns mehrere Testeinsetzungen zum Ziel führen, wie folgende Tabelle zeigt:

Tabelle 24: Entwicklung des Wertes eines Terms für steigendes n				
n	50	100	200	500
$\left(1 - \frac{1}{1{,}04^n}\right)$	$\approx 0{,}86$	$\approx 0{,}98$	$\approx 0{,}9996$	≈ 1

Je größer das n, desto näher liegt der Wert des Klammerterms bei 1. Wenn der Klammerterm für lange Restlebenserwartungen insgesamt bei 1 liegt, können wir ihn mathematisch quasi weglassen. Der heutige Wert der Unternehmung bei ewiger Anlage beträgt dann einfach:

$$\frac{1.000\,€}{1{,}04-1} \quad \text{oder} \quad 1.000\,€ : (1{,}04 - 1)$$

was 25.000 € ergibt. Sollte der risikolose Zins immer bei 4 % p.a. liegen, dürften Sie nie mehr als 25.000 € für die Unternehmung zahlen, weil Sie mit einer risikolosen Investition besser fahren würden.

Liegt der risikolose Zins bei 2 % p.a. und ernten Sie am Ende eines jeden Jahres 1.000 €, dann beträgt der heutige Wert der Unternehmung bei ewiger Anlage:

$$1.000\ € : (1,02 - 1) = 50.000\ €$$

Diese Erkenntnis ist fantastisch! Wir stellen fest, dass es einen heutigen Maximalwert für die zukünftigen Einnahmen eines Unternehmens gibt. Kaufen Sie die Unternehmung unterhalb dieses Maximalwertes, dann machen Sie unter der Annahme eines gut geschätzten risikolosen Zinses ein gutes Geschäft.

Mathematisch und auch praktisch interessant ist die Frage, wie sich ein *negativer risikoloser Zins* auf den Unternehmenswert niederschlägt. Die nachfolgende Grafik zeigt, wie risikolose Negativzinsen den heutigen Wert einer Unternehmung in Abhängigkeit von der Restlebenserwartung des Anlegers beeinflussen. 2 % Negativzinsen bedeuten einen Abnahmefaktor q von 0,98. Bei 4 % sind es 0,96 und bei 6 % beträgt der Abnahmefaktor 0,94. Beachten Sie dabei, dass die vertikale Achse diesmal logarithmisch skaliert ist.

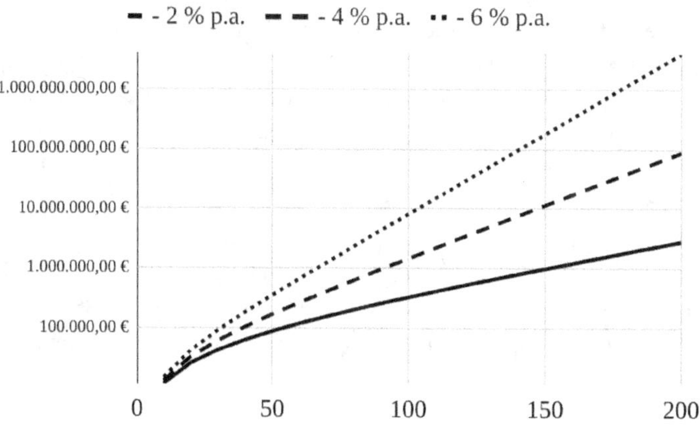

Abbildung 14: Heutiger Wert einer Unternehmung in Abhängigkeit der Restlebenserwartung bei negativem risikolosen Zins

Sie können deutlich erkennen, wie der heutige Unternehmenswert bei negativen risikolosen Zinssätzen mit zunehmendem Anlagehorizont geradezu explodiert. Mathematisch sagt man: Der Wert *divergiert* mit zunehmendem Anlagehorizont. Die Kurven gehen ab einem bestimmten Anlagehorizont in einen linearen Verlauf über. Das deutet in einem logarithmisch skalierten Diagramm darauf hin, dass der Unternehmenswert in diesem Bereich exponentiell ansteigt.

Für Sie als Privatanleger heißt das: Sollten die Zinsen der Staatsanleihen aller als "zahlungsfähig" geltender Länder negativ sein, dann ist es mathematisch gesehen klüger, sein Geld in Unternehmen mit real positiven Cashflows zu investieren. Wir wissen außerdem aus einem vergangenen Kapitel, dass der heutige Wert eines Unternehmens mit $E \cdot n$ berechnet werden kann, falls $q = 1$. In diesem Fall divergiert der heutige Unternehmenswert für große Anlagezeiträume. Lassen Sie uns nun noch die Formel zusammenfassen:

Heutiger Wert einer Unternehmung bei ewigem Anlagehorizont mit Einnahmen am Ende eines Jahres

Generiert eine Unternehmung am Ende eines jeden Jahres Einnahmen der Höhe E, und wird der risikolose Zins mit dem Wachstumsfaktor q beschrieben, dann beträgt der heutige Wert der Unternehmung für einen ewigen Anlagehorizont:

$$\frac{E}{q-1} \quad \text{oder} \quad E : (q - 1)$$

falls $q > 1$ ist. Sollte der risikolose Zinssatz Null oder negativ sein, so ist $0 < q \leq 1$, und der Unternehmenswert divergiert.

Beispiel: Eine Unternehmung generiert am Ende eines jeden Jahres 5.000 €. Wie groß ist der heutige Unternehmenswert bei einem ewigen Anlagehorizont, falls der risikolose Zins 2,8 % p.a. beträgt?

$$5.000 \, € : (1,028 - 1) = 178.571,43 \, €$$

Unter dieser Annahme sollte ein Investor also keinesfalls mehr als diesen Preis bezahlen, weil sich eine ewige risikolose Anlage mehr lohnen würde.

Schauen wir uns nun Unternehmungen an, die am Anfang eines jeden Jahres Einnahmen in die Tasche schaufeln. Dazu nutzen wir das Einführungsbeispiel dieses Kapitels, nur eben mit 1.000 € - Raten am Anfang des Jahres. Für den heutigen Unternehmenswert würde man rechnen:

$$1.000 \, € \cdot \frac{1,04^{n}-1}{1,04^{n-1} \cdot (1,04-1)}$$

Der Klammerterm wird wieder nach links zu den 1.000 € geschoben:

$$\frac{1.000 \, €}{1,04-1} \cdot \frac{1,04^{n}-1}{1,04^{n-1}}$$

Der Trick besteht nun darin, den gesamten Ausdruck mit 1,04 zu erweitern, d.h. wir fügen einen Faktor hinzu, der insgesamt 1 ergibt, und zwar den Quotienten aus 1,04 und 1,04:

$$\frac{1.000 \, €}{1,04-1} \cdot \frac{1,04}{1,04} \cdot \frac{1,04^{n}-1}{1,04^{n-1}}$$

Der Zähler dieses Bruches wird nun auf den linken Bruchstrich geschoben, der Nenner unter den rechten. Weil dann im Nenner des rechten Bruches $1,04 \cdot 1,04^{n-1}$ gerechnet wird, kann man stattdessen auch $1,04^{n}$ schreiben:

$$\frac{1.000\ \text{€}\cdot 1,04}{1,04-1}\cdot\frac{1,04^{n}-1}{1,04^{n}}$$

Und genau diesen rechten Bruch hatten wir zuvor auch bei der anderen Formel mit Einnahmen am Ende eines Jahres entdeckt. Diesen hatten wir vereinfacht, und dann herausgefunden, dass er für große Werte von n letztendlich gegen 1 konvergiert. Es folgt:

Heutiger Wert einer Unternehmung bei ewigem Anlagehorizont mit Einnahmen am Anfang eines Jahres

Generiert eine Unternehmung am Anfang eines jeden Jahres Einnahmen der Höhe E, und wird der risikolose Zins mit dem Wachstumsfaktor q beschrieben, dann beträgt der heutige Wert der Unternehmung für einen ewigen Anlagehorizont:

$$\frac{E\cdot q}{q-1}\quad\text{oder}\quad E\cdot q:(q-1)$$

falls $q>1$ ist. Sollte der risikolose Zinssatz Null oder negativ sein, so ist $0<q\leq 1$, und der Unternehmenswert divergiert.

Beispiel: Dies ist das analoge Beispiel zu dem letzten. Eine Unternehmung generiert am Anfang eines jeden Jahres 5.000 €. Wie groß ist der heutige Unternehmenswert bei einem ewigen Anlagehorizont, falls der risikolose Zins 2,8 % p.a. beträgt?

$$5.000\ \text{€}\ \cdot 1,028:(1,028-1)=183.571,43\ \text{€}$$

Wie kann es sein, dass bei ewigem Anlagehorizont zwei verschiedene heurige Unternehmenswerte herauskommen? Ganz einfach, wenn die erste Einnahme bereits am Anfang zu Ihnen fließt, können Sie diese bereits risikolos investieren. Der Unternehmenswert ist dadurch von Beginn an größer.

4.17 Ewig wachsende und fallende Einnahmen

Vielleicht handelt es sich ja um eine Unternehmung, die ewig steigende Einnahmen generieren kann. Umgekehrt kann es sich um ein Geschäft handeln, von dem prognostiziert werden kann, dass die jährlichen Einnahmen für immer abnehmen werden. Im Folgenden schauen wir, welche Ergebnisse die hergeleiteten Formeln für lange Zeiträume liefern. An einem Beispiel werden diese grafisch dargestellt.

Eine Unternehmung generiert am Ende des ersten Jahres Einnahmen in Höhe von 1.000 €. Der risikolose Zins soll für dieses Beispiel bei 3 % p.a. liegen. Das folgende Diagramm zeigt den heutigen Unternehmenswert in Abhängigkeit von der Anlagedauer n, wobei verschiedene Wachstumsraten der Einnahmen (jährlich: 4 % Abnahme, 2 % Abnahme, 2 % Zunahme, 4 % Zunahme) dargestellt sind.

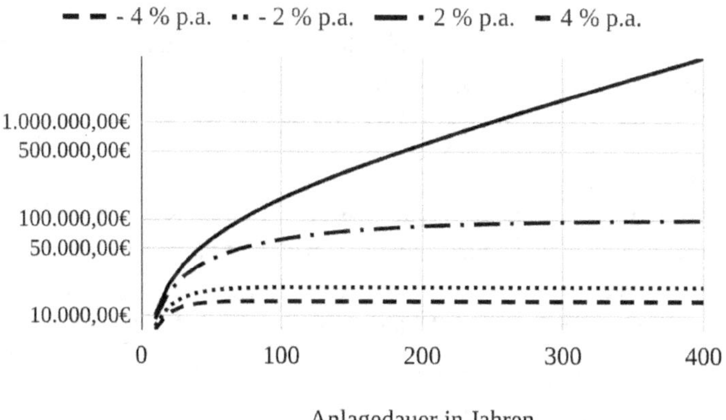

Abbildung 15: Unternehmenswert in Abhängigkeit von der Anlagedauer bei steigenden und sinkenden Einnahmen

Beachten Sie, dass die vertikale Achse logarithmisch skaliert ist. Daraus folgt, dass die durchgezogene Linie (4 % p.a. Einnahmenwachstum) bei normaler Achsenskalierung einen exponentiellen Verlauf hätte, weil sie bei dieser logarithmischen Skalierung in eine Gerade übergeht. Die anderen drei Kurven nähern sich einem Grenzwert an. Offenbar ist es so, dass der heutige Wert einer Unternehmung nur dann einen Grenzwert besitzt, wenn das Einnahmenwachstum kleiner als der risikolose Zins (wofür hier 3 % p.a. angenommen wurden) ist, und ansonsten divergiert. Wenn Sie kurz darüber nachdenken, werden Sie feststellen dass das logisch ist.

Die bekannte Formel für die Berechnung des Unternehmenswertes bei mit dem Faktor q_e jährlich steigenden bzw. sinkenden Einnahmen:

$$E \cdot \frac{w^n - 1}{q \cdot (w - 1)} \quad \text{mit} \quad w = \frac{q_e}{q}$$

kann auch geschrieben werden als:

$$\frac{E}{q \cdot (w - 1)} \cdot \left(w^n - 1 \right)$$

Der linke Bruch ist eine Konstante, d.h. von der Anlagedauer n unabhängige Zahl. Er wird negativ, wenn w kleiner als 1 ist. Das ist dann der Fall, wenn der Einnahmenwachstumsfaktor q_e kleiner als der risikolose Zinsfaktor q ist.
Sie können leicht nachprüfen, dass sich der rechte Klammerterm für große Zahlen n nur dann einem Grenzwert annähert, wenn w kleiner als 1 ist, weil w dann für große n eine Zahl nahe bei Null liefert. Der Klammerterm hat demnach den Grenzwert - 1. Weil aber der linke Bruch ebenfalls negativ ist, ist das Gesamtergebnis insgesamt positiv.

Um das Problem mit den negativen Zahlen in den gleich folgenden Formeln zu umgehen, vertauschen wir einfach die Position von w und 1, und schreiben den Klammerterm um zu $(1 - w)$. Es folgt:

Heutiger Unternehmenswert bei ewiger Anlage mit wachsenden Einnahmen

Generiert eine Unternehmung am Ende des ersten Jahres die Einnahme E, und wächst diese Einnahme mit dem Einnahmenwachstumsfaktor q_e, dann beträgt der heutige Wert der Unternehmung bei ewigem Anlagehorizont und dem risikolosen Zinsfaktor q:

$$\frac{E}{q\cdot(1-w)} \quad \text{oder} \quad E : q : (1 - w) \quad \text{mit} \quad w = q_e : q$$

Finden die Einnahmen am Anfang eines Jahres statt, so ist der Wert der Unternehmung:

$$\frac{E}{(1-w)} \quad \text{oder} \quad E : (1 - w)$$

Es ist zu beachten, dass diese Formeln nur gelten, wenn $q_e < q$. Andernfalls (für $q_e > q$) divergiert der Unternehmenswert.

Beispiel: Eine Unternehmung generiert 1.000 € am Ende des ersten Jahres. Die Einnahmen *wachsen* mit 2 % p.a., während der risikolose Zins 3 % p.a. beträgt. Welchen heutigen Wert hat die Unternehmung bei ewiger Anlage?

$$w = 1,02 : 1,03 \approx 0,99029$$

$$1.000\ € : 1,03 : (1 - 0,99029) \approx 99.987,00\ €$$

Würden die Einnahmen mit 2 % p.a. *sinken*, so ergäbe sich gerundet:

$$w = 0,98 : 1,03 \approx 0,95146$$

$$1.000\ € : 1,03 : (1 - 0,95146) \approx 20.001,52\ €$$

Bei einem risikolosen Zins von 1 % p.a. ist $q = 1,01$. Bei einem ewigen 2 %-igen Einnahmenwachstum wäre $q_e = 1,02$ und damit $q_e > q$, weshalb der Unternehmenswert divergieren würde. Das muss auch so sein. Denn wenn die Einnahmen einer Unternehmung stärker steigen als sich eine Einmalanlage bei einem risikolosen Zins verzinst, dann wird Ihr eingesetztes Kapital bei einer Investition in die Unternehmung früher oder später stärker wachsen als in der risikolosen Einmalanlage.

Denken Sie dabei daran, dass der berechnete Unternehmenswert mit unseren Formeln eine sofortige risikolose Anlage der Einnahmen impliziert. Verzichtet der Anleger darauf, und steckt die Einnahmen wieder in die Unternehmung, dann ist ihm ein noch größeres Wachstum seines eingesetzten Kapitals unter gegebenen Annahmen garantiert.

4.18 Ab wann lohnen sich ewige Einnahmen?

Mit etwas Kapital eine Unternehmung oder einen Teil einer Unternehmung zu erwerben, die ewige Einnahmen generiert, ist eine super Sache. Wir haben sogar eine Formel gefunden, die uns sagt, ob eine derartige Investition gegenüber einer risikolosen Einmalanlage die bessere Alternative ist. Doch irgendetwas stinkt an der Sache, finden Sie nicht? Kann die Sache wirklich so einfach sein? Ein Beispiel wird uns zeigen, wo der Haken ist.

Es steht ein verpachtetes Grundstück für 10.000 € zum Verkauf. Sie erhalten jährlich am Ende des Jahres 500 € Pacht. Es ist abgemacht, dass Sie diese 500 € für immer erhalten. Sollten Sie das Grundstück kaufen, wenn der risikolose Zins immer bei 3 % p.a. liegt? Weitere entstehende Kosten werden für ein besseres Verständnis ignoriert.

Der heutige Wert der Summe der künftigen Einnahmen ist:

$$500 \text{ €} : (1,03 - 1) = 16.666,67 \text{ €}$$

Na super! Mit nur 10.000 € können Sie sich eine Unternehmung kaufen, die heute einen Wert von 16.666,67 € besitzt. Das ist ein gutes Geschäft, zumindest gegenüber einer risikolosen Einmalanlage - und zumindest auf einen ewigen Zeitraum betrachtet. Und genau hier ist der Knackpunkt. Die Berechnung sagt uns lediglich, dass die Unternehmung bei gegebenen Annahmen eines Tages gewinnbringender als eine risikolose Einmalanlage ist. Was uns das Rechenergebnis nicht sagen kann, ist der Zeitpunkt, ab dem das passieren wird.

Weil es sich um einen Zeitpunkt mit einem endlichen Zahlenwert handelt, lässt sich die Formel für die ewigen Einnahmen nicht anwenden. Wir müssen auf eine der ursprünglichen Formeln zurückgreifen, die von n abhängen. Da wir versuchen, einen Zeitpunkt in der Zukunft zu bestimmen, eignen sich die Formeln zur

Berechnung des heutigen Unternehmenswertes nicht. Stattdessen benötigen wir die Formel zur Bestimmung des zukünftigen nominalen Wertes der Unternehmung mit Einnahmen am Ende eines Jahres:

$$500 \,\text{€} \cdot \frac{1{,}03^{n}-1}{1{,}03-1}$$

Verglichen wird dieser von n abhängige zukünftige Wert mit der Anlage von 10.000 € zu 3 % p.a., deren zukünftiger nominaler Wert in n Jahren mit der Formel:

$$10.000 \,\text{€} \cdot 1{,}03^{n}$$

ermittelt werden kann. Im ersten Jahr erhalten Sie bei der Einmalanlage 300 € Zinsen. Das ist zwar weniger als die 500 € Pacht, die Sie bei der Unternehmung einnehmen würden. Mit der Einmalanlage würden Sie aber insgesamt im Besitz von 10.300 € sein. Bei der Unternehmung sind Sie grundsätzlich erstmal 10.000 € in Investitionskosten los. Nach Einnahme von 500 € am Ende des Jahres wären Sie demnach theoretisch im Besitz von −9.500 €.

Am Ende des zweiten Jahres steigt Ihr Vermögen in der Einmalanlage auf einen nominalen Wert von 10.609 €. Die 500 € Pacht vom Ende des zweiten Jahres können Sie unmittelbar risikolos zu 3 % p.a. anlegen, weshalb diese dann am Ende des zweiten Jahres auf 515 € angewachsen sind. Mit den zusätzlichen 500 €, die am Ende des zweiten Jahres eingenommen werden, landen Sie bei Investition in die Unternehmung nach Abzug der Investitionskosten bei einem nominalen Wert von −8.985 €.

Irgendwann haben Sie die investierten 10.000 € wieder rein - dann sind Sie aber erst auf Null. Man kann nachprüfen, dass das erst am Ende des 16-ten Jahres sein wird. Danach wird es eine Zeit dauern, ehe die Einmalanlage, deren nominaler Wert am Ende des 16-ten Jahres bereits bei über 16.000 € liegt, hinter dem nominalen Wert der Unternehmung zurückbleibt. Gesucht wird nun nach dem Zeitpunkt, ab dem der nominale zukünftige Unternehmenswert am Wert der Einmalanlage vorbeizieht. Die beiden Formeln werden gleichgesetzt, wobei beachtet werden muss, dass die 10.000 € an Investitionskosten vom zukünftigen Wert der Unternehmung abgezogen werden:

$$10.000\,€ \cdot 1,03^{n} = 500\,€ \cdot \frac{1,03^{n}-1}{1,03-1} - 10.000\,€$$

Um n herauszubekommen, können wir einfach versuchen, verschiedene Zahlenwerte auf beiden Seiten der Gleichung einzusetzen. Das führt zwar zum Ziel, kann aber recht mühselig sein. Ein exakter Weg ist nicht nur deutlich schöner, sondern führt auch zu einer Formel, die auch auf andere ähnliche Situationen angewendet werden kann. Ziel ist es, dass n nur noch auf einer Seite der Gleichung auftaucht. Zunächst stört aber der Bruch auf der rechten Seite. Ausgerechnet ergibt der Nenner des Bruches 0,03. Durch Multiplikation der gesamten Gleichung mit dieser Zahl folgt:

$$300\,€ \cdot 1,03^{n} = 500\,€ \cdot \left(1,03^{n} - 1\right) - 300\,€$$

Beachten Sie, dass nun eine Klammer gesetzt werden muss, damit die Vorrangregeln eingehalten werden. Diese wird nun aufgelöst:

$$300\,€ \cdot 1,03^{n} = 500\,€ \cdot 1,03^{n} - 500\,€ - 300\,€$$

Während die beiden Zahlen ganz rechts zusammen $-800\,€$ ergeben, kann das linke Produkt der rechten Seite subtrahiert werden:

$$300\,€ \cdot 1,03^{n} - 500\,€ \cdot 1,03^{n} =- 800\,€$$

In Minuend und Subtrahend auf der linken Seite der Gleichung taucht $1,03^{n}$ auf, was mit Hilfe des Distributivgesetzes ausgeklammert werden kann:

$$(300\,€ - 500\,€) \cdot 1,03^{n} =- 800\,€$$

Die Klammer der linken Seite lässt sich bequem ausrechnen:

$$- 200 \,€ \cdot 1,03^{n} =- 800 \,€$$

Dividieren wir nun freudig durch $-200\,€$, so folgt:

$$1,03^{n} = 4$$

Unter Anwendung des Logarithmus folgt:

$$n = log_{1,03} 4 = 46,9$$

Es dauert damit knapp 47 Jahre, ehe die Unternehmung eine bessere Investition als die risikolose Einmalanlage ist, *wenn* die Unternehmenseinnahmen unmittelbar risikolos investiert werden. Das muss jeder selbst für sich entscheiden, ob er so lange warten möchte. Natürlich kann nicht davon ausgegangen werden, dass der risikolose Zins so lange im Mittel beim angenommenen Wert bleibt. Und falls die Reinvestition der Unternehmenseinnahmen in die Unternehmung selbst stattfindet, könnte auf dieses reinvestierte Kapital womöglich eine höhere Rendite erzielt werden, so dass sich die Unternehmung schon eher lohnt.

Dennoch zeigt uns dieses Beispiel den Haken an der Rechnung heutiger Unternehmenswerte unter Annahme ewiger Einnahmen. Sie sollten stets eine Vergleichsrechnung wie diese hier heranziehen. Damit Sie den demonstrierten Rechenweg nicht immer zu Fuß gehen müssen, folgt die zugehörige Formel:

Zeitpunkt, ab dem sich eine Investition in eine Unternehmung mit ewigen Einnahmen gegenüber einer risikolosen Geldanlage lohnt

Die Investition des Betrages K in eine Unternehmung, die am Ende eines jeden Jahres die Einnahme E generiert, besitzt bei einem risikolosen Zinsfaktor von q nach n Jahren einen größeren zukünftigen Wert als die risikolose Anlage des Betrages K, wobei:

$$n = \log_q\left(\left(\frac{E}{q-1} + K\right) : \left(\frac{E}{q-1} - K\right)\right)$$

Angewendet auf das beschriebene Beispiel ergibt sich für den inneren Klammerterm:

$$\left(\frac{500\,€}{1{,}03-1} + 10.000\,€\right) : \left(\frac{500\,€}{1{,}03-1} - 10.000\,€\right) = 4$$

Damit folgt gemäß der Formel:

$$n = \log_{1{,}03} 4 = 46{,}9$$

Beispiel 1: Ein Anleger erhält die Möglichkeit, einen Betrag von 25.000 € in eine Unternehmung zu investieren, um am Ende eines jeden Jahres Einnahmen in Höhe von 2.000 € zu erhalten, während der risikolose Zins bei 4 % p.a. liegt.

Dann beträgt der heutige Wert der ewigen Einnahmen:

$$2.000\,€ : (1{,}04 - 1) = 50.000\,€$$

Damit würden Sie ein gutes Geschäft mit der Investition in die Unternehmung machen. Weil Sie aber zuerst 25.000 € los sind, lohnt

sich die Investition erst in der Zukunft gegenüber der risikolosen
Anlage. Der Wert der Klammerterme aus unserer neuen Formel ist:

$$\left(\frac{2.000\,\text{€}}{1,04-1} + 25.000\,\text{€}\right) : \left(\frac{2.000\,\text{€}}{1,04-1} - 25.000\,\text{€}\right) = 3$$

Folglich lohnt sich die Investition in die Unternehmung nach:

$$n = log_{1,04} 3 = 28,0$$

Jahren. Angenommen, der risikolose Zins beträgt nur 1 % p.a., so ist
der heutige Wert der Unternehmung:

$$2.000\,\text{€} : (1,01 - 1) = 200.000\,\text{€}$$

Der Klammerterm der neuen Formel hat dann einen Wert von:

$$\left(\frac{2.000\,\text{€}}{1,01-1} + 25.000\,\text{€}\right) : \left(\frac{2.000\,\text{€}}{1,01-1} - 25.000\,\text{€}\right) = 1,29$$

In diesem Fall lohnt sich die Unternehmung gegenüber der risikolosen
Anlage nach:

$$n = log_{1,01} 1,29 = 25,6$$

Jahren. Beachten Sie bei den Berechnungen nochmals, dass dies nur
gilt, falls die Unternehmenseinnahmen unmittelbar risikolos angelegt
werden. Bei einer Reinvestition in die Unternehmung kann es
durchaus sein, dass sich die Unternehmung schon eher lohnt.

Dieses Kapitel hat Ihnen eine Formel für konstante Einnahmen an die
Hand gegeben. Eine Formel für wachsende Einnahmen bleibt aus. In
diesem Fall müssen Sie entweder mehrere verschiedene Annahmen
machen und diese gegeneinander abwägen, oder Sie greifen ab diesem
Komplexitätsgrad doch auf Tabellenkalkulation zurück.

4.19 Dividenden als zukünftige Zahlungsströme

Kann man den Wert einer Aktie anhand der Dividendeneinnahmen bestimmen? Die Kenntnisse aus den letzten Kapiteln werden als Grundlage der Unternehmensbewertung verwendet. Das Problem dabei besteht übrigens aus den Fragen, welche Unternehmensdaten als Einnahme verwendet werden, wie diese Einnahmen sich entwickeln werden, welcher risikolose Zins angenommen wird, und wie lange die Einnahmen stattfinden werden. Viele Fragen - da können Sie sich je nach Annahme eigentlich jeden Unternehmenswert bzw. jeden Wert einer Aktie hinrechnen. Das soll natürlich nicht heißen, dass die *Discounted Cashflow Modelle*, die auf den bisherigen Kenntnissen basieren, nutzlos sind - ganz im Gegenteil. Es erfordert allerdings etwas Erfahrung, um damit gewinnbringend agieren zu können.

Solche Kalkulationen mit diesen vielen Annahmen sind vielen Privatanlegern viel zu aufwändig. Was aber jeder herausfinden und grob abschätzen kann, ist die Dividende und deren Entwicklung. Sicherlich kann man da auch daneben liegen, von der Komplexität her ist das aber einfacher.

Wenn Sie realistisch denken, sagt die Dividende aber nichts über das tatsächliche Geschäft eines Unternehmens aus. Seien Sie sich dessen bei den Berechnungen bewusst. Verbieten kann Ihnen niemand, eine Aktie anhand der Dividende zu bewerten.

Angenommen, eine Aktie steht bei einem Kurs von 200 €. Am Ende dieses Jahres werden 10 € an Dividende ausgeschüttet, was einer Rendite von 5 % entspricht. Die Dividende steigt nun jährlich um 3 %. Der risikolose Zins liegt bei 4 % p.a. Wie viel Wert ist die Aktie heute, wenn man Sie ausschließlich anhand der Dividendenausschüttungen bewertet?

Wir hatten gesagt, dass rein rational gesehen immer derjenige Investor den Zuschlag für die Investition in eine Unternehmung bekommt, der die längere Anlagedauer beabsichtigt, weil er folglich einen höheren Preis bietet. Aktien sind liquide Assets - in einem Markt mit vielen

Anlegern wird es immer jemanden geben, der eine längere Haltedauer als Sie beabsichtigt, und damit einen höheren Preis für Aktie bieten wird. Die Bewertung der Aktie anhand ihrer Dividenden ist demnach nur für eine ewige Anlagedauer sinnvoll.

Zuerst müssen Sie prüfen, ob das Einnahmenwachstum, in diesem Fall das Dividendenwachstum, kleiner als der risikolose Zins ist. Sollte das nicht der Fall sein, und der risikolose Zins ist kleiner als das Dividendenwachstum, dann divergiert der Wert der Aktie gemäß des Modells. Es gibt dann keinen Grenzwert, weshalb der Wert der Aktie gemäß dieses Modells unendlich lange steigen wird.

Der auf vier Nachkommastellen gerundete Korrekturfaktor ist in diesem Fall:

$$w = 1,03 : 1,04 = 0,9904$$

weil das Dividendeneinnahmenwachstum mit dem Faktor $q_e = 1,03$ beschrieben werden kann und der risikolose Zinsfaktor 1,04 ist. Die heutige Wert der Aktie ist dann gerundet:

$$10\,€ : 1,04 : (1 - 0,9904) = 1.001,60\,€$$

Noch einmal zur Interpretation dieser Zahl: Das bedeutet, dass die Aktie heute rund 1.000 € wert ist, wenn man sie ewig halten wird, sie ewig ihre Dividenden gemäß der obigen Annahmen weiterbezahlt, der risikolose Zins konstant bei 4 % p.a. bleibt, *und* wenn die erhaltenen Dividenden unmittelbar risikolos angelegt werden. Würde sich der risikolose Zins übrigens auf 6 % p.a. erhöhen, dann würde der Wert der Aktie nach diesem Modell bei 333,33 € liegen, weil das risikolose Investment an Attraktivität gewonnen hätte.

Letztendlich können Sie nie für die Ewigkeit prognostizieren, wie sich die Dividendenausschüttungen und der risikolose Zins entwickeln werden. Eine Abschätzung über mehrere Berechnungen mit verschiedenen Annahmen und über andere Bewertungskennzahlen gibt Ihnen mehr Gewissheit über einen fairen Wert.

4.20 Zukünftige Verluste

Unternehmungen müssen nicht immer profitabel sein. Stellen Sie sich vor, eine Unternehmung macht am Ende eines jeden Jahres einen Verlust von 800 €. Ist der Unternehmenswert dann negativ oder einfach nur Null?

Sie werden sich vielleicht fragen, wozu dieses Kapitel dienen soll. Warum sollte jemand Interesse daran haben, in eine Unternehmung zu investieren, die unterm Strich nur Verluste einfährt? Sicherlich gibt es mehrere Fälle, wo das sinnvoll sein kann. Aber stellen Sie sich vor, dass der Verlust der Unternehmung nur deshalb zustande kommt, weil noch ein Kredit abbezahlt wird. Nachdem die Schuld beglichen ist, liefert die Unternehmung wieder positive Einnahmen. Dieser Fall wird im späteren Verlauf dieses Buches noch betrachtet. Jetzt soll es erst einmal darauf ankommen, den Wert zukünftiger Verluste zu verstehen.

Wir nehmen an, Sie haben am Ende dieses Jahres 5.000 € auf Ihrem Konto und der risikolose Zins liegt bei 3 % p.a. Nach einem Jahr risikoloser Anlage hätten Sie 5.150 €. Würden Sie dieses Jahr aber 800 € Verlust einfahren, so hätten Sie nur 4.200 €, die nach einem Jahr risikoloser Anlage auf 4.326 € anwachsen würden. Die Differenz zwischen 5.000 € und 4.200 € beträgt 800 €, die Differenz zwischen 5.150 € und 4.326 € beträgt aber 824 €. Durch den Verlust von 800 € in diesem Jahr gehen Ihnen nach einem Jahr also eigentlich 824 € verloren.

Die verlorenen 800 € können Sie nicht risikolos anlegen, weshalb der Verlust über die Jahre immer größer wird. Würden Sie jetzt 5.000 € für zehn Jahre zu 3 % p.a. risikolos anlegen, so würden Sie bei einem Wert von:

$$5.000\,€ \cdot 1{,}03^{10} = 6.719{,}58\,€$$

landen. Hätten Sie jetzt 800 € verloren, dann könnten Sie nur 4.200 € anlegen, weshalb Sie in zehn Jahren einen Wert von:

$$4.200\ € \cdot 1,03^{10} = 5.644,45\ €$$

erreichen würden. Die Differenz dieser beiden Werte:

$$5.644,45\ € - 6.719,58\ € = -1.075,13\ €$$

erhält man ebenfalls, wenn 800 € Verlust für zehn Jahre risikolos verzinst werden:

$$-800\ € \cdot 1,03^{10} = -1.075,13\ €$$

Der heutige Verlust von 800 € bedeutet in zehn Jahren einen Verlust von 1.075,13 €. Verluste können folglich genau wie Einnahmen aufgezinst werden. Daraus folgt, dass sie ebenso abgezinst werden können.

Wenn Ihre Unternehmung in zehn Jahren einen Verlust von 800 € einfährt, dann ist der heutige Wert dieses Verlustes bei einem risikolosen Zins von 3 % p.a.:

$$\frac{-800\ €}{1,03^{10}} = -595,28\ €$$

Das bedeutet: Sie müssten heute einen Verlust von 595,28 € machen, damit Sie in zehn Jahren 800 € weniger besitzen würden, als wenn Sie den Verlust nicht eingefahren hätten.

Beispiel: Eine Unternehmung macht am Ende eines Jahres auf ewig 200 € Verlust. Wie groß ist der heutige Wert der Unternehmung, wenn der risikolose Zins bei 1 % p.a. liegt?

$$-200\ € : (1,01 - 1) = -20.000\ €$$

Was heißt das? Sie müssten heute 20.000 € Verlust machen, damit Sie 20.000 € weniger risikolos zu 1 % p.a. anlegen könnten, um auf ewig genauso schlecht zu performen wie die Unternehmung. Oder anders:

Man müsste Ihnen mehr als 20.000 € zahlen, damit Sie die Unternehmung "kaufen", damit Sie ein Plusgeschäft machen können.

Kap 5 Rentenrechnung

Wissen Sie, wie viel Rente Sie bekommen werden? Und wissen Sie, ob Ihnen diese Rente zum Leben reichen wird? Gerade, wenn man noch recht jung ist, sieht man den Renteneintrittszeitpunkt als einen weit entfernten Zeitpunkt. Doch es lohnt sich, möglichst früh an später zu denken.

Stand 31.12.2022: Die Deutschen erhalten nach 45 Versicherungsjahren durchschnittlich knapp über 1.500 € Rente. Auf das zugrunde liegende Berechnungssystem gehen wir später noch ein. Da Sie prinzipiell kaum Einfluss auf Ihre zukünftige gesetzliche Rente haben, ist es wichtiger zu wissen, wie hoch Ihre Rente später ausfallen wird und wie Sie durch private Vorsorge auf eine bestimmte Rentenhöhe kommen können.

5.1 Gesetzliche Rente

Was lässt sich mathematisch über die gesetzliche Rente sagen? Tatsächlich ist es nicht wirklich viel. Sie und Ihr Arbeitgeber zahlen Beiträge in die Deutsche Rentenversicherung ein und erhalten ohne Abzüge ab der Regelaltersgrenze eine monatliche Rente. Diese lässt sich nicht wirklich prognostizieren.

Die offizielle Formel zur Berechnung der monatlichen Rente lautet:

$$EP \cdot ZF \cdot aRW \cdot RAF$$

Nachfolgend schauen wir uns die Bedeutung der einzelnen Variablen an.

Die *Entgeltpunkte EP* sammeln Sie durch Einzahlungen in die Deutsche Rentenversicherung. Ein Entgeltpunkt ist das Verhältnis Ihres eigenen Bruttojahreseinkommens[39] BE zum durchschnittlichen Bruttojahreseinkommen aller in die Deutsche Rentenversicherung einzahlenden Personen $\overline{BE}$. Das durchschnittliche Bruttojahreseinkommen des jeweiligen Jahres können Sie auf der Homepage der Deutschen Rentenversicherung finden[40]. Es gilt folglich:

---

[39] Falls Sie aufgrund der Kindererziehung nicht oder nur teilweise arbeiten gehen können, können Sie einen Antrag auf Feststellung von Kindererziehungszeiten stellen. Dann erhalten Sie pro Monat ein Zwölftel eines Entgeltpunktes. Informationen finden Sie auch auf <u>familienportal.de</u>. Für die Pflege von Angehörigen wird Ihre Pflegekasse tätig und teilt Ihnen bzw. der Deutschen Rentenversicherung mit, welchen Anspruch Sie haben.

[40] Den Online Rechner (Rentenschätzer) der Deutschen Rentenversicherung finden Sie aktuell (Dezember 2023) hier:

<u>https://www.deutsche-rentenversicherung.de/DRV/DE/Online-Services/Onlin</u><u>e-Rechner/Rentenschaetzer/rentenschaetzer_node.html</u>

Klicken Sie dort auf den Info-Button bei den Entgeltpunkten, um Ihnen das offizielle durchschnittliche Jahreseinkommen anzeigen zu lassen.

$$EP = BE : \overline{BE}$$

wodurch sich die gesamte Formel von oben umschreiben lässt zu:

$$BE : \overline{BE} \cdot ZF \cdot aRW \cdot RAF$$

Beispiel 1: Ihr Jahresbruttoeinkommen beträgt 48.000 €. Das Durchschnittsjahresbruttoeinkommen liegt 2023 bei 43.142 €. Angenommen, im nächsten Jahr wächst das Durchschnittsjahresbruttoeinkommen um 5 %, ihr Jahresbruttoeinkommen wächst allerdings stärker, nämlich um 10 %. Wie viele Entgeltpunkte sammeln Sie dann?

In diesem Jahr erhalten Sie:

$$48.000 \, € : 42.132 \, € = 1,14$$

Entgeltpunkte. Im nächsten Jahr werden beide Beträge um den jeweiligen Wachstumsfaktor erhöht. Man kann dann rechnen:

$$(48.000 \, € \cdot 1,10) : (42.132 \, € \cdot 1,05) = 1,19$$

In diesen zwei Jahren erhalten Sie zusammen 2,33 Entgeltpunkte.

Der *Zugangsfaktor ZF* hat im Normalfall, d.h. bei einem Renteneintritt mit 67 Jahren den Wert 1. Er verringert sich mit jedem Jahr früher in Rente um 0,003. Verzichtet man hingegen nach Renteneintritt eine gewisse Zeit auf seine Rente, so ist $ZF > 1$. Dabei erhöht er sich mit jedem Monat um 0,005. Geregelt sind diese Werte in §77 des SGB VI. Als Formel geschrieben würde das übrigens so aussehen:

Zugangsfaktor der gesetzlichen Rentenversicherung

Wenn m die Anzahl der Jahre ist, die man vor oder nach Erreichen der Regelaltersgrenze in Rente geht, so ist der Zugangsfaktor:

$$ZF = 1 - 0,003 \cdot m$$

falls die Rente vor Erreichen der Regelaltersgrenze in Anspruch genommen wird, und:

$$ZF = 1 + 0,005 \cdot m$$

falls die Rente nach Erreichen der Regelaltersgrenze in Anspruch genommen wird.

Beispiel 2: Statt mit 67 Jahren möchten Sie 3 Jahre (also 36 Monate) eher Anspruch auf Ihre Rente erheben. Wie groß ist Ihr Zugangsfaktor?

$$ZF = 1 - 0,003 \cdot 36 = 0,892$$

Beispiel 3: Statt mit 67 Jahren möchten Sie 4 Jahre (also 48 Monate) später Anspruch auf Ihre Rente erheben. Wie groß ist Ihr Zugangsfaktor?

$$ZF = 1 + 0,005 \cdot 48 = 1,24$$

Der *aktuelle Rentenwert aRW* ist ein wirtschaftsabhängiger Geldbetrag, den Sie je erworbenen Entgeltpunkt als monatliche Auszahlung, sprich als Rente, erhalten werden. Diesen können Sie z.B. bei bundesregierung.de unter "Arbeit und Soziales" einsehen. Im Jahr 2023 liegt dieser bei 37,60 €. Im Normalfall gibt es für alte und neue Bundesländer einen anderen Wert, für 2023 ist dieser gleich hoch. Folgende Tabelle listet die Rentenwerte inklusive der mittleren Wachstumsrate der letzten fünf bzw. zehn Jahre auf:

Tabelle 25: Rentenwert und mittleres jährliches Wachstum		
alte Bundesländer		
Jahr	Rentenwert	mittleres jährliches Wachstum seit 2013
2023	37,60 €	/
2018	32,03 €	3,26 % p.a.
2013	28,14 €	2,94 % p.a.
neue Bundesländer		
Jahr	Rentenwert	mittleres jährliches Wachstum seit 2013
2023	37,60 €	/
2018	30,69 €	4,14 % p.a.
2013	25,74 €	3,86 % p.a.

Zwar zeigt die Tabelle, dass der Rentenwert in den neuen Bundesländern in den letzten zehn Jahren im Mittel stärker gestiegen ist, sie suggeriert durch den Angleich in 2023 aber auch irgendwie, dass sich das Wachstum des Rentenwertes in den neuen Bundesländern an das Wachstum des Rentenwertes der alten Bundesländer anpassen wird. Leicht konservativ geschätzt könnte man ein zukünftiges Wachstum des Rentenwertes von 3 % p.a. annehmen.

Beispiel 4: Sie haben bis zu Ihrem heutigen Renteneintritt mit 67 insgesamt 35 Entgeltpunkte erhalten. Wie hoch ist Ihre monatliche Rente in 10 Jahren, wenn von einer jährlichen Rentenwertsteigerung von 3 % ausgegangen werden kann?

Heute (in 2023) erhalten Sie monatlich:

$$35 \cdot 37,60\,€ = 1.316\,€$$

Unter der Annahme einer Steigerung von 3 % p.a. wächst die monatliche Rente in zehn Jahren auf:

$$35 \cdot 37,60\,€ \cdot 1,03^{10} = 1.768,59\,€$$

Aus dem Beispiel folgt eine einfache Formel für den zukünftigen Rentenwert:

Zukünftiger Rentenwert

Wenn aRW der aktuelle Rentenwert in diesem Jahr ist, und wenn dieser Rentenwert jährlich um den Rentenwertwachstumsfaktor q_{RW} gesteigert wird, dann beträgt der zukünftige Rentenwert in n Jahren:

$$aRW \cdot q_{RW}^{n}$$

Mit dem *Rentenartfaktor RAF* werden verschiedene Typen von Renten unterschieden. Im Normalfall einer Rente im Sinne des Ruhestandes, der sogenannten *Altersrente*, ist $RAF = 1$. Die Rentenartfaktoren anderer Rententypen können Sie auf der Homepage der Deutschen Rentenversicherung finden. In diesem Buch wird ein Rentenartfaktor von 1 angenommen.

Beispiel 5: Sie sind heute 50 Jahre alt. Bis zu Ihrem vorzeitigen Renteneintritt mit 65 werden Sie 38 Entgeltpunkte gesammelt haben. Heute beträgt der Rentenwert 37,60 €. Wie hoch wird Ihre monatliche (Alters-) Rente (d.h. $RAF = 1$) ausfallen, wenn ein Rentenwertwachstum von 3 % p.a. angenommen wird?

Dann ist der Zugangsfaktor:

$$ZF = 1 - 0,003 \cdot 2 = 0,994$$

und Ihre monatliche Rente beträgt in 15 Jahren:

$$35 \cdot 0,994 \cdot 37,60 \text{ €} \cdot 1,03^{15} = 2.037,98 \text{ €}$$

5.2 Wachsende Bruttoeinkommen

Zwar enthält Ihre Renteninformation eine Prognose über Ihre zukünftige Rente, Sie selbst sind aber motiviert, verschiedene Szenarien durchzukalkulieren, damit Sie wissen, wie viel Sie an zusätzlichem Vermögen ansparen sollten.

Angenommen, Sie haben in diesem Jahr ein Bruttoeinkommen von 50.000 €, bei dem davon ausgegangen werden kann, dass es kontinuierlich um 6 % p.a. wächst. Desweiteren nehmen wir als durchschnittliches Jahresbruttoeinkommen der in der deutschen Rentenversicherung einzahlenden Personen mit dem Wert aus 2023 an: 42.132 €. Wir schätzen ab, dass sich dieser durchschnittliche Wert um 4 % p.a. erhöhen wird. Für den heutigen Rentenwert soll der Wert aus 2023 mit 37,60 € angenommen werden. Zuletzt gehen wir noch davon aus, dass Sie bereits 20 Entgeltpunkte gesammelt haben. Wie hoch wird Ihre Rente in 20 Jahren ausfallen, wenn der Zugangsfaktor 1 beträgt?

Der Rentenwert in 20 Jahren beträgt:

$$37,60 \text{ €} \cdot 1,03^{20} = 67,91 \text{ €}$$

Nun müssen wir herausfinden, wie viele Entgeltpunkte Sie sammeln können, wobei dieses Jahr ebenfalls mit als "Sammeljahr" mit eingerechnet werden soll. Ein Entgeltpunkt ist jeweils das Verhältnis Ihres Jahresbruttos zum Durchschnittswert. Das Verhältnis verändert sich von Jahr zu Jahr durch Ihr steigendes Einkommen und durch das steigende Durchschnittseinkommen. Am Ende soll die Summe dieser Verhältnisse gebildet werden:

$$\frac{50.000 \text{ €}}{42.132 \text{ €}} + \frac{50.000 \text{ €} \cdot 1,06}{42.132 \text{ €} \cdot 1,04} + \frac{50.000 \text{ €} \cdot 1,06^2}{42.132 \text{ €} \cdot 1,04^2} + ... + \frac{50.000 \text{ €} \cdot 1,06^{20}}{42.132 \text{ €} \cdot 1,04^{20}}$$

Um die Sache zu vereinfachen, kann der Quotient aus Ihrem und dem Durchschnittseinkommen ausgeklammert werden. Zudem können die

Quotienten aus den Wachstumsfaktoren mit Hilfe eines Potenzgesetzes in eine gemeinsame Klammer mit gemeinsamem Exponent geschrieben werden:

$$\frac{50.000\,€}{42.132\,€} \cdot \left(1 + \frac{1,06}{1,04} + \left(\frac{1,06}{1,04}\right)^2 + ... + \left(\frac{1,06}{1,04}\right)^{20}\right)$$

Das schreit nach einer Partialsumme einer geometrischen Reihe. Gerundet kann man alle Quotienten auch ausrechnen und dann schreiben:

$$1,187 \cdot \left(1 + 1,019 + 1,019^2 + ... + 1,019^{20}\right)$$

was sich mit der bekannten Formel für die Partialsumme einer geometrischen Reihe umformen lässt zu:

$$1,187 \cdot \frac{1,019^{21} - 1}{1,019 - 1}$$

Das gerundete Ergebnis lautet 30,29. Würden Sie an keiner Stelle runden, so würden Sie bei einer Summe der Entgeltpunkte von 30,35 landen.

Mit den bereits 20 erworbenen Entgeltpunkten haben Sie insgesamt 50,29. Ihre monatliche Rente beträgt demnach:

$$50,29 \cdot 67,91\,€ = 3.415,19\,€$$

Wenn Sie recherchieren, werden Sie feststellen, dass dieser Wert höher als die aktuelle Höchstrente ist. Bevor Sie die Korrektheit unserer Rechnung in Frage stellen wollen, beachten Sie, dass wir die Entwicklung von Gehältern und die des Rentenwertes in die Zukunft prognostiziert haben, und zwar für einen relativ langen Zeitraum, in dem die angenommenen Wachstumsraten nicht abwegig sind. Der berechnete Wert ist damit kein aktueller, sondern ein zukünftiger Wert.

Formeltechnisch folgt aus dem Beispiel

Entgeltpunkte bei wachsenden Bruttoeinkommen

Beträgt Ihr Bruttoeinkommen in diesem Jahr BE und ist das diesjährige durchschnittliche Bruttoeinkommen aller in die gesetzliche Rentenversicherung einzahlenden Personen $\overline{BE}$, dann sei das Verhältnis dieser beiden Größen:

$$V_{BE} = \frac{BE}{\overline{BE}}$$

Wächst Ihr individuelles Bruttoeinkommen jährlich um den Faktor q_{BE} und das durchschnittliche Bruttoeinkommen jährlich um den Faktor $q_{\overline{BE}}$, dann sei das Verhältnis dieser beiden Größen:

$$w_{BE} = \frac{q_{BE}}{q_{\overline{BE}}}$$

Die Summe der Entgeltpunkte, die Sie, inklusive diesem Jahr, in n Jahren gesammelt haben werden, ist dann:

$$V_{BE} \cdot \left(w_{BE}^{n+1} - 1\right) : \left(w_{BE} - 1\right) \quad \text{oder} \quad V_{BE} \cdot \frac{w_{BE}^{n+1}-1}{w_{BE}-1}$$

falls $q_{BE} \neq q_{\overline{BE}}$. Falls $q_{BE} = q_{\overline{BE}}$, dann ist die Summe der Entgeltpunkte:

$$V_{BE} \cdot (n + 1)$$

Beispiel 1: In diesem Jahr erhalten Sie Brutto 45.000 €, während der Durchschnittsbruttolohn 42.132 € beträgt. Ihr Bruttolohn steigt jährlich um 2 %, der Durchschnittsbruttolohn um 3,5 % p.a. Wie viele Entgeltpunkte erhalten Sie in 15 Jahren, inklusive diesem Jahr?

$$V_{BE} = 45.000\,€ : 42.132\,€ \approx 1,0433$$

$$w_{BE} = 1,02 : 1,035 \approx 0,9855$$

Dann folgt für die Summe der Entgeltpunkte:

$$1,0433 \cdot \left(0,9855^{16} - 1\right) : (0,9855 - 1) \approx 14,99$$

Beispiel 2: Sie erhalten Brutto 52.000 €, während der Durchschnittswert bei 43.500 € liegt. Wie viele Entgeltpunkte sammeln Sie in 10 Jahren, wenn Ihr Brutto und der Durchschnittswert jährlich um 3 % wachsen?

$$V_{BE} = 52.000\,€ : 43.500\,€ \approx 1,1954$$

Daraus folgt die Summe der Entgeltpunkte mit:

$$1,1954 \cdot (10 + 1) \approx 13,15$$

Beispiel 3: Wir beziehen uns auf Beispiel 2 und gehen davon aus, dass bisher bereits 20 Entgeltpunkte gesammelt werden konnten. Der heutige Rentenwert soll 38,00 € betragen und künftig um 3 % p.a. steigen. Wie hoch wird Ihre monatliche Rente ausfallen, wenn Sie in zehn Jahren, was 4 Jahre vor Erreichen der Regelaltersgrenze liegt, Anspruch auf Ihre Rente erheben wollen?

Der Zugangsfaktor ergibt sich durch den vorzeitigen Renteneintritt zu:

$$ZF = 1 - 0,003 \cdot 48 = 0,856$$

Insgesamt werden Sie:

$$EP = 20 + 13,15 = 23,15$$

Entgeltpunkte gesammelt haben. Der Rentenwert steigt zehn Jahre lang um 3 % p.a. und beträgt in zehn Jahren:

$$RW = 38,00\,€ \cdot 1,03^{10} = 51,07\,€$$

Daraus folgt eine monatliche Rente von:

$$23,15 \cdot 0,856 \cdot 51,07\,€ = 1.012,02\,€$$

5.3 Beamtenpension

Wenn Sie verbeamtet sind, werden Sie eine Pension erhalten. Die erste nötige Variable zur Bestimmung der monatlichen Pension ist die sogenannte *ruhegehaltfähige Dienstzeit RD*. Es handelt sich um die Zeit, die ein Beamter im Dienst des Bundes oder im Dienst der Länder gestanden hat. Teilzeitbeschäftigungen werden anteilig berechnet. Schauen Sie im Einzelnen nach, welche Zeiten Ihnen in Ihrem Bundesland bzw. beim Bund tatsächlich als ruhegehaltfähig anerkannt werden können.

Eine in den Beamtenversorgungsgesetzen der Länder bzw. des Bundes festgelegte Konstante ist der Prozentsatz von 1,79375 %, der auch *Steigerungssatz S* genannt wird. Diesen finden Sie im jeweiligen Beamtenversorgungsgesetz. Multipliziert man diesen Prozentsatz mit der ruhegehaltfähigen Dienstzeit, so ergibt sich der *Ruhegehaltssatz RGS*:

$$RGS = RD \cdot 1,79375\,\% \quad \text{als Prozentsatz oder}$$

$$RGS = RD \cdot 0,0179375 \quad \text{als Dezimalbruch}$$

Dieser Ruhegehaltssatz ist nach oben hin durch den in den Beamtenversorgungsgesetzen festgelegten Höchstsatz von 71,75 % begrenzt. Zwar scheinen die genannten Zahlen willkürlich zu sein, sie sind aber auch per Gesetz geregelt und damit durch den Gesetzgeber anpassbar. Zudem besteht zumindest ein mathematischer Zusammenhang zwischen den Zahlen, weil 40 Jahre (Vollzeit) als maximale ruhegehaltfähige Dienstzeit angenommen werden:

$$40 \cdot 1,79375\,\% = 71,75\,\%$$

Beispiel 1: Sie haben 30 Jahre lang vollzeit als Beamter gearbeitet, von denen jedes Jahr als ruhegehaltfähige Dienstzeit anerkannt ist. Wie hoch ist der Ruhegehaltssatz?

$$RGD = 30 \cdot 1,79375\,\% = 53,8125\,\%$$

Der Ruhegehaltssatz wird nun verwendet, um die Pension zu ermitteln. Dafür multipliziert man diesen mit den *ruhegehaltfähigen Dienstbezügen RB*. Dabei handelt es sich um das Grundgehalt, das der Beamte in seiner letzten Besoldungsstufe vor Eintritt in den Ruhestand erhalten hat. Wurde der Beamte kurz vor seinem Eintritt befördert, so dass er in einer höheren Besoldungsgruppe gelandet ist, dann gilt dieser höhere Sold nur dann, wenn er sich mindestens zwei Jahre in diesem höheren Amt befunden hat. In der Regel wird für jedes Jahr, das der Beamte eher in den Ruhestand geht, ein *Versorgungsabschlag* von 3,6 % von der Pension abgezogen.
Es gibt noch weitere Eventualitäten, Korrekturfaktoren, etc. Belesen Sie sich dazu in den Gesetzen des Bundes bzw. der Länder. In diesem Buch soll es nicht um die rechtliche, sondern um die mathematische Seite gehen.

Beispiel 2: Sie haben 35 Jahre lang Vollzeit als Beamter gearbeitet und zuletzt ein monatliches Grundgehalt (Brutto) von 5.000 € erhalten. Sie wollen Ihr Ruhegehalt jetzt zwei Jahre vor der gesetzlichen Altersgrenze beziehen. Wie hoch wird Ihre Pension ausfallen?

$$RGS = 35 \cdot 0,0179375 = 0,6278125$$

Dann ergibt sich ein Bruttoruhegehalt von:

$$5.000\,\text{€} \cdot 0,6278125 = 3.139,06\,\text{€}$$

falls zur gesetzlich geregelten Altersgrenze in den Ruhestand eingetreten wird. Zwei Jahre vorzeitig heißen, dass von diesem Ergebnis noch zwei mal 3,6 % abgezogen werden müssen. Das ergibt:

$$3.139,06 \, € \cdot (1 - 2 \cdot 0,036) = 2.913,05 \, €$$

Insgesamt folgt für die einfachen Betrachtungen:

Ruhegehalt eines Beamten

Hat der Beamte mindestens zwei Jahre vor Eintritt in den Ruhestand ein Amt ausgeführt, bei dem er monatlich die ruhegehaltfähigen Dienstbezüge RB bezogen hat, und hat er RD ruhegehaltfähige Dienstjahre gearbeitet, dann beträgt sein Ruhegehalt bei einem Steigerungssatz (2023) von 0,0179375:

$$RB \cdot RD \cdot 0,179375 \cdot (1 - m \cdot 0,036)$$

wenn er m Jahre vor dem gesetzlichen Ruhestandseintrittsalter in den Ruhestand eintritt. Es muss beachtet werden, dass der Faktor RD aktuell (2023) maximal 40 betragen kann.

Beispiel 3: Ein Beamter hat zuletzt 6.000 € Grundgehalt bezogen, und 42 Jahre ruhegehaltfähige Dienstzeit vorzuweisen. Der Steigerungssatz sei 0,0179375, der Versorgungsabschlagssatz ist 0,036. Wie hoch ist sein monatliches Ruhegehalt, wenn er drei Jahre früher in den Ruhestand eintritt?

Es kann per Gesetz maximal $RD = 40$ angesetzt werden, weshalb folgt:

$$6.000 \, € \cdot 40 \cdot 0,0179375 \cdot (1 - 3 \cdot 0,036) = 3.840,06 \, €$$

5.4 Wachsendes Ruhegehalt

Auch der Sold der Beamten wird in etwa jährlich angehoben. Ein halbwegs guter Schätzwert für das mittlere jährliche Soldwachstum ist 2 %. Für die Beamten ist dies in Hinblick auf die Kalkulation des zukünftigen Ruhegehaltes wichtig. Was wir hier nicht berücksichtigen, ist ein höherer Sold durch Stufenaufstieg innerhalb der Besoldungsgruppe.

Für das Ruhegehalt sind die Dienstbezüge der Besoldungsgruppe und Besoldungsstufe maßgeblich, in der der Beamte zuletzt mindestens zwei Jahre besoldet wurde. Eine sinnvolle Vereinfachung für die folgenden Betrachtungen ist die Annahme, dass der Beamte in unseren Berechnungszeiträumen keinen Wechsel der Besoldungsgruppe vornimmt.

Sie sind Beamter und erhalten heute ein monatliches Bruttogrundgehalt von 4.500 €. Bisher haben Sie 20 Jahre ruhegehaltfähige Dienstzeit in Vollzeit gedient. Wie groß wird Ihr Ruhegehalt ausfallen, wenn Ihr Sold jährlich um 2 % wächst, und Sie in 15 Jahren (nicht vorzeitig) in den Ruhestand gehen?

$$4.500 \, € \cdot 1,02^{15} \cdot 35 \cdot 0,0179375 = 3.802,29 \, €$$

Das Beispiel zeigt, dass das Wachstum des Bruttoeinkommens des Beamten relativ einfach in die aus dem letzten Kapitel bekannte Formel integriert werden kann:

Beispiel: Ein Beamter hat ruhegehaltfähige Dienstbezüge in Höhe von 3.000 €. Diese wachsen jährlich um 1,8 %. Er wird in zehn Jahren ein halbes Jahr vor der Regelaltersgrenze in den Ruhestand gehen und insgesamt 30,5 ruhegehaltfähige Dienstjahre gedient haben. Wie groß wird sein nominales monatliches Ruhegehalt ausfallen?

$$3.000 \, € \cdot 1,018^{10} \cdot 30,5 \cdot 0,0179375 \cdot (1 - 6 \cdot 0,036)$$

$$= 1.538,07 \, €$$

5.5 Private Vorsorge

Haben Sie schon ein paar Berechnungen durchgeführt, um zu sehen, wie hoch Ihre Rente bzw. Ihr Ruhegehalt vermutlich ausfallen wird? Und haben Sie dieses auch mit Ihrem vermutlichen letzten Bruttogehalt verglichen? Sollte das der Fall sein, dann haben Sie als Differenz dieser beiden Werte Ihre *Rentenlücke* berechnet. Um Ihren Lebensstandard zu halten, sollten Sie zusätzlich privat vorsorgen. Vielleicht lässt Ihre private Vorsorge sogar zu, dass Sie bei gleichem Lebensstandard ein paar Jahre eher in Ihren wohlverdienten Ruhestand eintreten können. Vielleicht sorgt Ihre private Vorsorge aber auch für einen höheren Lebensstandard nach Renteneintritt.

Eine Variante ist eine private Rentenversicherung. Sie zahlen monatlich ein und erhalten ab einem bestimmten Zeitpunkt eine monatliche private Rente ausgezahlt. Das ist an sich nichts anderes als ein Sparplan. Damit haben wir uns in diesem Buch bereits umfangreich beschäftigt. Und ob Sie nun in eine private Rentenversicherung einzahlen, ein Aktien- oder ETF-Portfolio aufbauen, oder andere Varianten nutzen - das ist Ihnen überlassen. All diese Dinge sind eine Art private Vorsorge, um die spätere Rentenlücke schließen zu können. Beachten Sie bei Ihren Berechnungen, ob Sie nachschüssig oder vorschüssig zu rechnen haben.

Einen wichtigen Begriff konnten wir im damaligen Kapitel zu den Sparplänen noch nicht klären, weil das Kapitel *Preis & Wert* erst nach dem Sparplankapitel folgte. Ihr persönlicher Vermögensberater wird den Begriff des *Barwertes* vielleicht erwähnen. Diesen nehmen wir im nächsten Kapitel mathematisch auseinander, damit Sie etwas mit diesem Begriff anfangen können.

5.6 Der Barwert der Rente

Für Ihre private Altersvorsorge investieren Sie jährlich 2.000 € in eine private Rente. Die Rendite dieser Rente beträgt 4 % p.a. Nach 20 Jahren häufen Sie vorschüssig gerechnet nominal ein Vermögen von:

$$2.000\ € \cdot 1,04 \cdot \left(1,04^{20} - 1\right) : (1,04 - 1) \approx 61.938,40\ €$$

an. Im Sinne einer privaten Rente heißt dieses Vermögen *Endwert* oder *Rentenendwert*. Dabei wird davon ausgegangen, dass das Einzahlen in die private Rente gestoppt wird, sobald von diesem Vermögen gezehrt werden soll.

Prinzipiell können Sie sich vorstellen, dass Sie erst nach Ablauf der mit der privaten Rentenversicherung festgelegten Sparzeit wieder Zugriff auf Ihr Kapital haben. Aus dem Kapitel *Preis & Wert* wissen wir, dass Geld, das uns erst in der Zukunft gezahlt wird, heute einen anderen Wert besitzt als in der Zukunft. Mit Ermittlung des *Endwertes* liegt uns lediglich der zukünftige nominale Wert des Sparvermögens vor.

Um einen rationalen Vergleich zu risikolosen Investments zu ziehen, haben wir den uns in der Zukunft zufließenden Geldbetrag bei der Ermittlung des heutigen Wertes dieses zukünftigen Zahlungsstroms mit dem risikolosen Zins auf den heutigen Tag abgezinst. Sprich: Das Ergebnis von 61.938,40 € muss durch den risikolosen Zinsfaktor hoch 20 geteilt werden:

$$61.938,40\ € : q^{20}$$

Private Rentenversicherungen sehen den Zins, den Sie auf Ihr eingezahltes Kapital erhalten, als risikolosen Zins an. Das wären im beschriebenen Beispiel 4 % p.a. Denn eine private Rentenversicherung tut nichts anderes, als Investitionen in Anleihen, Aktien, etc. zu tätigen. Sie soll absichern, dass die versicherten Personen in der Zukunft eine private Rente erhalten werden. Damit eine Garantie auf Rente gewährleistet ist, kann die private Rentenversicherung nur bedingt Risiken eingehen. Folglich wird der Zins, den Sie als versicherte Person erhalten, bei den Berechnungen des sogenannten *Barwertes* als risikoloser Zins angesetzt.

Der *Barwert einer Rente* oder *Rentenbarwert* ist damit nichts anderes als der heutige Wert des zukünftigen *Endwertes* Ihrer Rente.

Dass sich der Zins einer privaten Rentenversicherung ändert und sich an Marktbedingungen anpasst, versteht sich von selbst. Sie als Privatanleger können sich nun mit wenig Aufwand ein Bild davon machen, welchen Wert eine private Rentenversicherung in Ihrem persönlichen Portfolio besitzt.

Beispiel: Ein Anleger zahlt 25 Jahre lang jährlich 3.000 € in eine private Rentenversicherung ein, bei der sein Kapital mit 3,5 % p.a. verzinst wird. Wie groß sind Endwert und Barwert der Rente bei vorschüssiger Berechnung?

Der Rentenendwert ist unter diesen Annahmen:

$$3.000\ € \cdot 1,035 \cdot \left(1,035^{25} - 1\right) : (1,035 - 1)$$

$$= 120.939,31\ €$$

Der Barwert ergibt sich durch Abzinsen mit dem Faktor 1,035:

$$120.939,31\ € : 1,035^{25} = 51.175,10\ €$$

D.h. der Anleger müsste heute 51.175,10 € für 25 Jahre zu 3,5 % p.a. als Einmalanlage investieren, um in 25 Jahren nominal einen Betrag von 120.939,31 € zu haben. Kalkulieren Sie Dynamikerhöhungen und andere risikolose Zinsen als alternative Szenarien, um sich ein besseres Bild des Wertes Ihrer privaten Rente in Ihrem Portfolio machen zu können.

5.7 Ewige Rente

Gesetzliche Rente und Ruhegehalt haben den Vorteil, dass Sie diese Beträge garantiert[41] monatlich erhalten werden. Bei der privaten Rente geht das natürlich ebenso. Sie können sich das Kapital aber je nach Rentenversicherung auch auszahlen lassen. Ihre Sparpläne und Einmalanlagen haben zu Ihrem Eintritt in den Ruhestand ebenfalls einen gewissen Betrag erreicht, von dem Sie nun ggf. zehren müssen. Und an dieser Stelle stellen wir uns die Frage, wie ein angespartes Vermögen verwendet werden sollte, wenn wir nicht wissen, wie lange wir noch leben.

Sie gehen heute in Rente und haben ein Vermögen von 300.000 € anhäufen können. Dieses Geld könnten Sie natürlich jährlich verprassen, z.B. über 10 Jahre lang 30.000 €. Allerdings ist es dann weg. Da Sie ja nicht wissen, ob Sie noch 10 Jahre oder 30 Jahre leben, sollten Sie auf Nummer sicher gehen und dafür sorgen, dass Ihr Vermögen nicht kleiner wird. Zudem wachsen Preise für Waren und Güter, die Sie persönlich benötigen werden, an. Eine risikolose Anlage des Geldes ist aus dieser Sicht die rationalste Entscheidung[42].

Bei einem angenommenen risikolosen Zinssatz von 3 % p.a. erhalten Sie jährlich 9.000 € auf Ihr Vermögen von 300.000 €. Wenn Sie nur diese 9.000 € pro Jahr verwenden und ausgeben, dann bleibt ihr privates Rentenvermögen bei 300.000 €, und zwar für immer, falls der risikolose Zins ebenfalls für immer 3 % p.a. beträgt.

Diese 9.000 € sind dann die sogenannte *ewige Rente*. So viel Geld können Sie von Ihrem Altersvorsorgevermögen jährlich abzwacken, ohne dass sich Ihr Vermögen verkleinert. Natürlich ist dieser Betrag abhängig vom risikolosen Zins, weshalb die ewige Rente nicht

---

[41] Natürlich ist die gesetzliche Rente abhängig vom aktuellen Rentenwert aRW. Und von der Sache her kann eigentlich auch nie ausgeschlossen werden, dass ein Staat nicht mehr zahlungsfähig ist.
[42] Es sei denn, Sie haben so viele sonstige Einkünfte, dass Sie mehr Risiken eingehen können.

wirklich garantiert ist. Außerdem wissen Sie nie, ob sich ein Staat höhere Steuern oder Gebühren auf Vermögensbesitz einfallen lässt. Gehen Sie bei Ihren Berechnungen wie immer von konservativen und eher skeptischen Annahmen aus.

Es folgt:

Ewige Rente

Wenn der risikolose Zinsfaktor q ist, und ein Vermögen K existiert, dann beträgt die *ewige Rente*:

$$K \cdot (q - 1)$$

Beispiel: Sie haben 250.000 € in einem weltweiten ETF ansparen können. Dieser ETF legt jährlich um 3,5 % zu. Wie hoch ist die ewige Rente?

$$\textit{ewige Rente} = 250.000\,€ \cdot 0,035 = 8.750\,€$$

Entnehmen Sie jährlich 8.750 € aus dem ETF-Vermögen, so bleibt der nominale Wert der 250.000 € dauerhaft bestehen, falls die 3,5 % p.a. an Wachstum als ewige Wachstumsrate angenommen werden können.

5.8 Kaufkraft und Rentenlücke

Rentenprognosen sind die eine Sache. Was Sie sich später von Ihrer Rente kaufen können, eine andere. Anhand eines Beispiels wird Ihnen in diesem Kapitel verdeutlicht, wie der Kaufkraftverlust in Ihre Kalkulationen einbezogen werden kann. Gleichzeitig schlägt dieses Kapitel einen Bogen über alles, was wir bisher über Rente durchdacht haben. Beachten Sie, dass dieses Beispiel bestimmte Annahmen über einen langen Zeitraum macht, die nur schlecht prognostizierbar sind. Aus diesem Grund werden Ihnen die Zahlen in den Ergebnissen recht hoch vorkommen. Das Beispiel soll Ihnen lediglich zeigen, wie gerechnet werden muss.

Beispiel: Ein 24-jähriger Anleger erhält in diesem Jahr ein jährliches Bruttogehalt von 40.000 € und wird erstmals in die deutsche Rentenversicherung einzahlen. Folgende Annahmen treffen wir für dieses Beispiel. Das durchschnittliche Bruttogehalt der Einzahlenden beträgt in diesem Jahr 43.000 €. Das Gehalt des Anlegers wächst mit 3,5 % p.a., das Durchschnittseinkommen mit 3 % p.a. und der aktuelle Rentenwert von 38 € mit 3,3 % p.a. Der Anleger wird mit 67 in Rente gehen. Der Wachstumsfaktor der für den Anleger infrage kommenden Güter soll 1,02 betragen. Wie groß ist die zukünftige monatliche Kaufkraft seiner Rente unter diesen Annahmen?

Zuerst berechnen wir, wie hoch seine zukünftige Rente ausfallen wird. Das Verhältnis des Einkommen zum durchschnittlichen ist:

$$V_{BE} = 40.000 \, € : 43.000 \, € \approx 0,93$$

Das Verhältnis des Wachstums von Einkommen und Durchschnittseinkommen ist:

$$w_{BE} = 1,035 : 1,03 \approx 1,0049$$

Dann beträgt die Summe der Entgeltpunkte:

$$0,93 \cdot \left(1,0049^{43} - 1\right) : (1,0049 - 1) \approx 44,39$$

Seine gesetzliche (monatliche) Rente beträgt dann:

$$44,39 \cdot 38\,€ \cdot 1,033^{43} \approx 6.813,69\,€$$

Bei der im Beispieltext beschriebenen angenommen Inflationsrate von 2 % p.a. ergibt sich eine Kaufkraft dieses Betrages von:

$$6.813,69\,€ : 1,02^{43} \approx 2.907,87\,€$$

Mit seiner (Brutto-) Rente wird sich der Anleger unter den gemachten Annahmen also Waren kaufen können, die heute 2.907,87 € kosten (was so nicht ganz stimmt, weil das ja kein Nettobetrag ist).

Das Jahresbruttoeinkommen des Anlegers betrug in seinem letzten Jahr vor Renteneintritt[43]:

$$40.000\,€ \cdot 1,035^{43} \approx 175.588,08\,€$$

was monatlich 14.632,34 € bedeutet. Die nominale monatliche Rentenlücke des Anlegers beträgt damit:

$$14.632,34\,€ - 6.813,69\,€ = 7.818,65\,€$$

was jährlich 93.823,80 € sind. Damit der Anleger seinen Lebensstandard auch noch nach Renteneintritt halten kann, sollte er sich privat absichern. Gehen wir davon aus, dass diese Lücke durch eine ewige Rente bei einem risikolosen Investment zu einem

---

[43] Noch einmal: Dieses Ergebnis ist unter bestimmten Annahmen entstanden und prognostiziert das Einkommen in 43 Jahren. Das Wachstum, das in diesem Zeitraum stattfinden kann, ist auch bei kleinen Wachstumsrate enorm. Bedenken Sie, was die Leute vor 40 Jahren einmal verdient haben.

risikolosen Zins von 4 % p.a. geschlossen werden soll, so benötigt er zum Renteneintritt ein Vermögen von[44]:

$$92.823,80 \, \text{€} : 0,04 = 2.320.595 \, \text{€}$$

Wie viel sollte der Anleger monatlich zur Seite legen und investieren, damit er zu seinem Renteneintritt bei diesem Betrag landet? Wir nehmen an, dass der Anleger nebenbei einen Wertpapiersparplan laufen lässt, dessen Wert sich jährlich um 7 % erhöht. Zudem will der Anleger die Erhöhung seines Gehaltes für eine jährliche Dynamikerhöhung seiner Sparrate nutzen. Dafür legt er eine Dynamikerhöhung von 2,5 % p.a. fest. Dann ist der korrigierte Wachstumsfaktor:

$$q_{kd} = 1,025 : 1,07 \approx 0,9579$$

Und für die erforderliche erste Rate R gilt mit der vorschüssigen Sparplanformel mit Dynamikerhöhung:

$$2.320.595 \, \text{€} = R \cdot 1,07^{43} \cdot \left(0,9579^{43} - 1\right) : (0,9579 - 1)$$

Um R ermitteln zu können, wird zuerst alles zusammengerechnet, was rechts von R steht[45]:

$$2.320.595 \, \text{€} = R \cdot 367,19$$

Nach Division durch 367,19 erhält man die erste Rate:

$$6.319,88 \, \text{€} = R$$

die der Anleger von seinem ersten Nettogehalt investieren müsste. Das sind monatlich 526,66 €.

---

[44] Beachten Sie: Der Grundwert ist gesucht, weshalb der Prozentwert durch den Prozentsatz dividiert werden muss.

[45] Das ist quasi der Rentenendwertfaktor unter Einfluss der Dynamikerhöhung.

Dieses Beispiel mag zwar fiktiv sein, dennoch ist es nicht unrealistisch. Es lohnt sich für jeden Privatanleger, zu überlegen, inwiefern er seine später entstehende Rentenlücke überbrücken möchte. Natürlich ist eine Prognose von über 40 Jahren in die Zukunft eine recht ungenaue Schätzung. Aus diesem Grund sollten Sie die folgenden beiden Grundsätze bei der Prognose beachten:

1. Erstellen Sie mehrere Modelle, die verschiedene Schätzungen über Wachstumsfaktoren einbeziehen.
2. Aktualisieren Sie Ihre Modelle in regelmäßigen Abständen, z.B. alle zwei Jahre, um zu schauen, inwiefern Ihre ursprünglichen Kalkulationen noch aktuell sind.

5.9 Die 300-er Regel auf dem Prüfstand

Die *300-er-Regel* macht eine Aussage darüber, wie viel Kapital Sie benötigen, um Ihren Lebensstandard im Rentenalter beizubehalten. Multiplizieren Sie Ihre (mittleren) monatlichen Ausgaben mit 300. Dann erhalten Sie das Vermögen, das Sie nach Eintritt in den Ruhestand benötigen, um Ihren Lebensstandard zu halten. Mit dem Halten des Lebensstandards ist gemeint, dass Ihre monatlichen Ausgaben weiterhin durch das angesparte Vermögen gedeckt sind, und für die Ewigkeit weiterhin bezahlt werden können.

Beispiel 1: Die Summe Ihrer monatlichen Ausgaben (Essen, Trinken, Versicherungen, Miete, Hobbies, usw.) beträgt 1.500 €. Dann benötigen Sie im Rentenalter:

$$300 \cdot 1.500 \, € = 450.000 \, €$$

Diese Regel ist schnell daher gesagt und auch fix angewendet. Bevor wir unüberlegt einer Regel vertrauen, sollten wir uns fragen, was dahintersteckt und ob die Berechnung überhaupt hinhaut.

Es gibt einen Zusammenhang zwischen dieser Regel und der sogenannten *4 % - Regel*. Die 4 % - Regel besagt, dass man genau so viel Vermögen braucht, dass 4 % dieses Vermögens den jährlichen Ausgaben entsprechen. Der Hintergrund dieser Regel liegt in der mittleren Rendite eines gemischten und eher risikoarm strukturierten Portfolios. Ein guter Mix aus hoch gerateten Staatsanleihen, Aktien, Edelmetallen, etc. macht relativ sicher[46] 4 % Wachstum pro Jahr. Anders ausgedrückt ist die 4 % - Regel eine andere Formulierung der *Ewigen Rente*, wobei 4 % p.a. als risikoloser Zins angesehen werden.

---

[46] Was auch immer unter relativ sicher verstanden werden kann. Und natürlich gibt es keine Garantie auf 4 % p.a. Wachstum.

Beispiel 2: Wie viel Vermögen benötigen Sie nach Eintritt in den Ruhestand, wenn Ihre heutigen monatlichen Ausgaben 1.500 € betragen?

Dann brauchen Sie jährlich 18.000 €. Um diesen Wert muss das Portfolio jährlich wachsen. Dieser Wert soll demnach 4 % des Gesamtvermögens ausmachen. Dann müsste das Gesamtvermögen:

$$18.000 \,€ : 0,04 = 450.000 \,€$$

betragen. Purer Zufall, dass das gleiche Ergebnis wie in Beispiel 1 herauskommt? Nein. Die monatlichen Ausgaben M, multipliziert mit 300 ergeben das nötige Rentenvermögen V_R:

$$V_R = 300 \cdot M$$

Dieses Vermögen erhält man auch, indem man die jährlichen Ausgaben, die ja das Zwölffache der monatlichen Ausgaben sind, durch 0,04 teilt:

$$V_R = 12 \cdot M : 0,04$$

Die beiden Zahlen in dieser Gleichung lassen sich anders positionieren:

$$V_R = 12 : 0,04 \cdot M$$

Und wenn Sie diese beiden Zahlen zusammenrechnen, erhalten Sie 300. Folglich sind die 300-er Regel und die 4 % - Regel identische Regeln.

Wie realistisch sind die Regeln? Was hier nicht einkalkuliert wurde, ist einerseits, dass der risikolose Zins nicht zwangsweise bei 4 % liegen muss. Andererseits wurde die inflationsbedingte Erhöhung der Preise der für sich selbst infrage kommenden Konsumgüter nicht berücksichtigt. Drittens wurde außen vor gelassen, dass der Anleger womöglich ohnehin eine monatliche Rente oder eine Pension erhält. Das motiviert uns, diese Regeln anzupassen.

Wenn Sie noch n Jahre bis zu Ihrem Renteneintritt haben, dann erhöhen sich die monatlichen Ausgaben bis dahin und darüber hinaus um den Preiswachstumsfaktor q_P, für den oftmals 2 % bzw. 1,02 angesetzt werden können. Die monatlichen Ausgaben betragen dann in n Jahren:

$$M \cdot q_P^{\,n}$$

Der risikolose Zinsfaktor sei q , wofür zuvor 4 % bzw. 1,04 angesetzt wurden. Unter Berücksichtigung der Preiswachsumsrate beträgt das nötige Rentenvermögen dann:

$$V_R = 12 \cdot M \cdot q_P^{\,n} : (q - 1)$$

Die schon vorhandene monatliche Rente R muss allerdings abgezogen werden, da diese ja bereits monatliche Ausgaben, zumindest teilweise, deckt:

Korrigierte 4 % - bzw. 300-er - Regel bei Renteneintritt

Sind die heutigen monatlichen Ausgaben M und wird man beim Eintritt in den Ruhestand in n Jahren eine monatliche Rente R erhalten, dann muss das Sparvermögen V_R bei einer jährlichen Preissteigerung, die durch den Wachstumsfaktor q_P beschrieben wird, bei Renteneintritt den Wert:

$$V_R = 12 \cdot \left(M \cdot q_P^{\,n} - R \right) : (q - 1)$$

besitzen, um die Rentenlücke zu schließen bzw. um den Lebensstandard zu halten, wobei q der risikolose Zinsfaktor ist.

Beispiel 3: Ihre monatlichen Ausgaben betragen 1.500 €. Bis zu Ihrem Renteneintritt in 20 Jahren steigen die Preise jährlich um 2 %. Wie groß muss das Rentenvermögen sein, um bei einem risikolosen Zins von 4 % und einer gesetzlichen Rente von 1.800 € bei Renteneintritt, die jährlich um 3 % wächst, die Rentenlücke zu schließen?

$$V_R = 12 \cdot \left(1.500\ € \cdot 1,02^{20} - 1.800\ €\right) : 0,04$$

$$= 128.676,33\ €$$

Würde man keine gesetzliche Rente erhalten, so müsste das Vermögen einen Wert von:

$$V_R = 12 \cdot 1.500\ € \cdot 1,02^{20} : 0,04$$

$$= 668.676,33\ €$$

haben. Die 300-er Regel, die für die 1.500 € an monatlichen Ausgaben ein Rentenvermögen von 450.000 € prognostiziert, liegt deutlich über der Schätzung mit Rente und deutlich unter der Schätzung ohne Rente. Je weiter die Prognose in der Zukunft liegt, desto weniger nützlich ist die 300-er Regel. Verlassen Sie sich bei Berechnungen, die Ihre Lebensweise später maßgeblich beeinflussen werden, nicht auf einfache Formeln, sondern investieren Sie etwas Zeit, um verschiedene Modellrechnungen mit unterschiedlichen Annahmen zu machen.

5.10 Lebensstandard nach Renteneintritt

Was die Formel aus dem letzten Kapitel noch nicht einkalkuliert, sind die Entwicklungen der Renten und der Preise nach Renteneintritt. Wachsen Preise und Renten nach Renteneintritt weiter, was ein realistisches Szenario ist, dann verändert sich auch die Differenz zwischen den monatlichen Ausgaben und der Rente. Demzufolge muss Ihr angespartes Rentenvermögen ebenso einer Änderung unterliegen, um den Lebensstandard gerade so aufrecht zu erhalten[47]. Wir schauen uns an, wie damit rechnerisch umgegangen werden kann.

Sie haben heute monatliche Ausgaben von 2.000 €, werden in 10 Jahren in den Ruhestand eintreten, und die monatliche Summe aus Ihrer gesetzlichen und Ihrer privaten Rente wird 1.500 € betragen. Wir nehmen einen risikolosen Zins von 3 % p.a., eine jährliche Preissteigerungsrate von 2 % p.a. und ein Rentenwachstum von 3,5 % p.a. an.

Ihr Vermögen zum Renteneintritt muss dann einen Wert von:

$$V_R = 12 \cdot \left(2.000\, € \cdot 1,02^{10} - 1.500\, €\right) : 0,03$$

$$= 375.195,54\, €$$

haben, um den Lebensstandard weiterhin zu halten. Bei Renteneintritt beträgt die Differenz zwischen monatlichen Ausgaben und Renteneinnahmen:

$$2.000\, € \cdot 1,02^{10} - 1.500\, € = 937,99\, €$$

Ein Jahr später verringert sich die Differenz auf:

---

[47] Noch einmal zum Verständnis: Mit dem Aufrechterhalten des Lebensstandards durch das Rentensparvermögen ist gemeint, dass die Rentenlücke allein durch die risikolosen Zinsen auf dieses Vermögen geschlossen wird.

$$2.000 \ € \cdot 1,02^{11} - 1.500 \ € \cdot 1,035^{1} = 934,25 \ €$$

Weil die Rente stärker als die Preise steigt, ist der Betrag nun kleiner. Folglich wird auch ein kleineres Rentenvermögen benötigt, nämlich:

$$V_R = 12 \cdot 934,25 \ € : 0,03 = 373.700 \ €$$

Zwei Jahre später beträgt die Differenz:

$$2.000 \ € \cdot 1,02^{12} - 1.500 \ € \cdot 1,035^{2} = 929,65 \ €$$

woraus sich ein Vermögen von:

$$V_R = 12 \cdot 929,65 \ € : 0,03 = 371.860 \ €$$

ergibt. Insgesamt lässt sich die Formel aus dem letzten Kapitel dann abändern zu:

Korrigierte 4 % - bzw. 300-er - Regel nach Renteneintritt

Sind die heutigen monatlichen Ausgaben M und wird man beim Eintritt in den Ruhestand in n Jahren eine monatliche Rente R erhalten, dann muss das Sparvermögen V_R bei einer jährlichen Preissteigerung, die durch den Wachstumsfaktor q_P beschrieben wird, m Jahre nach Renteneintritt den Wert:

$$V_R = 12 \cdot \left(M \cdot q_P^{n+m} - R \cdot q_R^{m} \right) : (q - 1)$$

besitzen, um die Rentenlücke zu schließen bzw. um den Lebensstandard zu halten, wobei q der risikolose Zinsfaktor und q_R der Rentenwachstumsfaktor sind.

Im bisher betrachteten Fall, in dem die Rente deutlich stärker wächst als die Preise der für Sie infrage kommenden Konsumgüter, ist ja eigentlich alles gut. Da die Differenz zwischen Rente und Ausgaben immer kleiner wird, benötigen Sie auch einen immer kleineren Teil Ihres Sparvermögens. Prima - da können Sie den Rest einfach verprassen.

Im umgekehrten Fall sieht's nicht so pralle aus. Die Differenz zwischen Rente und monatlichen Ausgaben wächst unter diesen Umständen. Das nötige Rentensparvermögen muss demzufolge steigen. Und tatsächlich gilt das ebenso, falls monatliche Ausgaben und Rente gleichermaßen wachsen.

Wir ändern die Situation aus dem Einführungsbeispiel so ab, dass Renten und Preise jeweils mit 2 % p.a. wachsen. Zehn Jahre nach Renteneintritt beträgt das nötige Vermögen dann:

$$V_R = 12 \cdot \left(2.000 \, € \cdot 1,02^{20} - 1.500 \, € \cdot 1,02^{10}\right) : 0,03$$

$$= 457.361,26 \, €$$

Das sind 21,9 % mehr als das nötige Vermögen bei Renteneintritt. Über zehn Jahre bedeutet das, dass Ihr Rentenvermögen pro Jahr um knapp 2 % wachsen muss. Beachten Sie - wir haben ja schon angenommen, dass das Vermögen risikolos zu 3 % p.a. verzinst wird. Mit einer rein risikolosen Anlage werden Sie Ihren Lebensstandard nicht halten können.

Lassen Sie uns die Stimmung noch etwas mehr eintrüben. Angenommen, die Preise steigen mit 2 % p.a. und Ihre Rente mit 2,7 % p.a. Die Rente steigt stärker als die Preise. Man könnte annehmen, dass alles gut sei. Die Proberechnung für das nötige Vermögen zehn Jahre nach Renteneintritt liefert hingegen ein ungemütliches Ergebnis:

$$V_R = 12 \cdot \left(2.000 \, € \cdot 1,02^{20} - 1.500 \, € \cdot 1,027^{10}\right) : 0,03$$

$$= 405.588,56 \, €$$

Trotz einer Rente, die stärker als die Preise steigt, muss Ihr Vermögen an Wert zulegen, um allein mit der risikolosen Verzinsung die Rentenlücke zu schließen. Das liegt daran, dass die monatlichen Ausgaben einen höheren Startwert als die Rente haben. Die Differenz zwischen Ausgaben und Rente wird folglich erst einmal wachsen, bevor sie irgendwann wieder kleiner wird. Das folgende Diagramm zeigt, wie sich Ihr Rentenvermögen V_R nach Renteneintritt entwickeln muss, damit Sie Ihren Lebensstandard, bezogen auf die im Beispiel gemachten Annahmen, halten können, indem die risikolosen Zinsen zum Schließen der Rentenlücke verwendet werden:

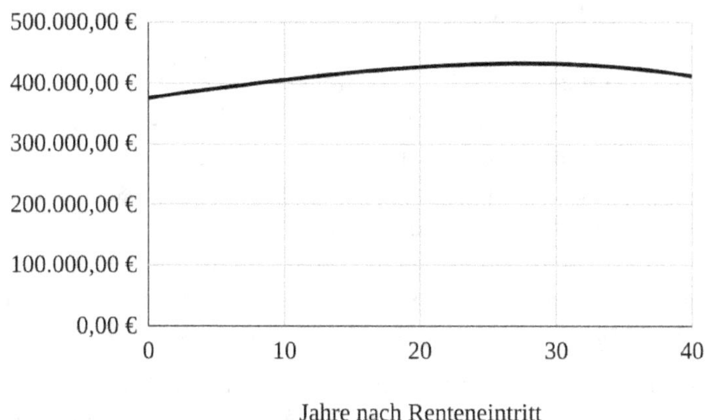

Abbildung 16: Nötiges Rentensparvermögen nach Renteneintritt, um den Lebensstandard bei 3 % risikolosem Zins zu halten, wobei die Preise um 2 % p.a. und die Rente um 2,7 % p.a. steigen

Nach etwa 28 Jahren verringert sich die Kluft zwischen monatlichen Ausgaben und Renten wieder, so dass Ihr nötiges Vermögen von der Sache her wieder fallen kann. Geht ein Arbeitnehmer mit 67 in Rente und wartet 28 Jahre auf diesen Zeitpunkt, dann ist er 95 Jahre alt.

Man kann anhand des Diagramms erkennen, dass der stärkste Anstieg
der Kurve zu Beginn, d.h. innerhalb des ersten Jahres nach
Renteneintritt stattfindet. Für unser Beispiel beträgt der prozentuale
Anstieg:

$$378.499,45 \text{ €} : 375.195,54 \text{ €} = 1,0088$$

wobei das nötige Rentensparvermögen ein Jahr nach Renteneintritt
durch das Vermögen bei Renteneintritt dividiert wurde. Das Vermögen
muss folglich um 0,88 % wachsen, um den Lebensstandard ohne
Abnahme des Sparvermögens zu halten. In den Folgejahren ist dann
ein schwächeres Wachstum erforderlich. Dass der Zeitpunkt des
stärksten nötigen Vermögensanstiegs am Anfang liegt, ist nicht
allgemeingültig.

Die als Privatanleger sollten sich zwei Fragen stellen:
1. Wie viele Jahre nach Renteneintritt dauert es, bis das
   Rentensparvermögen nicht mehr steigen muss?
2. Welche maximale Steigerung des Vermögens ist erforderlich,
   um den Lebensstandard zu halten?

Wir gehen den Fragen im Folgenden mathematisch nach. Das
Sparvermögen V_R ist eine Funktion, die zu jedem Jahr m nach
Renteneintritt einen Wert liefert. Die erste der beiden Fragen sucht
nach dem m, bei dem V_R den höchsten Wert besitzt. Mathematisch
ermittelt man diesen Wert, indem die Funktion daraufhin untersucht
wird, wo ihr Anstieg den Wert Null erreicht. Dies lässt sich mit der
sogenannten *Ableitungsfunktion* bestimmen. An dieser Stelle wird
darauf nicht weiter eingegangen, da dafür etwas mehr Mathematik
nötig ist.

Unter den gemachten Annahmen lässt sich mittels Ableitungsfunktion
eine Formel für die Zeitdauer nach Renteneintritt finden, bei der das
maximal nötige Vermögen erreicht sein wird. Wenn Sie dieses
Vermögen besitzen, schließt der jährliche risikolose Zinsertrag unter
den gemachten Annahmen zu jedem Zeitpunkt die Rentenlücke.
Interessanterweise ist diese Formel unabhängig vom risikolosen Zins.

Daraus folgt, dass der risikolose Zins zwar die Höhe des nötigen Vermögens beeinflusst, nicht aber wann der Zeitpunkt erreicht sein wird, zu dem das zum Halten des Lebensstandards erforderliche Rentensparvermögen erreicht sein wird.

Zeitdauer nach Renteneintritt bis zum Maximalvermögen

Betragen die monatlichen Ausgaben heute M und steigen deren Preise mit dem Faktor q_P an, und beträgt die Rente zum Renteneintritt in n Jahren R, die danach jährlich um den Faktor q_R wächst, dann wird das maximale Rentensparvermögen zum Halten des Lebensstandards nach[48]:

$$log_w\left(\left(M \cdot q_P^{\,n} \cdot ln\left(q_P\right)\right) : \left(R \cdot ln\left(q_R\right)\right)\right) \quad \text{oder} \quad log_w \frac{M \cdot q_P^{\,n} \cdot ln(q_P)}{R \cdot ln(q_R)}$$

$$\left(\text{ mit } \quad w = q_R : q_P \quad \text{oder} \quad w = \frac{q_R}{q_P}\right)$$

Jahren erreicht. Das Maximalvermögen lässt sich durch Einsetzen der ermittelten Zahl für m in der Formel:

$$V_R = 12 \cdot \left(M \cdot q_P^{\,n+m} - R \cdot q_R^{\,m}\right) : (q - 1)$$

bestimmen, wobei q der risikolose Zinsfaktor ist.

Für unser Beispiel gilt:

$$w = 1,027 : 1,02 = 1,0069$$

$$M \cdot q_P^{\,n} \cdot ln\left(q_P\right) = 2.000\,€ \cdot 1,02^{10} \cdot ln(1,02) = 48,27$$

---

[48] Mit "ln" wird der *Logarithmus Naturalis* abgekürzt. Es handelt sich um den Logarithmus zur Basis e, wobei e die *Eulersche Zahl* ist.

$$R \cdot ln\left(q_R\right) = 1.500 \text{ €} \cdot ln(1,027) = 39,96$$

weshalb die Zeitdauer bis zum maximalen Vermögen:

$$log_{1,0069}(48,27 : 39,96) = 27,48$$

beträgt. Im 28-ten Jahr wird das Maximalvermögen zum Halten des Lebensstandards erreicht. Wir runden die Zeitdauer auf 28 Jahre und setzen ein:

$$V_R = 12 \cdot \left(2.000 \text{ €} \cdot 1,02^{10+28} - 1.500 \text{ €} \cdot 1,027^{28}\right) : 0,03$$

$$= 432.742,48 \text{ €}$$

Für die Beantwortung der zweiten Frage wird nach dem Zeitpunkt des stärksten Kurvenanstiegs gesucht. Mathematisch sucht man nach dem Punkt der Kurve, in dem sich ihre Krümmungsrichtung verändert. Das geschieht in der Kurve unseres Beispiels nicht. Der stärkste Anstieg ist, wie bereits erwähnt, ganz zu Beginn.

Ändern wir die Situation so ab, dass die Renten jährlich um 2,3 % steigen, und die restlichen Annahmen aber beibehalten werden, so ergibt sich die nachfolgende Kurve. Den Punkt des Krümmungswechsels nennt man *Wendepunkt*. Man erhält ihn dort, wo die erste Ableitungsfunktion, die die Steigung des Vermögens pro Jahr liefert, ihren höchsten Wert hat. Wir gehen an dieser Stelle nicht tiefer auf die Mathematik ein, da dies zu weit führen würde. Stattdessen folgt die Formel.

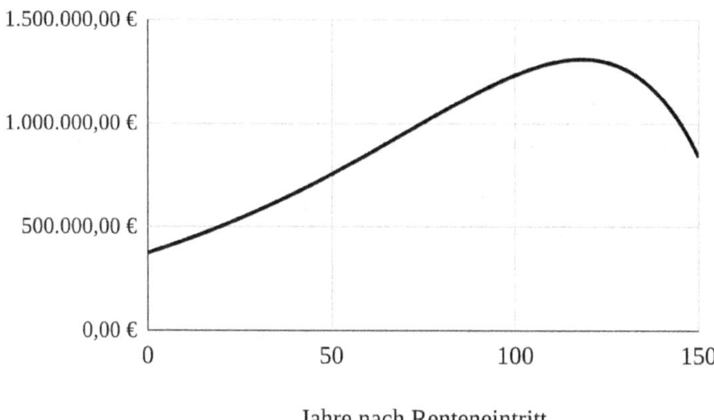

Abbildung 17: Nötiges Rentensparvermögen nach Renteneintritt, um den Lebensstandard bei 3 % risikolosem Zins zu halten, wobei die Preise um 2 % p.a. und die Rente um 2,3 % p.a. steigen

Zeitpunkt des stärksten Anstieges des nötigen Rentensparvermögens nach Renteneintritt

Betragen die monatlichen Ausgaben heute M und steigen deren Preise mit dem Faktor q_P an, und beträgt die Rente zum Renteneintritt in n Jahren R, die danach jährlich um den Faktor q_R wächst, dann ist der Zeitpunkt des stärksten absoluten Anstieges des zum Halten des Lebensstandards nötigen Rentensparvermögens nach

$$log_w\left(\left(M \cdot q_P^n \cdot ln\left(q_P\right)^2\right) : \left(R \cdot ln\left(q_R\right)^2\right)\right)$$

$$\text{oder} \quad log_w \frac{M \cdot q_P^n \cdot ln\left(q_P\right)^2}{R \cdot ln\left(q_R\right)^2}$$

$$\left(\text{ mit }\quad w = q_{R} : q_{P}\quad \text{ oder }\quad w = \frac{q_{R}}{q_{P}}\right)$$

Jahren erreicht.

Für die zuletzt dargestellte Kurve heißt das:

$$w = 1,023 : 1,02 = 1,0029$$

$$M \cdot q_{P}^{n} \cdot ln\!\left(q_{P}\right)^{2} = 2.000\ \text{€} \cdot 1,02^{10} \cdot ln(1,02)^{2} = 0,956$$

$$R \cdot ln\!\left(q_{R}\right)^{2} = 1.500\ \text{€} \cdot ln(1,023)^{2} = 0,776$$

woraus sich der Zeitpunkt:

$$log_{1,0029}(0,956 : 0,776) = 72,04$$

ergibt. Nach rund 72 Jahren nach Renteneintritt findet der stärkste Anstieg des für das Halten des Lebensstandards nötigen Rentensparvermögens statt. Man kann sich ausrechnen, dass die Steigerung dieses Vermögens von Jahr 71 zu Jahr 72 nach Renteneintritt 10.216,75 € beträgt.

Beispiel: Sie werden in 20 Jahren in Rente gehen. Ihre heutigen monatlichen Ausgaben belaufen sich auf 1.200 €. Es wird eine Preissteigerung von 2,3 % p.a. angenommen. Sie haben sich eine Rente bei Renteneintritt von 1.800 € pro Monat ausgerechnet und gehen von einer Rentensteigerung von 2,4 % p.a. aus. Der risikolose Zins wird mit 2,5 % p.a. angenommen.

Dann ist:

$$w = 1,024 : 1,023 = 1,00098$$

$$1.200\ \text{€} \cdot 1,023^{20} \cdot \ln(1,023) = 43,00$$

$$1.800\ \text{€} \cdot \ln(1,024) = 42,69$$

Der Zeitpunkt nach Renteneintritt, an dem das Rentensparvermögen den größten Wert haben muss, um bei einem risikolosen Zins von 2,5 % p.a. so viel Zinsen so liefern, dass die Rentenlücke geschlossen wird, beträgt demnach:

$$\log_{1,00098}(43,00 : 42,69) = 7,39$$

also nach rund 7 Jahren. Das Vermögen 7 Jahre nach Renteneintritt muss dann einen Wert von:

$$12 \cdot \left(1.200\ \text{€} \cdot 1,023^{20+7} - 1.800\ \text{€} \cdot 1,024^{7}\right) : 0,025$$

$$= 44.270,14\ \text{€}$$

haben. Das sieht recht wenig aus. Aber die monatliche Differenz zwischen Rente und Ausgaben beträgt dann nur:

$$1.200\ \text{€} \cdot 1,023^{20+7} - 1.800\ \text{€} \cdot 1,024^{7} = 92,23\ \text{€}$$

was jährlich nur 1.106,76 € sind. Man erhält außerdem:

$$1.200\ \text{€} \cdot 1,023^{20} \cdot \ln(1,023)^{2} = 0,98$$

$$1.800\ \text{€} \cdot \ln(1,024)^{2} = 1,01$$

weshalb für den Zeitpunkt des stärksten Anstiegs:

$$\log_{1,00098}(0,98 : 1,01) = -\,2.072,81$$

folgt. Der Zeitpunkt ist negativ und entfällt daher. Daraus folgt, dass der Zeitpunkt des stärksten Anstieges des nötigen Rentenvermögens bei Renteneintritt ist. Die Steigerung des Vermögens vom Renteneintrittsjahr bis ein Jahr danach lässt sich bestimmen zu 140,76 €.

Fühlen Sie sich motiviert, diese Berechnung für Ihre persönliche Situation durchzurechnen. Kalkulieren Sie zuerst Ihre Rente bei Renteneintritt, nehmen Sie einen gut geschätzten Rentensteigerungswert, sowie Schätzungen zu Preisanstieg und risikolosem Zins, und verrechnen Sie dies gemäß Formel mit Ihren monatlichen Ausgaben.
Die bisherigen Kapitel zu Einmalanlage, Sparplan und Unternehmensbewertung können Ihnen Aufschluss darüber geben, ob Sie das nötige Vermögen erreichen werden. Führen Sie mehrere Berechnungen durch, bei denen Sie auch recht konservative Annahmen machen. Am Ende werden Sie einen Eindruck davon bekommen, ob Ihre aktuelle Sparrate ausreichen wird.

Kap 6 Tilgungsrechnung

Ein Haus oder eine Eigentumswohnung kauft man sich wohl eher, wenn man noch relativ jung ist. Leider hat man zu dieser Zeit in der Regel noch nicht genügend Geld angehäuft, um die hohen Preise aus eigener Tasche bezahlen zu können. Eine Lösung ist der Gang zur Bank, um einen Kredit aufzunehmen. So eine selbstgenutzte Immobilie kann eine gute Investition sein - muss es aber nicht. Das Abbezahlen des Kredits wirkt sich zudem auf Ihre Möglichkeit aus, ein Rentensparvermögen anzuhäufen. Am Ende ist die selbstgenutzte Immobilie wohl eher eine Lifestyle-Entscheidung.
Dieses Kapitel wird das Buch abschließen. Vielleicht vermuten Sie schon, dass Ihnen hier erneut die geometrische Reihe begegnen wird. Sogar eine weitere mathematische Reihe wird ihren Weg in dieses Kapitel finden. Doch bis es soweit ist, sind ein paar Begriffe zu klären.

6.1 Kredit und Darlehen

Sie brauchen Geld für den Bau eines Einfamilienhauses, das Ihnen Ihre Hausbank leihen wird. Doch handelt es sich dabei um einen *Kredit* oder um ein *Darlehen*?

Nach deutschem Recht existiert nur der Begriff des Darlehens. Alles, was Kredit genannt wird, fällt damit rechtlich unter Darlehen.

Banken unterscheiden dennoch zwischen beiden Begriffen. Vielleicht haben Sie mitbekommen, dass geliehenes Geld für den Hausbau meist als Darlehen bezeichnet wird. Dabei werden oft hohe Summen benötigt, die nicht in wenigen Jahren zurückgezahlt werden können. In diesem Zusammenhang hat ein Darlehen eine sehr hohe "Leihsumme" als Eigenschaft, die über eine relativ lange Laufzeit zurückgezahlt wird. Je nach Bank finden Sie den Begriff des Darlehens schon ab fünf, öfter aber ab zehn Jahren Laufzeit.
Wenn Sie sich in die Rolle der Bank versetzen und jemandem eine relativ hohe Summe leihen, dann haben Sie vermutlich Sorge, dass Ihr Kunde das Geld nicht zurückzahlen kann. Bei Darlehen vereinbaren Banken teilweise, dass die Immobilie als Sicherheit hinterlegt wird. Sollte der Kunde zahlungsunfähig werden, so dient seine Immobilie quasi als Zahlungsmittel - eine weitere Eigenschaft für das, was sich in Bankensprache Darlehen schimpft.

6.2 Tilgung und Annuität

Man gewährt Ihnen ein Darlehen von 200.000 € für den Bau Ihres Einfamilienhauses zu einem Zins von 3,5 % p.a. Dann fallen im ersten Jahr Zinsen in Höhe von:

$$200.000 \, € \cdot 0,035 = 7.000 \, €$$

an. Wenn Sie diese 7.000 € zurückgezahlt haben, dann haben Sie noch immer 200.000 € Schulden. Das ist nämlich nur der zurückzuzahlende *Zins*. Die Bank will aber nicht nur den Zins als Gebühr für die Leihgabe, sondern auch den Geldbetrag wieder zurückhaben.
Daher ist eine *Tilgung* von z.B. jährlich 5.000 € vereinbart worden. D.h. Sie zahlen im ersten Jahr nicht nur die 7.000 € Zinsen, sondern auch den vereinbarten Tilgungsbetrag von 5.000 €, also insgesamt 12.000 € zurück. Diese 12.000 € heißen *Annuität*. Es gilt:

$$Annuität = Zins + Tilgungsrate$$

Angenommen, Sie haben die 12.000 € getilgt, dann liegt Ihre Schuld im zweiten Jahr bei 195.000 €. Es fallen wieder 3,5 % Zinsen an, also:

$$195.000 \, € \cdot 0,035 = 6.825 \, €$$

Sollte die Tilgungsrate für jedes Jahr auf 5.000 € festgelegt sein, dann beträgt die Annuität in diesem Jahr:

$$6.825 \, € + 5.000 \, € = 11.825 \, €$$

6.3 Sollzins

Nominalzins und Effektivzins sind zwei Begriffe, die uns bereits im Kapitel zur Einmalanlage begegnet sind. Bei der Suche nach einem Darlehen stoßen Sie allerdings auf einen neuen Begriff - den *Sollzins*.

Der Sollzins richtet sich zunächst nach den Leitzinsen, die von einer Zentralbank festgelegt werden. Der *Leitzins* ist der Zins, zu dem sich die Geschäftsbanken Geld bei einer Notenbank beschaffen.
Der Sollzins ist ebenfalls abhängig von Höhe und Laufzeit des Darlehens sowie der Bonität des Kunden.

Folglich muss sich der Sollzins von Kunde zu Kunde unterscheiden. Das, was Sie als Sollzins in den Angeboten der Banken lesen können, geht von den Optimalbedingungen aus der Sicht der Bank aus, d.h. in den Angeboten steht der kleinstmögliche Sollzins, zu dem die Bank einem Kunden ein Darlehen gibt.

Wenn Sie für den Bau eines Einfamilienhauses beispielsweise 300.000 € benötigen, aber nur ein Darlehen von 200.000 € bei Ihrer Bank aufnehmen, dann ist der Sollzins kleiner, als wenn Sie die vollen 300.000 € als Darlehen aufnehmen. Schließlich geht die Bank bei einem höheren Leihbetrag ein höheres Risiko ein.

Sie können bei Ihrer Bank zwischen verschiedenen *Zinsbindungen* wählen. Das ist der Zeitraum, für den der für Sie ausgemachte Sollzins konstant bleibt. Je kürzer Ihre Zinsbindung, desto kleiner fällt der Sollzins aus. Auch diese Tatsache ist auf das Risiko der Bank zurückzuführen, das sie beim Verleihen von Kapital eingeht. Wenn der Leitzins nach ein paar Jahren massiv ansteigt, noch bevor Ihre Zinsbindung ausgelaufen ist, dann macht die Bank mit Ihnen ein Minusgeschäft, falls mit Ihnen ein sehr kleiner Sollzins abgemacht wurde.

Die Sicherheit des Einkommens ist eine weitere Variable, die die Höhe des Sollzinses beeinflusst. Haben Sie ein festes Einkommen in einem unbefristeten Arbeitsverhältnis, z.B. als Beamter auf Lebenszeit, so erscheinen Sie der Bank weniger risikoreich, wodurch sich ein kleinerer Sollzins aushandeln lässt.

Zuletzt lässt sich die Höhe des Sollzinses noch reduzieren, wenn Sie eine *Grundschuld* auf Ihr Einfamilienhaus eintragen lassen. Als Grundstückseigentümer stehen Sie im Grundbuch. Lassen Sie dort die Grundschuld eintragen, dann geben Sie der Bank das Recht, dass sie Ihr Grundstück mit Immobilie verkaufen darf, falls Sie als Kunde nicht mehr in der Lage sind, Ihre Schulden zurückzuzahlen.

Für Sie als Kreditnehmer kommen allerdings noch weitere Kosten hinzu, weshalb der Sollzins nicht der Zins ist, den Sie tatsächlich zahlen. Eine Bank erhebt gewisse weitere Gebühren, weshalb von Ihnen ein höherer Zinssatz verlangt wird. Dieser Zins heißt dann *effektiver Jahreszins*. Er enthält die finanzielle Belastung, die Sie wirklich tragen müssen.

6.4 Die arithmetische Reihe

So ganz ohne eine weitere mathematische Reihe werden wir in der Tilgungsrechnung nicht auskommen. Können Sie spontan und ohne viel Aufwand die Summe der Zahlen von 1 bis 10 angeben? Wenn das nicht der Fall ist, dann gebe ich Ihnen in diesem Kapitel ein Hilfsmittel an die Hand, das auch in der Tilgungsrechnung seinen Platz finden wird.

Addiert man aufeinanderfolgende *natürliche Zahlen*[49] von 1 an, so spricht man von der *arithmetischen Reihe*. Die zehnte Partialsumme der arithmetischen Reihe ist:

$$1 + 2 + 3 + 4 + 5 + 6 + 7 + 8 + 9 + 10 = 55$$

Leicht lässt sich nachprüfen, dass die Summe der ersten n natürlichen Zahlen auch einfacher mit der Formel:

$$\frac{n \cdot (n+1)}{2} \quad \text{oder} \quad 0,5 \cdot n \cdot (n + 1)$$

bestimmt werden kann. Falls die ersten zehn natürlichen Zahlen addiert werden sollen, so beträgt die Summe mit $n = 10$:

$$0,5 \cdot 10 \cdot (10 + 1) = 0,5 \cdot 10 \cdot 11 = 55$$

In Worten kann man sagen: Die Summe der natürlichen Zahlen von 1 bis n erhält man, indem man n mit seinem Nachfolger multipliziert und davon die Hälfte bildet.

---

[49] Natürliche Zahlen sind die Zahlen 1, 2, 3, 4, ...

Beispiel 1: Die Summe der Zahlen von 1 bis 100 ist:

$$0,5 \cdot 100 \cdot 101 \; = \; 5.050$$

Für das Folgekapitel zur Ratentilgung ist die Summe der natürlichen Zahlen von 1 bis $(n - 1)$ von Bedeutung. Hierfür verwendet man die gleiche Formel wie oben, wobei bei jedem n in der Formel die Zahl 1 abgezogen wird. Damit ergibt sich die Summe der ersten $(n - 1)$ Zahlen mit:

$$\frac{(n-1)\cdot n}{2} \quad \text{oder} \quad 0,5 \cdot (n - 1) \cdot n$$

Beispiel 2: Die Summe der Zahlen von 1 bis 9 ist mit $n = 10$:

$$0,5 \cdot (10 - 1) \cdot 10 = 45$$

Insgesamt folgt:

Partialsummenformeln der arithmetischen Reihe

Die Summe der ersten n natürlichen Zahlen kann berechnet werden mit:

$$\frac{n\cdot (n+1)}{2} \quad \text{oder} \quad 0,5 \cdot n \cdot (n + 1)$$

Die Summe der ersten $(n - 1)$ natürlichen Zahlen erhält man mit:

$$\frac{(n-1)\cdot n}{2} \quad \text{oder} \quad 0,5 \cdot (n - 1) \cdot n$$

6.5 Ratentilgung jährlich

Es wird zwischen zwei Tilgungsarten unterschieden, der *Ratentilgung* und der *Annuitätentilgung*. Sie als Kreditnehmer zahlen die Annuität an die Bank, also die Summe aus Tilgungsrate und Zins. Eine Annuitätentilgung bedeutet eine *konstante Annuität*. Eine Ratentilgung bedeutet hingegen eine *konstante Tilgungsrate*. Inwiefern rechnerisch ein Unterschied besteht, schauen wir uns in diesem und im nächsten Kapitel an.

Sie erhalten ein Darlehen von 50.000 € und vereinbaren eine konstante Tilgungsrate von 5.000 €. Dann zahlen Sie über die Kreditlaufzeit jährlich 5.000 € ab. Weil die wirkliche Zahlung die Annuität ist, werden noch die Zinsen aufgeschlagen. Angenommen, Sie erhalten Ihr Darlehen zu einem Effektivzins von 3 % p.a., dann zahlen Sie im ersten Jahr:

$$50.000 \, € \cdot 0,03 = 1.500 \, €$$

an Zinsen und 5.000 € Tilgung, so dass Ihre Annuität:

$$1.500 \, € + 5.000 \, € = 6.500 \, €$$

beträgt. Im zweiten Jahr beträgt die Restschuld folglich 45.000 €. Zu den vereinbarten 5.000 € Tilgung kommen nun noch die 3 % Zinsen auf die Restschuld hinzu, d.h.:

$$45.000 \, € \cdot 0,03 = 1.350 \, €$$

Ihre Annuität beträgt in diesem Jahr dann insgesamt:

$$1.350 \, € + 5.000 \, € = 6.350 \, €$$

Offensichtlich sinkt die Annuität bei einer Ratentilgung. Die nachfolgende Tabelle zeigt den Prozess für insgesamt zehn Jahre:

Tabelle 25: Ratentilgung von 50.000 € bei fester Tilgungsrate von 5.000 €				
Jahr	Schuld zu Jahresbeginn	Zins auf die Schuld	Tilgung	Annuität
1	50.000 €	1.500 €	5.000 €	6.500 €
2	45.000 €	1.350 €	5.000 €	6.350 €
3	40.000 €	1.200 €	5.000 €	6.200 €
4	35.000 €	1.050 €	5.000 €	6.050 €
5	30.000 €	900 €	5.000 €	5.900 €
6	25.000 €	750 €	5.000 €	5.750 €
7	20.000 €	600 €	5.000 €	5.600 €
8	15.000 €	450 €	5.000 €	5.450 €
9	10.000 €	300 €	5.000 €	5.300 €
10	5.000 €	150 €	5.000 €	5.150 €
Summe	-	8.250 €	50.000 €	58.250 €

Insgesamt werden 58.250 € zurückgezahlt. Die Kreditkosten belaufen sich deshalb auf 8.250 €. Man sieht hier leicht, dass die Summe der Zinsen die Kreditkosten sind. Bei Abschluss des Kredits kommen von der Seite der Bank noch weitere Kosten wie Vertragsabschlussgebühren etc. hinzu, die zu den Kreditkosten zählen. Da diese von Bank zu Bank verschieden sein können, werden Sie hier ignoriert.

Für Sie als Kreditnehmer ist bei der Ratentilgung interessant, wie hoch die jährliche Annuität sowie die gesamten Zinskosten sind. Wir sind motiviert, Formeln dafür zu finden, damit das Arbeiten mit der Tabelle umgangen werden kann. An dieser Stelle eignet sich statt eines Wachstumsfaktors q eher die Verwendung des Zinsfußes i, den wir im Kapitel zur Einmalanlage bereits kennengelernt hatten. Zur Erinnerung - es gilt: $i = q - 1$. Um die Zinsen des m-ten Jahres zu bestimmen, wird die Restschuld am Anfang des jeweiligen Jahres einfach mit dem Zinsfuß multipliziert. Die Restschuld zu Beginn des m-ten Jahres selbst ergibt sich, indem vom Darlehensbetrag das $(m - 1)$-fache der Tilgungsrate T abgezogen wird. Es folgt:

Restschuld, Zins und Annuität einer Ratentilgung

Wird ein Darlehensbetrag D bei einem effektivem Zins i und einer Tilgungsrate T über eine Laufzeit von n Jahren zurückgezahlt, dann beträgt der Zusammenhang von Darlehensbetrag und Tilgungsrate:

$$D = n \cdot T \quad \text{bzw.} \quad T = D : n$$

Die Restschuld zu Beginn des m-ten Jahres beträgt:

$$R_m = D - T \cdot (m - 1)$$

Die Zinsbelastung und die Annuität im m-ten Jahr sind:

$$Z_m = i \cdot R_m \quad \text{und} \quad A_m = i \cdot R_m + T$$

Beispiel: Ein Anleger nimmt ein Darlehen von 82.500 € zu einem effektiven Jahreszins von 4 % auf, das über 15 Jahre bei konstanter Tilgungsrate getilgt werden soll. Wie hoch ist die Annuität im zehnten Jahr?

Die jährliche Tilgung beträgt:

$$T = 82.500 \, € : 15 = 5.500 \, €$$

Dann ist die Restschuld am Anfang des zehnten Jahres:

$$R_{10} = 82.500\,€ - 5.500\,€ \cdot (10 - 1) = 33.000\,€$$

Und die Annuität in diesem Jahr beträgt:

$$A_{10} = 0,04 \cdot 33.000\,€ + 5.500\,€ = 6.820\,€$$

Vor Aufnahme eines Kredits sollten Sie durchdenken, wie groß die gesamten Zinskosten sein werden, die auf Sie zukommen. Denn immerhin sind das Geldbeträge, die Sie nicht anlegen, investieren oder konsumieren können. Nachfolgend wird eine Formel hergeleitet, die diese Kosten zusammenrechnet. Es ist nicht tragisch, wenn Sie der Herleitung nicht folgen können - wichtig ist, dass Sie es versuchen.

Die gesamten Kreditkosten sind die Summe aller Zinsen. Für n Jahre würde man die Summe:

$$Z_1 + Z_2 + ... + Z_n$$

bilden. Das können wir auch schreiben als:

$$i \cdot R_1 + i \cdot R_2 + ... + i \cdot R_n$$

weil sich der Zins jeweils aus der Restschuld ergibt. Der Zinsfuß i ist in jedem Summanden enthalten und kann daher ausgeklammert werden:

$$i \cdot \left(R_1 + R_2 + ... + R_n \right)$$

Unter Anwendung der Formel für die Restschuld am Anfang eines Jahres ergibt das:

$$i \cdot (D - T \cdot (1 - 1) + D - T \cdot (2 - 1) + ... + D - T \cdot (n - 1))$$

Man kann sich leicht überlegen, dass das D genau n mal vorkommt, weshalb sich der Term vereinfachen lässt zu:

$$i \cdot (n \cdot D - T \cdot (1 - 1) - T \cdot (2 - 1) - ... - T \cdot (n - 1))$$

Die Differenzen in den Klammern lassen sich einfach ausrechnen:

$$i \cdot (n \cdot D - T \cdot 0 - T \cdot 1 - ... - T \cdot (n - 1))$$

oder auch:

$$i \cdot (n \cdot D - T \cdot 1 - T \cdot 2 - ... - T \cdot (n - 1))$$

wo nun $- T$ ausgeklammert werden kann:

$$i \cdot (n \cdot D - T \cdot (1 + 2 + ... + (n - 1)))$$

In der innersten Klammer finden wir die Partialsumme einer arithmetischen Reihe. Der gesamte Ausdruck kann damit umgeschrieben werden zu:

$$i \cdot (n \cdot D - T \cdot 0,5 \cdot (n - 1) \cdot n)$$

Am Ende sollten möglichst wenige Größen in der Formel enthalten sein. Wir interessieren uns doch am meisten dafür, welche Kreditkosten das Darlehen D verursacht. Daher kann die Formel mit $T = D : n$ umgeschrieben werden zu:

$$i \cdot (n \cdot D - D : n \cdot 0,5 \cdot (n - 1) \cdot n)$$

wobei sich ": n" und "$\cdot$ n" kürzen:

$$i \cdot (n \cdot D - D \cdot 0,5 \cdot (n - 1))$$

Nach Ausklammern von D und lösen der inneren Klammer ergibt sich:

$$i \cdot D \cdot (n - 0,5 \cdot n + 0,5)$$

woraus letztendlich folgt:

$$i \cdot D \cdot (0,5 \cdot n + 0,5)$$

was nach Ausklammern der 0,5 folgende Formel ergibt:

Beispiel 1: Ein Anleger nimmt zu einem Zins von 6 % ein Darlehen in Höhe von 120.000 € mit Ratentilgung für 10 Jahre auf. Wie hoch sind die entstehenden Kreditkosten?

$$0,06 \cdot 120.000 \, € \cdot 0,5 \cdot (10 + 1) = 39.600 \, €$$

wobei die jährliche Tilgung:

$$120.000 \, € : 10 = 12.000 \, €$$

beträgt.

Beispiel 2: Ein Anleger möchte ein Darlehen in Höhe von 40.000 €
aufnehmen, das er über 5 Jahre per Ratentilgung tilgen will. Wie hoch
darf der Zins maximal sein, wenn er höchstens 5.000 € Kreditkosten
haben möchte?

In diesem Fall soll das Ergebnis der Kreditkostenformel 5.000 €
ergeben:

$$5.000 \, € = i \cdot 40.000 \, € \cdot 0,5 \cdot (5 + 1)$$

Nach Zusammenrechnen der Zahlen auf der rechten Seite gilt:

$$5.000 \, € = i \cdot 120.000 \, €$$

Den Zins erhalten wir durch Division durch 120.000 €:

$$0,04167 \approx i$$

Er darf dann maximal einen Zins von 4,167 % in Kauf nehmen.

6.6 Ratentilgung monatlich

Im Regelfall wird eine Tilgung wohl eher monatlich stattfinden. Inwiefern sind die Formeln aus dem letzten Kapitel auf eine monatliche Ratentilgung übertragbar? Grundsätzlich müssen die Kreditkosten am Ende geringer ausfallen. Denn bei einer monatlichen Tilgung wird geliehenes Geld zeitlich eher zurückgezahlt, weshalb die gesamte "Leihgebühr" kleiner sein muss.

Für die Zählvariablen m und n einfach Monate zu verwenden, ist der erste einfache Schritt. Das Problem tut sich auf, wenn wir uns fragen, welchen Zinsfuß i wir verwenden sollten? Erinnern Sie sich zurück an das Kapitel zur Einmalanlage. Dort haben wir den unterjährigen (monatlichen) Zins mit Hilfe der zwölften Wurzel bestimmt. Hierbei musste beachtet werden, dass das nicht mit Zinssätzen, sondern nur mit Zinsfaktoren bzw. Wachstumsfaktoren funktioniert.

Für eine bessere Vergleichbarkeit ziehen wir uns das Einführungsbeispiel aus Kapitel 6.5 heran. Sie nehmen ein Darlehen in Höhe von 50.000 € zu einem effektiven Jahreszins von 3 % p.a. auf. Die Summe soll innerhalb von zehn Jahren bzw. 120 Monaten getilgt sein.

Die Tilgungsrate beträgt dann:

$$50.000 \, € : 120 = 416,67 \, €$$

pro Monat. Dann beträgt die Restschuld am Anfang des zweiten Jahres, d.h. Am Anfang des 13. Monats:

$$R_{13} = 50.000 \, € - 416,67 \, € \cdot (13 - 1) \approx 45.000 \, €$$

was mit dem Ergebnis aus der jährlichen Rechnung aus dem letzten Kapitel übereinstimmt. Das muss auch so passen, damit die Sache am Ende aufgeht.

Wir bestimmen den unterjährigen (monatlichen) Zinsfaktor, indem wir aus dem zum Zinssatz von 3 % zugehörigen Wachstumsfaktor die zwölfte Wurzel ziehen:

$$q_u = \sqrt[12]{1,03} \approx 1,002466$$

woraus ein unterjähriger Zinsfuß von:

$$i_u \approx 0,002466$$

folgt. Mit Hilfe dieser Größe lassen sich die Formeln aus dem letzten Kapitel übertragen. Die Annuität im dreizehnten Monat beträgt damit beispielsweise:

$$A_{13} \approx 0,002466 \cdot 45.000\ € + 416,67\ € = 527,64\ €$$

Die gesamten Kreditkosten bis zum Ende der Laufzeit betragen rund:

$$0,002466 \cdot 50.000\ € \cdot 0,5 \cdot (120 + 1) = 7.459,65\ €$$

Hätten wir den monatlichen Zinssatz nicht gerundet, dann wären wir bei 7.460,47 € gelandet. Bei jährlicher Rückzahlung haben wir im letzten Kapitel für dieses Beispiel 8.250 € an Kreditkosten ermittelt, was fast 800 € mehr sind. Insgesamt folgt:

Monatliche Ratentilgung

Wird ein Darlehensbetrag D bei einem effektivem Zins i und einer Tilgungsrate T über eine Laufzeit von n Monaten zurückgezahlt, dann beträgt der Zusammenhang von Darlehensbetrag und Tilgungsrate:

$$D = n \cdot T \quad \text{bzw.} \quad T = D : n$$

Die Restschuld zu Beginn des m-ten Monats beträgt:

$$R_m = D - T \cdot (m - 1)$$

Der monatliche Zinsfuß ist:

$$i_u = \sqrt[12]{1 + i} - 1$$

Die Zinsbelastung und die Annuität im m-ten Monat sind:

$$Z_m = i_u \cdot R_m \quad \text{und} \quad A_m = i_u \cdot R_m + T$$

Die Kreditkosten über die gesamte Laufzeit ergeben sich zu:

$$i_u \cdot D \cdot 0,5 \cdot (n + 1)$$

Beispiel: Ein Anleger nimmt ein Darlehen in Höhe von 72.000 € auf, das bei einem effektiven Jahreszins von 4,5 % per monatlicher Ratentilgung in 15 Jahren getilgt werden soll. Wie hoch sind die erste und die letzte Annuität und welche Kreditkosten ergeben sich?

15 Jahre sind 180 Monate. Damit beträgt die monatliche Tilgungsrate:

$$72.000 \, € : 180 = 400 \, €$$

Der monatliche Zins ist:

$$i_u = \sqrt[12]{1 + 0,045} - 1 \approx 0,003675$$

Damit ergeben sich die Restschuldbeträge am Anfang des ersten und am Anfang des 180. Monats mit:

$$R_1 = 72.000\,€ - 400\,€ \cdot (1 - 1) = 72.000\,€$$

$$R_{180} = 72.000\,€ - 400\,€ \cdot (180 - 1) = 400\,€$$

woraus die Annuitäten im ersten und im 180. Monat folgen:

$$A_1 = 0,003675 \cdot 72.000\,€ + 400\,€ = 664,60\,€$$

$$A_{180} = 0,003675 \cdot 400\,€ + 400\,€ = 401,47\,€$$

Die monatliche Belastung bewegt sich über die 15 Jahre damit zwischen 401,47 € und 664,60 €. Insgesamt ergeben sich Kreditkosten von:

$$0,003675 \cdot 72.000\,€ \cdot 0,5 \cdot (180 + 1) = 23.946,30\,€$$

6.7 Annuitätentilgung jährlich

Für einige Kreditnehmer ist eine Tilgung vorteilhafter, bei der die jährlichen Zahlungen, d.h. die Annuitäten, konstant bleiben. Ein solches Darlehen heißt *Annuitätendarlehen*. Tilgt ein Kreditnehmer sein Darlehen, so sinkt der zu leistende Zinsbetrag. Bei einer konstanten Annuität bedeutet das eine wachsende Tilgungsrate. Das mathematische Problem besteht darin, den korrekten Wert für eine konstante Annuität zu ermitteln.

Zu Vergleichszwecken ziehen wir das Einführungsbeispiel aus Kapitel 6.5 heran, bei dem 50.000 € Darlehen zu einem Effektivzins von 3 % p.a. und zu einer Laufzeit von 10 Jahren getilgt werden sollen.

Die Bank hat Kapital, mit dem sie wirtschaften muss. Wenn die Bank 50.000 € an Sie vergibt, um dafür Einnahmen zu generieren, dann kann das Darlehen, das an Sie vergeben wird, als Investition in eine Unternehmung verstanden werden. Die Bank investiert 50.000 € in Sie und erhält jährlich den konstanten Betrag A (die Annuität) von Ihnen.

Folgender Denkansatz wird uns auf die Formel führen: Die Bank verlangt von Ihnen einen Effektivzins von 3 % p.a. Das ist das, was sie sich als Rendite verspricht, wenn sie das Darlehen vergibt. Sie als Kreditnehmer wurden entsprechend Ihres Risikos auf diesen Zinssatz "eingestuft", so dass die Bank damit ein Geschäft machen kann, wobei sie das Ausfallrisiko der Zahlungsfähigkeit des Kreditnehmers einkalkuliert hat. Die Bank könnte alternativ auch Geld verdienen, indem sie ihr Kapital risikolos investiert. Der an Sie vergebene Effektivzins liegt folglich über dem risikolosen Zinssatz. Sie als Kreditnehmer sind damit ein Investment der Bank, das eine höhere Risikoklasse als die risikolose Geldanlage darstellt. Und eine Bank tätigt Investitionen in verschiedene Risikoklassen. Statt Ihnen das Darlehen von 50.000 € zu geben, könnte die Bank das Geld auch als Einmalanlage in eine andere Investmentmöglichkeit gleicher Risikoklasse und damit als Einmalanlage zu 3 % p.a. investieren.

Über zehn Jahre bedeutet das, dass die durch den Darlehensnehmer erzeugten Einnahmen am Ende wenigstens dem Zugewinn durch eine Einmalanlage zu 3 % p.a. entspricht, also:

$$50.000 \, € \cdot 1,03^{10} = 67.195,82 \, €$$

Das ist der Wert der 50.000 € in zehn Jahren. Bekommt der Kreditnehmer das Darlehen von der Bank, so zahlt er jährlich den Betrag A an die Bank. Solange diese Beträge aber noch nicht wieder bei der Bank gelandet sind, können sie nicht weiter investiert werden. Sobald ein Betrag A bei der Bank eingegangen ist, kann er innerhalb der gleichen Risikoklasse zu einer Rendite von 3 % p.a. investiert werden. Da die erste Rate erst nach einem Jahr zur Bank fließt, kann diese innerhalb der Laufzeit des Darlehens nur neun weitere Jahre zu 3 % p.a. investiert werden. Die allerletzte Rate A tilgt das Darlehen dann auf Null und kann innerhalb der Laufzeit des Darlehens gar nicht mehr investiert werden. Es muss damit gelten:

$$67.195,82 \, € = A \cdot 1,03^9 + A \cdot 1,03^8 + \ldots + A \cdot 1,03 + A$$

Nach Ausklammern von A bleibt die Partialsumme einer geometrischen Reihe:

$$67.195,82 \, € = A \cdot \left(1,03^9 + 1,03^8 + \ldots + 1,03 + 1\right)$$

weshalb die Gleichung umgeschrieben werden kann zu:

$$67.195,82 \, € = A \cdot \left(1,03^{10} - 1\right) : (1,03 - 1)$$

Die Gleichung lässt sich nach A umformen, wenn man die Gleichung mit dem zweiten Klammerterm multipliziert und durch den ersten dividiert:

$$67.195,82 \, € \cdot (1,03 - 1) : \left(1,03^{10} - 1\right) = A$$

wobei man auch hätte schreiben können:

$$50.000\,€ \cdot 1,03^{10} \cdot (1,03 - 1) : \left(1,03^{10} - 1\right) = A$$

Nach Ausrechnen der linken Seite folgt für die Annuität:

$$5.861,53\,€ = A$$

Lassen Sie uns noch eine zweite Variante für das Bestimmen der Annuität anschauen. Die Bank investiert 50.000 € in Sie als Darlehensnehmer und erwartet jährliche Zahlungen A. Da diese Zahlungen in der Zukunft liegen, sind sie heute weniger wert. Für das Abzinsen verwendet die Bank dabei aber nicht den risikolosen Zins, sondern den Effektivzins, d.h. den zu der Risikoklasse gehörenden Zins, in die Sie eingeordnet wurden. Denn alternativ zu Ihnen hätte die Bank auch in ein anderes gleichwertiges Asset gleicher Rendite investieren können. Der erste Zahlungsstrom kommt erst nach einem Jahr, weshalb die erste Annuität heute den Wert:

$$\frac{A}{1,03}$$

hat. Die letzte Annuität kommt erst am Ende der Darlehenslaufzeit, also in zehn Jahren. Der Wert dieser letzten Annuität ist heute folglich:

$$\frac{A}{1,03^{10}}$$

Insgesamt erwartet die Bank, dass die durch Sie als Kreditnehmer in der Zukunft geleisteten Zahlungen heute den Wert 50.000 € haben. Da es sich ja nicht um ein risikolosen Investment handelt, macht die Bank ja schon ein besseres Geschäft als bei risikoloser Investition, weil der Kreditnehmer eine höhere Rendite verspricht und seine künftigen Zahlungen heute trotzdem einen Wert von 50.000 € haben. Es soll damit gelten:

$$50.000\,€ = \frac{A}{1,03} + \frac{A}{1,03^2} + \ldots + \frac{A}{1,03^9} + \frac{A}{1,03^{10}}$$

Nach Ausklammern des Quotienten $\frac{A}{1,03^{10}}$ folgt:

$$50.000\ \text{€} = \frac{A}{1,03^{10}} \cdot \left(1,03^{9} + 1,03^{8} + ... + 1,03 + 1\right)$$

Multipliziert man mit dem Nenner unter dem A, und wendet die Partialsummenformel für die geometrische Reihe an, so folgt:

$$50.000\ \text{€} \cdot 1,03^{10} = A \cdot \left(1,03^{10} - 1\right) : (1,03 - 1)$$

Die zweite Klammer wird nun multipliziert und die erste dividiert:

$$50.000\ \text{€} \cdot 1,03^{10} \cdot (1,03 - 1) : \left(1,03^{10} - 1\right) = A$$

womit exakt die gleiche Formel wie vorhin und damit auch das gleiche Ergebnis von 5.861,53 € für die Annuität entsteht. Über zehn Jahre haben Sie der Bank damit insgesamt 58.615,30 € zurückzuzahlen, was Kreditkosten[50] von 8.615,60 € entspricht. Es gilt:

Annuität eines Annuitätendarlehens

Wird ein Annuitätendarlehen D über eine Laufzeit von n Jahren zu einem jährlichen Effektivzins, der mit dem Effektivzinsfaktor q beschrieben wird, aufgenommen, so beträgt die jährlich zu leistende Annuität:

$$A = D \cdot q^{n} \cdot (q - 1) : \left(q^{n} - 1\right) \quad \text{oder} \quad A = D \cdot \frac{q^{n} \cdot (q-1)}{q^{n} - 1}$$

Die Kreditkosten (=Summe der Zinsen) betragen dann:

$$A \cdot n - D$$

---

[50] Kreditkosten im Sinne dessen, was in den Effektivzins eingepreist ist.

Beispiel 1: Es wird ein Annuitätendarlehen in Höhe von 250.000 € zu einem Effektivzins von 3,6 % aufgenommen. Das Darlehen soll in 20 Jahren zurückgezahlt werden. Wie hoch sind die Kreditkosten?

Die Annuität ist:

$$A = 250.000\,€ \cdot 1,036^{20} \cdot (1,036 - 1) : \left(1,036^{20} - 1\right)$$

$$A = 17.749,81\,€$$

Jährlich müssen 17.749,81 € gezahlt werden. Das sind nach 20 Jahren 354.996,18 €, d.h. es wurden insgesamt 104.996,18 € Zinsen gezahlt, was den Kreditkosten entspricht.

Wir suchen nach weiteren mathematischen Zusammenhängen und gehen dafür zurück zum Einführungsbeispiel: Nach dem ersten Jahr kommen zu den 50.000 € Zinsen in Höhe von:

$$50.000\,€ \cdot 0,03 = 1.500\,€$$

hinzu, die nun um die Annuität 5.861,53 € verringert werden. Das ergibt eine Restschuld von:

$$51.500\,€ - 5.861,53\,€ = 45.638,47\,€$$

Die Differenz von Annuität und Zins ist die Tilgung. Hier also 4.492,37 €. Um so viel hat die Restschuld von 50.000 € nach dem ersten Jahr abgenommen.
Jetzt fallen im zweiten Jahr ebenfalls 3 % Zinsen an:

$$45.638,47\,€ \cdot 0,03 = 1.369,15\,€$$

Zusammen mit der Restschuld macht das 47.007,62 €, die um die Annuität 5.861,53 € verringert werden, was 41.146,09 € ergibt. Die Tilgung beträgt 4.627,14 €, usw.

Die folgende Tabelle zeigt den gesamten Prozess bis zur vollständigen Tilgung. Im Gegensatz zur Ratenzahlung, bei der die Tilgung konstant war, ist hier die Annuität konstant. Dabei steigt der Tilgungsbetrag, weil der Zins ja kleiner wird. Beim Annuitätendarlehen steigt die Abnahmerate der Restschuld demzufolge jährlich.

Tabelle 26: Tilgung eines Darlehens von 50.000 € mit konstanter Annuität			
Jahr	Schuld zu Jahresbeginn	Zins auf die Schuld	Tilgung	Annuität
1	50.000 €	1.500 €	4.361,53 €	5.861,53 €
2	45.638,47 €	1.369,15 €	4.492,37 €	5.861,53 €
3	41.146,10 €	1.234,38 €	4.627,14 €	5.861,53 €
4	36.518,96 €	1.095,57 €	4.765,96 €	5.861,53 €
5	31.753,00 €	952,59 €	4.908,94 €	5.861,53 €
6	26.844,07 €	805,32 €	5.056,20 €	5.861,53 €
7	21.787,87 €	653,64 €	5.207,89 €	5.861,53 €
8	16.579,98 €	497,40 €	5.364,13 €	5.861,53 €
9	11.215,85 €	336,48 €	5.525,05 €	5.861,53 €
10	5.690,80 €	170,72 €	5.690,80 €	5.861,53 €
Sum.	-	8.615,25 €	50.000 €	58.615,30 €

Falls der Zins nur über eine bestimmte Dauer festgeschrieben ist, dann interessiert sich der Darlehensnehmer für die Restschuld nach Ablauf der Festzinsbindung. Um einen Weg dorthin zu finden, untersuchen wir zunächst den Zusammenhang von Tilgungsrate und Annuität.

Es muss ja die letzte Tilgungsrate gleich der Restschuld am Anfang des letzten Jahres sein, d.h. $n = 10$:

$$R_{10} = T_{10} = 5.690,80 \text{ €}$$

Deshalb und weil Tilgung und Zins zusammen die Annuität ($A = T_{10} + Z_{10}$) geben, folgt damit für das letzte Jahr:

$$A = R_{10} + Z_{10}$$

Und die Summe aus Restschuld am Anfang eines Jahres und Zins dieses Jahres ist nichts anderes als die Erhöhung der Restschuld um den Zinsfaktor, d.h. $R_{10} + Z_{10} = R_{10} \cdot q$. Am Beispiel wäre das $5.690,80 \text{ €} + 170,72 \text{ €} = 5.690,80 \text{ €} \cdot 1,03$. Zusammen mit der letzten Gleichung folgt damit:

$$A = R_{10} \cdot q = T_{10} \cdot q$$

Dies gilt analog tatsächlich für die letzte Tilgungsrate aller Annuitätendarlehen bei vollständiger Tilgung, weshalb gilt:

Zusammenhang von Annuität und letzter Tilgungsrate

Wird ein Annuitätendarlehen über n Jahre jährlich mit der Annuität A getilgt, dann besteht folgender Zusammenhang zur letzten Tilgungsrate T_n:

$$A = T_n \cdot q \quad \text{oder} \quad T_n = A : q$$

wobei q der Effektivzinsfaktor ist.

Eine weitere Besonderheit fällt Ihnen vielleicht an der letzten Tabelle auf, was sogar eine allgemeingültige Gesetzmäßigkeit bei

Annuitätendarlehen ist. Jede Tilgungsrate ist um den Faktor q höher als die Tilgungsrate des Jahres davor[51]:

$$T_2 = T_1 \cdot q = 4.361,53 \, € \cdot 1,03 = 4.492,38 \, €$$

$$T_3 = T_2 \cdot q = 4.492,38 \, € \cdot 1,03 = 4.627,15 \, €$$

Was nicht nur in diesem Beispiel, sondern allgemeingültig gilt, lässt sich auch mathematisch nachweisen. Allerdings ist dieser mathematische Nachweis recht komplex, so dass aufgrund der Lesefreundlichkeit an dieser Stelle darauf verzichtet wird[52]. Allgemein folgt aus diesen Tatsachen und aus dem Zusammenhang von Annuität und letzer Tilgungsrate:

Tilgungsraten im Annuitätendarlehen

Wird ein Annuitätendarlehen jährlich über n Jahre mit der Annuität A zum Effektivzinsfaktor q getilgt, dann ist die Höhe der ersten Tilgungsrate bestimmbar mit:

$$T_1 = A : q^n$$

Jede nachfolgende Tilgungsrate ist pro Jahr um den Faktor q größer. Die k-te Tilgungsrate kann deshalb ermittelt werden mit:

$$T_k = T_1 \cdot q^{k-1} \qquad \text{oder} \qquad T_k = T_{k-1} \cdot q$$

---

[51] Vergleichen Sie diese Zahlen noch einmal mit der Tabelle. Die Ergebnisse weichen um einen Cent ab. Das liegt daran, dass diese Tabelle mit einem Tabellenkalkulationsprogramm erstellt wurde, während diese Zahlen hier per Hand mit dem Taschenrechner ermittelt und auf zwei Nachkommastellen gerundet wurden. Während die Tabellenkalkulation mit allen Nachkommastellen weiter rechnet, auch wenn diese nicht alle dargestellt werden, runden wir Anwender die Zwischenergebnisse.

[52] Das kann man mathematisch beweisen. Der Beweis ist etwas mühsam, weshalb an dieser Stelle darauf verzichtet wird.

Für das Einführungsbeispiel kann man beispielsweise nachrechnen:

$$T_1 = A : q^n = 5.861,53\ \euro : 1,03^{10} = 4.361,53\ \euro$$

oder auch:

$$T_4 = 4.361,53\ \euro \cdot 1,03^3 = 4.765,96\ \euro$$

Die Restschuld ist jeweils das, was übrig bleibt, wenn man vom ursprünglichen Darlehen D die bereits geleisteten Tilgungsraten abzieht. Damit ist die Restschuld am Anfang des sechsten Jahres die Restschuld nach fünf Tilgungsraten, also:

$$R_6 = D - T_1 - T_2 - T_3 - T_4 - T_5$$

Weil wir aber erkennen konnten, dass sich die Tilgungsraten wie folgt jeweils aus der ersten Tilgungsrate ergeben:

$$T_2 = T_1 \cdot q \quad , \quad T_3 = T_1 \cdot q^2 \quad , \quad T_4 = T_1 \cdot q^3 \quad , \quad T_5 = T_1 \cdot q^4$$

kann man auch schreiben:

$$R_5 = D - T_1 - T_1 \cdot q - T_1 \cdot q^2 - T_1 \cdot q^3 - T_1 \cdot q^4$$

Klammert man die erste Tilgungsrate aus, dann erhält man:

$$R_5 = D - T_1 \cdot \left(1 + q + q^2 + q^3 + q^4\right)$$

Mit Hilfe der Partialsummenformel der geometrischen Reihe kann man vereinfachen:

$$R_6 = D - T_1 \cdot \left(q^5 - 1\right) : (q - 1)$$

Allgemein folgt:

Restschuld am Anfang eines Jahres

Die Restschuld eines Darlehens D, das zu einem Effektivzinsfaktor q aufgenommen wurde und dessen erste Tilgungsrate T_1 ist, beträgt am Anfang des k-ten Jahres:

$$R_k = D - T_1 \cdot \left(q^{k-1} - 1\right) : (q - 1)$$

Wollen wir im Einführungsbeispiel die Restschuld am Anfang des sechsten Jahres bestimmen, so ergibt sich mit der Formel[53]:

$$R_6 = 50.000 \, € - 4.361,53 \, € \cdot \left(1,03^5 - 1\right) : (1,03 - 1)$$

$$R_6 = 26.844,04 \, €$$

Die Formel hat den Vorteil, dass sie für Annuitätendarlehen verwendet werden kann, die innerhalb der Laufzeit bzw. innerhalb der Festzinsbindung nicht vollständig getilgt werden können. Sie ist trotz dieser Tatsache anwendbar.

---

[53] Bedenken Sie nochmals, dass die Tabellendaten mit Tabellenkalkulation ermittelt wurden. Dieses Ergebnis hier weicht um 3 Cent ab, weil die Annuität und auch die erste Tilgungsrate auf zwei Nachkommastellen gerundet wurden.

Beispiel 2: Für ein Immobiliendarlehen wurden 180.000 € zu einem Effektivzins von 2,8 % p.a. aufgenommen, das bei diesem Zins nach 25 Jahren abbezahlt wäre. Die Bank garantiert den Zins jedoch nur für 15 Jahre. Wie hoch ist die Restschuld am Ende des 15-ten Jahres?

Bei der Berechnung wird nun so getan, als ob die Laufzeit 25 Jahre betragen würde - das ist der Knackpunkt.

Die zu leistende Annuität ist:

$$A = 180.000 \, € \cdot 1,028^{25} \cdot (1,028 - 1) : \left(1,028^{25} - 1\right)$$

$$A = 10.108,02 \, €$$

Die Höhe der ersten Tilgung ist:

$$T_1 = A : q^n = 10.108,02 \, € : 1,028^{25} = 5.068,02 \, €$$

Die Restschuld am Ende des 15-ten Jahres ist gleich der Restschuld am Anfang des 16-ten Jahres:

$$R_{16} = 180.000 \, € - 5.068,02 \, € \cdot \left(1,028^{16} - 1\right) : (1,028 - 1)$$

$$R_{16} = 79.441,25 \, €$$

6.8 Annuitätenfaktoren

Die Formeln aus dem letzten Kapitel sind relativ aufwändig. Es wäre nützlich, wenn es eine Erleichterung gäbe. Den größten Rechenaufwand hat man mit dem Taschenrechner bei der Ermittlung der Annuität. Glücklicherweise gibt es dort eine Möglichkeit der Vereinfachung - was 'ne Freude.

Die Formel für die Annuität lautete:

$$A = D \cdot q^n \cdot (q - 1) : \left(q^n - 1\right) \quad \text{oder} \quad A = D \cdot \frac{q^n \cdot (q-1)}{q^n - 1}$$

Erinnern Sie sich an die Rentenendwertfaktoren aus dem Sparplankapitel? Genau das gleiche können wir an dieser Stelle tun. Wir ersetzen den Teil der Formel, der von der Laufzeit n und vom Effektivzinsfaktor q abhängt, durch einen Faktor F, den man bequem einer Tabelle entnehmen kann, so dass sich die Annuität mit:

$$A = D \cdot F$$

ermitteln lässt, wobei:

$$F = q^n \cdot (q - 1) : \left(q^n - 1\right) \quad \text{oder} \quad F = \frac{q^n \cdot (q-1)}{q^n - 1}$$

So braucht ein Anwender nur die Höhe des Darlehens mit dem Faktor multiplizieren, der einer Tabelle entnommen werden kann. Dass nicht jeder Faktor für alle möglichen Laufzeiten und Effektivzinsfaktoren aufgeführt werden kann, ist klar. Manchmal genügt es auch, einen Betrag für die Annuität abschätzen zu können.

In den Spalten stehen die Laufzeiten, in den Zeilen die Effektivzinsfaktoren.

Tabelle 27: Annuitätenfaktoren							
	5	10	15	20	25	30	35	40
0,5	0,203	0,103	0,069	0,053	0,043	0,036	0,031	0,028
1,0	0,206	0,106	0,072	0,055	0,045	0,039	0,034	0,030
1,5	0,209	0,108	0,075	0,058	0,048	0,042	0,037	0,033
2,0	0,212	0,111	0,078	0,061	0,051	0,045	0,040	0,037
2,5	0,215	0,114	0,081	0,064	0,054	0,048	0,043	0,040
3,0	0,218	0,117	0,084	0,067	0,057	0,051	0,047	0,043
3,5	0,221	0,120	0,087	0,070	0,061	0,054	0,050	0,047
4,0	0,225	0,123	0,090	0,074	0,064	0,058	0,054	0,051
4,5	0,228	0,126	0,093	0,077	0,067	0,061	0,057	0,054
5,0	0,231	0,130	0,096	0,080	0,071	0,065	0,061	0,058
5,5	0,234	0,133	0,100	0,084	0,075	0,069	0,065	0,062
6,0	0,237	0,136	0,103	0,087	0,078	0,073	0,069	0,066
6,5	0,241	0,139	0,106	0,091	0,082	0,077	0,073	0,071
7,0	0,244	0,142	0,110	0,094	0,086	0,081	0,077	0,075
7,5	0,247	0,146	0,113	0,098	0,090	0,085	0,081	0,079
8,0	0,250	0,149	0,117	0,102	0,094	0,089	0,086	0,084
8,5	0,254	0,152	0,120	0,106	0,098	0,093	0,090	0,088

Beispiel 1: Ein Anleger nimmt ein Annuitätendarlehen in Höhe von 60.000 € auf, das bei einem Effektivzins von 6 % nach 20 Jahren vollständig getilgt wäre. Wie hoch ist die Annuität?

In der Tabelle sucht man dann in der Spalte "20" und in der Zeile "6,0" und landet in dem Feld, das den Faktor 0,087 liefert. Die Annuität beträgt dann rund[54]:

$$A \approx 60.000\ € \cdot 0,087 = 5.220\ €$$

Beispiel 2: Eine Familie möchte ein Annuitätendarlehen für eine Immobilienfinanzierung in Höhe von 200.000 € zu einem Effektivzinsfaktor von 4 % p.a. aufnehmen. Sie kann sich allerdings nur eine jährliche Annuität von 12.000 € leisten. Welche Laufzeit muss die Familie in etwa ansetzen?

Wenn A und D bekannt sind, kann der Faktor F berechnet werden:

$$12.000\ € = 200.000\ € \cdot F$$

Um den Annuitätenfaktor F zu ermitteln, muss durch 200.000 € geteilt werden:

$$0,06 = F$$

In der Tabelle wird nun bei einem Zins von 4 % nach einem Faktor gesucht, der möglichst nahe bei 0,06 liegt. In der Zeile "4,0" findet man bei 25 Jahren einen Faktor von 0,064 und bei 30 Jahren den Faktor 0,058. Die Finanzierung muss daher zwischen 25 und 30 Jahren angesetzt werden.

---

[54] Die Faktoren sind auf drei Nachkommastellen gerundet, weshalb das Endergebnis ebenfalls recht grob gerundet ist.

6.9 Berechnung der Laufzeit

Wenn Ihnen das zweite Beispiel aus dem letzten Kapitel, in dem die Laufzeit mit Hilfe der Tabelle bestimmt wurde, zu unexakt war, dann brauchen Sie eine Formel. Da sich die Laufzeit n im Exponenten befindet, wird uns nur der Logarithmus zum exakten Ergebnis führen.

Sie nehmen ein Annuitätendarlehen in Höhe von 350.000 € zu einem Effektivzins von 1,5 % p.a. auf. Nun haben Sie sich überlegt, dass Sie jährlich 15.000 € tilgen wollen. Wie lange müssten Sie dann diese Annuitätenzahlungen leisten?

Teilt man 15.000 € durch 350.000 €, so erhält man einen Annuitätenfaktor von rund 0,0429. Die Tabelle aus dem letzten Kapitel deutet in der Zeile "1,5" darauf hin, dass die Laufzeit etwas unter 30 Jahre liegen wird.

Doch nun zur exakten Berechnung. Diese wird etwas aufwändig. Am Ende fassen wir den Rechenweg aber wieder in einer Formel zusammen, mit der Sie arbeiten können. Prinzipiell können Sie die folgende Berechnung überspringen, wenn Ihnen die Sache zu kompliziert wird.

Mit Hilfe der Formel für die Annuität gilt:

$$15.000 \,€ = 350.000 \,€ \cdot 1,015^{n} \cdot (1,015 - 1) : \left(1,015^{n} - 1\right)$$

Man kann den ersten Klammerausdruck schon einmal ausrechnen:

$$15.000 \,€ = 350.000 \,€ \cdot 1,015^{n} \cdot 0,015 : \left(1,015^{n} - 1\right)$$

Dann kann man beide Seiten der Gleichung durch 350.000 € teilen:

$$0,0429 \approx 1,015^{n} \cdot 0,015 : \left(1,015^{n} - 1\right)$$

Zudem kann durch die 0,015 geteilt werden:

$$2,86 \approx 1,015^{n} : \left(1,015^{n} - 1\right)$$

Man multipliziert die gesamte Gleichung nun mit dem Klammerausdruck:

$$2,86 \cdot \left(1,015^{n} - 1\right) \approx 1,015^{n}$$

und löst die Klammer auf:

$$2,86 \cdot 1,015^{n} - 2,86 \approx 1,015^{n}$$

Wir addieren 2,86:

$$2,86 \cdot 1,015^{n} \approx 1,015^{n} + 2,86$$

und subtrahieren $1,015^{n}$:

$$2,86 \cdot 1,015^{n} - 1,015^{n} \approx 2,86$$

Durch Ausklammern von $1,015^{n}$ erhält man:

$$1,015^{n} \cdot (2,86 - 1) \approx 2,86$$

Der Klammerausdruck kann zusammengerechnet werden:

$$1,015^{n} \cdot 1,86 \approx 2,86$$

und dann kann die Gleichung durch 1,86 dividiert werden:

$$1,015^{n} \approx 1,54$$

Dies lässt sich mit Hilfe des Logarithmus lösen:

$$n \approx log_{1,015} 1,54 \approx 29$$

Nach etwa 29 Jahren ist das Darlehen getilgt. Sie können sich vorstellen, dass kaum jemand Lust hat, diese Berechnung für verschiedene Szenarien per Hand durchzuführen. Die aus dieser Berechnung folgende Formel lautet:

Laufzeit eines Annuitätendarlehens bis zur vollständigen Tilgung

Wird ein Annuitätendarlehen D bei einem Effektivzinsfaktor q mit der Annuität A zurückgezahlt, dann beträgt die Laufzeit bis zur vollständigen Tilgung:

$$n = log_q \frac{w}{w-1} \quad \text{mit der Hilfsvariable} \quad w = \frac{A}{D \cdot (q-1)}$$

oder:

$$n = log_q(w : (w-1)) \quad \text{mit} \quad w = A : D : (q-1)$$

Für unser Beispiel hat die Hilfsvariable den Wert:

$$w = 15.000 \, € : 350.000 \, € : (1,015 - 1) \approx 2,8571$$

Damit erhält man eine Laufzeit von:

$$n \approx log_{1,015}(2,8571 : (2,8571 - 1)) \approx 28,93$$

Jahren.

Beispiel: Ein Paar möchte ein Darlehen in Höhe von 280.000 € zu einem Zinssatz von 3 % p.a. aufnehmen. Sie können jährlich eine Annuität von 18.000 € aufbringen.

    a) Wie lange müssen Sie bei gleichbleibenden Bedingungen tilgen?

    b) Der Zins von 3 % p.a. ist nur für 15 Jahre gesichert. Wie groß ist die Restschuld am Ende des 15-ten Jahres?

zu a):

$$w = 18.000 \, € : 280.000 \, € : (1,03 - 1) \approx 2,1429$$

$$n \approx log_{1,03}(2,1429 : (2,1429 - 1)) \approx 21,27$$

Das Paar braucht also 22 Jahre für die Tilgung.

zu b): Die erste Tilgungsrate ist bei einer Tilgung über 22 Jahre:

$$T_1 = 18.000 \, € : 1,03^{22} = 9.394,07 \, €$$

Die Restschuld am Ende des 15-ten Jahres ist gleich der Restschuld am Anfang des 16-ten Jahres:

$$R_{16} \approx 280.000 \, € - 9.394,07 \, € \cdot \left(1,03^{15} - 1\right) : (1,03 - 1)$$

$$R_{16} \approx 105.280,50 \, €$$

Das Paar müsste diesen Betrag dann der Bank als Einmalbetrag geben oder umschulden.

6.10 Annuitätentilgung monatlich

Wer ein Annuitätendarlehen für eine große Finanzierung aufnimmt, fährt vermutlich besser, wenn die Rückzahlungen monatlich geleistet werden müssen, damit die Finanzen besser im Blick behalten werden. Eine recht gute Schätzung sollten die Berechnungen mit den Formeln aus dem letzten Kapitel schon liefern. Wir schauen uns an, inwiefern diese bekannten Formeln übertragen werden können, und ob sich der Aufwand einer monatlichen Kalkulation gegenüber einer jährlichen Kalkulation überhaupt lohnt.

Falls monatlich getilgt wird, muss der unterjährige (monatliche) Zinsfaktor bestimmt werden. Das klappt bekanntermaßen mit der zwölften Wurzel aus dem Effektivzinsfaktor. An dieser Stelle können wir auch den Nominalzins berechnen, was im Kapitel zur Einmalanlage schon einmal gemacht wurde. Zwar hilft der Nominalzins bei keiner Berechnung, dennoch taucht er bei manchen Angeboten auf.

Ein Darlehen von 250.000 € wird zu 5 % p.a. effektiv verzinst. Der monatliche Zinsfaktor ist dann:

$$q_u = \sqrt[12]{1,05} \approx 1,00407$$

was einem Zinssatz von etwa 0,4074 % entspricht. Der Nominalzins ist das Zwölffache des unterjährigen (monatlichen) Zinses, also rund:

$$12 \cdot 0,407\,\% = 4,884\,\%$$

was einem Nominalzinsfaktor von 1,04884 entspricht.

Die Annuität mag per Definition eine *jährliche* Rate sein[55]. Die ursprünglich hergeleitete Formel zur Ermittlung der Annuität behält trotzdem ihre Korrektheit. Dort wurde n zwar als Anzahl der Jahre

---

[55] Schon der Begriff "Annuität" leitet sich von "annum", also "Jahr" ab.

verwendet. Durch Abänderung des jährlichen Effektivzinfaktors auf einen monatlichen Zinsfaktor verändert sich aber auch die Bedeutung von n auf die Anzahl der Monate. Folglich gilt:

Formel zur Bestimmung der monatlichen Rate eines Annuitätendarlehens

Die monatliche Rate M eines Annuitätendarlehens D zu einem Effektivzinsfaktor q lässt sich wie folgt bestimmen:

$$M = D \cdot q_u^n \cdot \left(q_u - 1\right) : \left(q_u^n - 1\right) \quad \text{mit} \quad q_u = \sqrt[12]{q}$$

wobei n die Laufzeit in Monaten angibt.

Beispiel: Bei einem Annuitätendarlehen in Höhe von 250.000 € zu einem Effektivzins von 5 % beträgt die Annuität über eine Laufzeit von 30 Jahren nach jährlicher Berechnung:

$$A = 250.000 \, € \cdot 1,05^{30} \cdot (1,05 - 1) : \left(1,05^{30} - 1\right)$$

$$A = 16.262,86 \, €$$

Teilt man die Annuität durch 12, so würde sich ein geschätzter Monatsbeitrag von 1.355,24 € ergeben. Mit Hilfe der (exakteren) Monatsformel ergibt sich mit $q_u \approx 1,00407$ die Monatsrate:

$$M \approx 250.000 \, € \cdot 1,00407^{360} \cdot (1,00407 - 1) : \dots$$

$$\dots : \left(1,00407^{360} - 1\right) \approx 1.324,39 \, €$$

die logischerweise geringer als 1.355,24 € ausfällt, weil ja die Tilgung bei monatlichen Raten zeitlich eher einsetzt. Hätte man den unterjährigen Zinsfaktor nicht gerundet, hätte man 1.325,14 €

erhalten. Multipliziert man diese Monatsrate mit 12, so ergibt sich eine jährliche Belastung von 15.901,68 €. Über eine Laufzeit von 30 Jahren ergibt sich folglich eine Differenz von 10.835,40 €, die die jährliche Formel zu viel ermitteln würde.

Wie schon für die Annuität, kann man auch für die Monatsrate einen Monatsratenfaktor F ermitteln, so dass:

$$M = D \cdot F$$

gilt. Die Faktoren F können wieder einer Tabelle entnommen werden. In der Tabelle stehen dennoch die Jahre in den Spalten und die Jahreszinsfaktoren in der Zeile, damit die Anwendung leichter fällt. So kann auf eine Bestimmung der Anzahl der Monate und auf die Berechnung des unterjährigen Zinsfaktors verzichtet werden.

Beispiel: Ein Darlehen in Höhe von 150.000 € soll über eine Laufzeit von 20 Jahren bei einem Effektivzins von 4,5 % getilgt werden. Wie hoch ist dann die monatliche Rate des Annuitätendarlehens?

Der Tabelle kann in der Spalte "20" und in der Zeile "4,5" der monatliche Annuitätenfaktor 0,0063 entnommen werden. Dann beträgt die monatliche Rate gerundet:

$$M \approx 150.000 \, € \cdot 0,0063 = 945 \, €$$

Tabelle 28: Annuitätenfaktoren bei monatlichen Raten							
	5	10	15	20	25	30	35	40
0,5	0,0169	0,0085	0,0058	0,0044	0,0035	0,0030	0,0026	0,0023
1,0	0,0171	0,0088	0,0060	0,0046	0,0038	0,0032	0,0028	0,0025
1,5	0,0173	0,0090	0,0062	0,0048	0,0040	0,0034	0,0031	0,0028
2,0	0,0175	0,0092	0,0064	0,0051	0,0042	0,0037	0,0033	0,0030
2,5	0,0177	0,0094	0,0067	0,0053	0,0045	0,0039	0,0036	0,0033
3,0	0,0180	0,0096	0,0069	0,0055	0,0047	0,0042	0,0038	0,0036
3,5	0,0182	0,0099	0,0071	0,0058	0,0050	0,0045	0,0041	0,0038
4,0	0,0184	0,0101	0,0074	0,0060	0,0052	0,0047	0,0044	0,0041
4,5	0,0186	0,0103	0,0076	0,0063	0,0055	0,0050	0,0047	0,0044
5,0	0,0188	0,0106	0,0079	0,0065	0,0058	0,0053	0,0050	0,0047
5,5	0,0190	0,0108	0,0081	0,0068	0,0061	0,0056	0,0053	0,0051
6,0	0,0193	0,0110	0,0084	0,0071	0,0063	0,0059	0,0056	0,0054
6,5	0,0195	0,0113	0,0086	0,0073	0,0066	0,0062	0,0059	0,0057
7,0	0,0197	0,0115	0,0089	0,0076	0,0069	0,0065	0,0062	0,0061
7,5	0,0199	0,0117	0,0091	0,0079	0,0072	0,0068	0,0066	0,0064
8,0	0,0201	0,0120	0,0094	0,0082	0,0075	0,0071	0,0069	0,0067
8,5	0,0204	0,0122	0,0097	0,0085	0,0078	0,0075	0,0072	0,0071

Auch alle anderen Formeln aus dem vorigen Kapitel lassen sich übertragen. Es folgt:

Formeln für die monatliche Tilgung eines Annuitätendarlehens[56]:

Für die Tilgungsraten des k-ten Monats gilt:

$$T_1 = M : q_u^n \quad \text{und} \quad T_k = T_1 \cdot q_u^{k-1}$$

Die Restschuld eines Darlehens D am Anfang des k-ten Monats ist:

$$R_k = D - T_1 \cdot \left(q_u^{k-1} - 1\right) : \left(q_u - 1\right)$$

Wird ein Annuitätendarlehen D bei einem monatlichen Zinsfaktor von q_u mit der Annuität A zurückgezahlt, dann gilt:

$$n = log_{q_u}\left(w : (w - 1)\right) \quad \text{mit} \quad w = M : D : \left(q_u - 1\right)$$

Beispiel 1: Ein Annuitätendarlehen von 400.000 € zu einem Effektivzins von 2 % p.a. soll in 30 Jahren zurückgezahlt sein. Wie hoch sind monatliche Rate und Restschuld nach 20 Jahren?

$$\text{Anzahl der Monate: } n = 12 \cdot 30 = 360$$

$$\text{Monatlicher Zinsfaktor: } q_u = \sqrt[12]{1,02} \approx 1,00165$$

$$M \approx 400.000 \, € \cdot 1,00165^{360} \cdot (1,00165 - 1) : \ldots$$

---

[56] Das klappt natürlich auch für eine quartalsweise Tilgung. n ist dann die Anzahl der Quartale. Den unterjährigen Zinsfaktor erhalten Sie dann durch Ziehen der vierten Wurzel aus dem Effektivzinsfaktor.

$$\ldots : \left(1,00165^{360} - 1\right) \approx 1.474,48\ \text{€}$$

$$T_1 \approx 1.474,48\ \text{€} : 1,00165^{360} \approx 814,48\ \text{€}$$

$$\text{Anzahl der Monate: } k = 12 \cdot 20 = 240$$

$$R_{240} \approx 400.000\ \text{€} - 814,48\ \text{€} \cdot 0,4854 : (1 - 1,00165)$$

$$R_{240} \approx 160.394,79\ \text{€}$$

Da hier gerundet wurde, weicht der Wert von einem Wert ab, der mit Tabellenkalkulation ermittelt wurde. Tatsächlich erhält man für die monatliche Rate 1.474,86 € und für die Restschuld nach 20 Jahren 160.428,69 €.

Beispiel 2: Ein Annuitätendarlehen von 150.000 € wird zu einem Effektivzins von 4 % p.a. vergeben. Der Kreditnehmer will eine monatliche Rate von 1.200 € zahlen. Wie lange benötigt er dann ungefähr bis zum vollständigen Abzahlen seiner Schuld?

$$q_u = \sqrt[12]{1,04} \approx 1,0033$$

$$w \approx 1.200\ \text{€} : 150.000\ \text{€} : (1 - 1,0033) \approx 2,42$$

$$n \approx \log_{1,0033}(2,42 : (2,42 - 1)) \approx 161,82$$

Es werden 161,82 Monate oder 13,49 Jahre gebraucht.

6.11 Sondertilgung (Ratentilgung)

Falls Sie die Option einer Sondertilgung[57] nutzen, werden Sie Ihr Darlehen schneller abbezahlt haben. Es ist abzuwägen, ob es sinnvoll ist, gespartes Kapital für eine Sondertilgung zu verwenden, oder es doch lieber in andere Assets zu investieren. Läuft Ihr Darlehen beispielsweise zu einem sehr geringen Zins, dann bietet sich die Möglichkeit, zumindest einen Teil des Geldes, mit dem Sie sondergetilgt hätten, risikolos anzulegen. Lassen Sie uns in diesem Kapitel schauen, wie eine Sondertilgung mathematisch in unsere bisherigen Formeln integriert werden kann.

Um die Sache einfach zu halten, legen wir fest, dass die Höhe der Sondertilgung immer den gleichen Betrag haben soll. Wenn ein Anleger in unseren Modellen sontertilgt, dann soll er das also jährlich mit dem gleichen Betrag tun. Desweiteren vereinfachen wir die Sache auf eine jährliche, nicht auf eine monatliche Tilgung.

Für den Kreditnehmer ist interessant, wie viel eher seine Schuld in Abhängigkeit vom jährlichen Sondertilgungsbetrag beglichen sein wird. So kann er verschiedene Berechnungen gegeneinander abwägen, und prüfen, ob es ggf. sinnvoller ist, sein Geld für eine Sondertilgung oder für eine risikolose Anlage zu verwenden.

Zuerst schauen wir uns die Ratentilgung an. Hierbei bleibt die jährliche Tilgungsrate bei abnehmender Annuität konstant. Arbeitet man jährlich eine konstante Sondertilgung ein, so erhöht sich mathematisch, zumindest unter unseren vereinfachten Annahmen, einfach nur die Tilgungsrate um den Betrag der Sondertilgung.

---

[57] Falls Ihnen der Begriff nicht geläufig ist: Es handelt sich um das optionale Recht des Darlehensnehmers, zusätzlich zur vereinbarten Tilgung, einen bestimmten Betrag zu tilgen. Dieses Recht wird bei Abschluss des Kreditvertrages festgelegt.

Angenommen, Sie nehmen ein Darlehen in Höhe von 100.000 € auf und tilgen jährlich 5.000 €. Dann beträgt die Laufzeit bei einer *Ratentilgung*:

$$100.000 \,€ : 5.000 \,€ = 20$$

Jahre. Hätten Sie ein Recht auf Sondertilgung mit der Bank vereinbart, und würden Sie dieses Recht jährlich mit 2.000 € in Anspruch nehmen, so wäre Ihre Schuld nach:

$$100.000 \,€ : (5.000 \,€ + 2.000 \,€) = 14,29$$

d.h. nach über 14 Jahren beglichen[58]. Prinzipiell rechnen Sie bei einer Ratentilgung nur mit einer höheren Tilgungsrate, so dass sämtliche Formeln aus dem Kapitel zur jährlichen Ratentilgung auf die Situation einer jährlichen Sondertilgung anwendbar sind.

Beträgt der Zins beispielsweise 1,5 % p.a., dann ergibt die Summe aller Zinsen nach 20 Jahren:

$$0,015 \cdot 100.000 \,€ \cdot 0,5 \cdot (20 + 1) = 15.750 \,€$$

Bei 14,29 Jahren sind es:

$$0,015 \cdot 100.000 \,€ \cdot 0,5 \cdot (14,29 + 1) = 11.467,50 \,€$$

woraus sich gegenüber dem Ergebnis der ersten Berechnung eine Ersparnis der Kreditkosten in Höhe von 4.282,50 € ergibt.

Aber wäre denn die Sondertilgung, bezogen auf dieses Beispiel, eine kluge Sache? Dies messen wir am risikolosen Zins, den wir exemplarisch mit 2 % p.a. annehmen. Die 2.000 € könnten jährlich

---

[58] Inwiefern nun die 14,29 interpretiert werden kann, hängt vom Anleger ab. Er könnte zum Ende des 14-ten Jahres einfach einen höheren Betrag an die Bank leisten und wäre dann schuldenfrei. Oder er zahlt den Rest eben am Ende des 15-ten Jahres ab. Weil das mathematisch nicht simpel zu erfassen ist, rechnen wir einfach mit den 14,29 Jahren weiter.

auch in Form eines Sparplanes zu 2 % p.a. risikolos angelegt werden - und zwar über 20 Jahre. Für eine Berechnung wird die nachschüssige Sparplanformel verwendet, da die Sondertilgung zusammen mit der Tilgung am Ende eines Jahres geleistet werden soll. Damit würden Sie risikolos ein Vermögen von:

$$2.000 \text{€} \cdot \left(1,02^{20} - 1\right) : (1,02 - 1) = 48.597,74 \text{€}$$

ansparen. Nach 14,29 Jahren wären es bereits:

$$2.000 \text{€} \cdot \left(1,02^{14,29} - 1\right) : (1,02 - 1) = 37.707,80 \text{€}$$

Würden Sie erst nach der Tilgung des Kredits mit Sondertilgung, d.h. nach 14,29 Jahren damit beginnen, den Sondertilgungsbetrag risikolos anzulegen, dann könnten Sie in den verbleibenden 5,71 Jahren:

$$2.000 \text{€} \cdot \left(1,02^{5,71} - 1\right) : (1,02 - 1) = 11.971,37 \text{€}$$

ansparen. Hinzu kommen da aber noch 5.000 €, die pro Jahr *nicht* für den Kredit ausgegeben werden. Die würden aber nur so rumliegen. Und wir gehen ja davon aus, dass Sie als Anleger möglichst gut mit Ihrem Kapital wirtschaften wollen. Da ist es eigentlich nur sinnvoll, für einen fairen Vergleich davon auszugehen, dass die 5.000 € dann ebenfalls risikolos investiert werden[59].In diesem Fall ergäben sich:

$$7.000 \text{€} \cdot \left(1,02^{5,71} - 1\right) : (1,02 - 1) = 41.899,78 \text{€}$$

So - nun habe ich Ihnen ein paar Zahlen vor die Füße geworfen. Welche nutzen wir denn nun, um zu entscheiden, ob der Anleger sich für eine Sondertilgung oder für eine risikolose Anlage entscheiden sollte?

Die Zeiträume müssen fairerweise vergleichbar sein. Daher kann nur ein Zeitraum von 20 Jahren verwendet werden. Eine Tabelle

---

[59] Als jemand, der ein Darlehen für ein Eigenheim abbezahlt hat, wird man sagen, dass dieses Geld dann für Renovierungen am Haus benötigt wird.

strukturiert uns die Ergebnisse über 20 Jahre. In der letzten Spalte
werden die Kreditkosten mit dem Sparvermögen verrechnet:

Tabelle 29: Ratensondertilgung und risikolose Anlage (100.000 € Darlehen / 5.000 € Tilgung / 2.000 € Sondertilgung / 1,5 % p.a. Zins / 2 % p.a. risikoloser Zins)			
Situation	Kreditkosten	risikoloses Sparvermögen	Differenz
20 Jahre ohne SoTi[60]	-15.750 €	48.597,74 €	32.847,74 €
14,29 Jahre SoTi, dann 2.000 € risikolos (A)	-11.467,50 €	11.971,37 € + 28.550 €[61]	29.053,87 €
14,29 Jahre SoTi, dann 7.000 € risikolos (B)	-11.467,50 €	41.899,71 €	30.432,21 €

Die Tabelle zeigt, dass hier eine risikolose Anlage von Anfang an mit
vollständigem Verzicht auf Sondertilgungen die bessere Wahl ist.
Bedenken Sie wie immer, dass der risikolose Zins vermutlich nicht
über 20 Jahre konstant sein wird, so dass sich die Ergebnisse aus Zeile
1 und Zeile 3 näher kommen. Einig sein können wir uns hier über
Zeile 2. Aus anlagetechnischer Sicht fährt man damit am
schlechtesten. Praktisch gesehen wird es bei Eigenheimbesitzern wohl
oft darauf hinaus laufen, weil sie das Geld, das sie nicht mehr für den
Kredit ausgeben, nun für Reparaturen am Haus ausgeben müssen.

Aber insgesamt ist die gesamte Sache abhängig vom Darlehenszins
und vom risikolosen Zins. Wir ändern die Situation nun so ab, dass

---

[60] Um etwas Platz in der Tabelle zu sparen, verwende ich "SoTi" statt
Sondertilgung.
[61] Die über 5,71 Jahre nicht ausgegebenen bzw. nicht angelegten 5.000 €
jährlich ergeben zusammen 28.550 €.

der risikolose Zins kleiner als der Darlehenszins ist, und 1 % p.a. beträgt. Die Tabelle verändert sich wie folgt:

Tabelle 30: Ratensondertilgung und risikolose Anlage (100.000 € Darlehen / 5.000 € Tilgung / 2.000 € Sondertilgung / 1,5 % p.a. Zins / 1,0 % p.a. risikoloser Zins)			
Situation	Kreditkosten	risikoloses Sparvermögen	Differenz
20 Jahre ohne SoTi[62]	-15.750 €	44.038,01 €	28.288,01 €
14,29 Jahre SoTi, dann 2.000 € risikolos (A)	-11.467,50 €	11.692,29 € + 28.550 €	28.774,79 €
14,29 Jahre SoTi, dann 7.000 € risikolos (B)	-11.467,50 €	40.923,01 €	29.455,51 €

Die gesamte Situation verändert sich leicht. Zwar sind die Unterschiede gering, bei größeren Darlehens- und Tilgungsbeträgen steigen aber auch die absoluten Differenzen. Wir sehen deutlich, dass es in diesem Fall am besten wäre, zuerst sonderzutilgen, weil beide Sondertilgungsvarianten nach 20 Jahren vor der Variante ohne Sondertilgung liegen.

Können wir aus den beiden letzten Tabellen schlussfolgern, dass zuerst sondergetilgt werden sollte, wenn der risikolose Zins kleiner als der Darlehenszins ist, und dass nicht sondergetilgt werden sollte, wenn die Sache umgekehrt ist? Da es sich nur um ein Beispiel handelt, können wir diesen Schluss nicht einfach so ziehen. Auf der Suche nach einer neuen Formel scheiterte ich.

---

[62] Um etwas Platz in der Tabelle zu sparen, verwende ich "SoTi" statt Sondertilgung.

Findet man keine Formel, dann ist die Möglichkeit der Darstellung der Zusammenhänge in einem Diagramm eine Variante, um sich etwas besser mit der Problemstellung beschäftigen zu können. In unserem Problem gibt es allerdings so viele Größen, dass man zunächst gar nicht weiß, welche Abhängigkeit überhaupt in dem Diagramm dargestellt werden soll. Daher wähle ich mehrere Diagramme, die uns das mathematische Problem visualisieren. Beachten Sie dabei, dass auch das nur ein Beispiel ist.

Beispiel 1: Ein Anleger nimmt ein Darlehen in Höhe von 300.000 € auf und tilgt jährlich per Ratentilgung 12.000 €. Er hat ein Sondetilgungsrecht für 5.000 € jährlich am Ende des Jahres. Die Laufzeit beträgt 25 Jahre ohne Sondertilgung und 17,65 Jahre mit Sondertilgung.

In den folgenden Diagrammen wird auf der vertikalen Achse jeweils die Differenz zwischen dem risikolosen Sparvermögen und der Summe der Zinsen nach 25 Jahren aufgetragen, also an sich das Ergebnis, das in den obigen Tabellen in der letzten Spalte steht. Die durchgezogene Linie ist jeweils ohne Sondertilgung ("ohne SoTi"). Die gepunktete Linie ist Variante 2, bei der 17,65 Jahre sondergetilgt wird und dann lediglich die Tilgungsrate risikolos angelegt wird ("SoTi A"). Und die Strichpunktlinie ist Variante 3, bei der 17,65 Jahre sondergetilgt wird, und dann die Tilgungsrate sowie die Sondertilgung risikolos investiert werden ("SoTi B").

Es werden zuerst zwei Diagramme dargestellt, bei denen der Darlehenszinsfuß i auf der horizontalen Achse aufgetragen ist (Abbildung 18). Der Unterschied zwischen diesen zwei Diagrammen ist der risikolose Zins. Danach folgen drei Diagramme, bei denen der risikolose Zins auf der horizontalen Achse aufgetragen ist (Abbildung 19a/b). Der Unterschied hier ist der Darlehenszins.

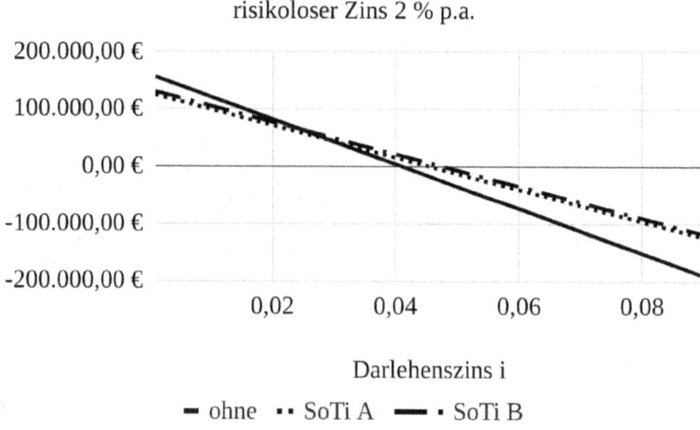

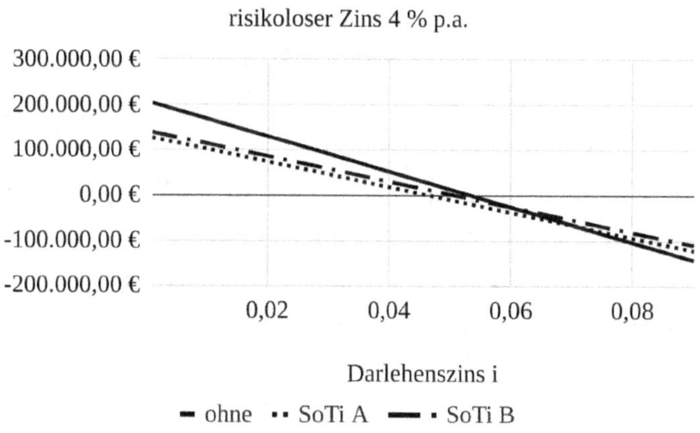

Abbildung 18: Differenz zwischen risikolosem Sparvermögen und Summe der Zinsen in Abhängigkeit vom Darlehenszins (Darlehen 300.000 € / Tilgung: 12.000 € / Sondertilgung: 5.000 €)

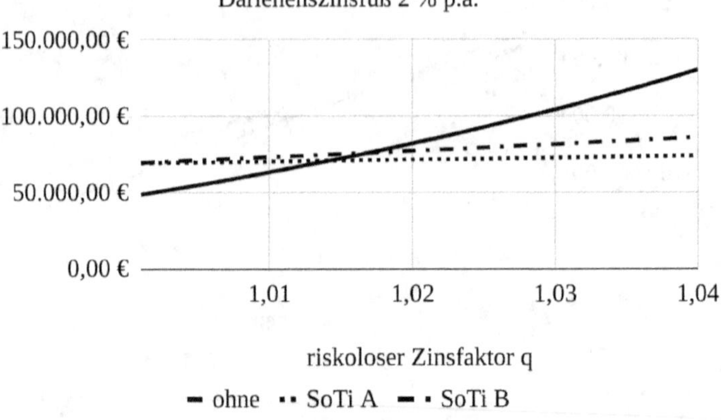

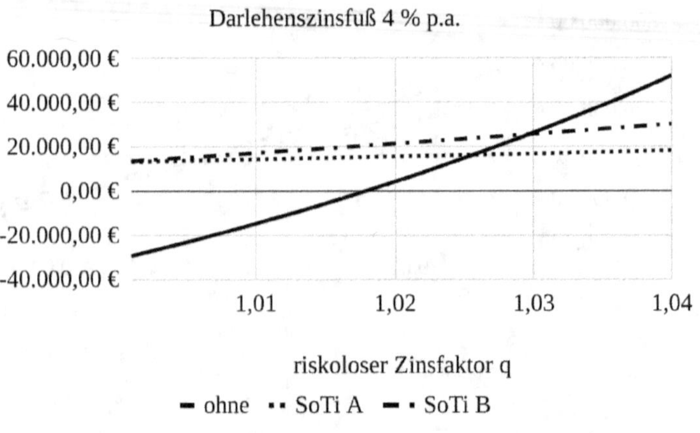

Abbildung 19a: Differenz zwischen risikolosem Sparvermögen und Summe der Zinsen in Abhängigkeit vom risikolosen Zins (Darlehen 300.000 € / Tilgung: 12.000 € / Sondertilgung: 5.000 €)

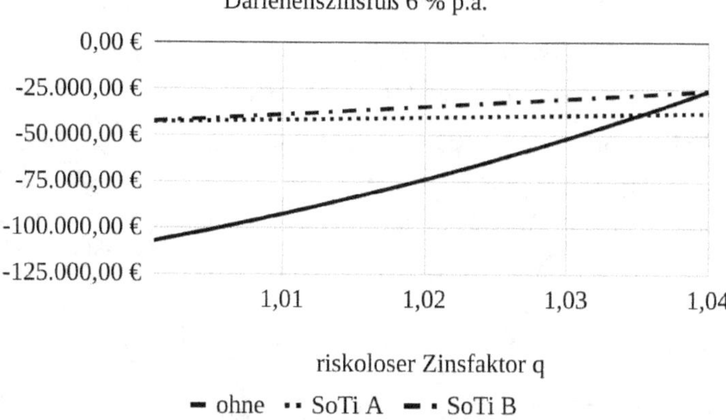

Abbildung 19b: Differenz zwischen risikolosem Sparvermögen und Summe der Zinsen in Abhängigkeit vom risikolosen Zins (Darlehen 300.000 € / Tilgung: 12.000 € / Sondertilgung: 5.000 €)

Aus Abbildung 18 lässt sich schlussfolgern, dass es bei kleinen Darlehenszinsen besser ist, auf eine Sondertilgung zu verzichten. Mit steigendem risikolosen Zins wird diese Aussage verstärkt. Zudem erkennt man, dass die Kurven sich nicht dort schneiden, wo risikoloser Zins und Darlehenszins gleich sind. Der Darlehenszins muss ein gewisses Stück über dem risikolosen Zins liegen, damit die Sondertilgung am Ende die bessere Wahl ist. Abbildung 19 bestärkt diese Aussagen.

Doch am Ende bleibt es an Ihnen, sich die Situation für sich selbst durchzurechnen. Dafür gebe ich Ihnen abschließend die nötigen Formeln in zusammengefasster Form an:

Sondertilgung (Ratentilgung)

Wird ein Darlehen D zu einem Zinsfuß i bei einer Ratentilgung mit der Tilgungsrate T und der möglichen Sondertilgungsrate T_S aufgenommen, dann ist n die Laufzeit ohne und m die Laufzeit mit Sondertilgung. Für die Laufzeiten gilt:

$$n = D : T \quad \text{und} \quad m = D : \left(T + T_s\right)$$

Die Summe der Zinsen ohne Sondertilgung beträgt:

$$Z_{ohne} = i \cdot D \cdot 0,5 \cdot (n + 1)$$

und mit Sondertilgung:

$$Z_{mit} = i \cdot D \cdot 0,5 \cdot (m + 1)$$

Die für ein risikoloses Sparvermögen verwendeten Sondertilgungsbeträge belaufen sich ohne Sondertilgung auf:

$$V_{Spar/ohne} = T_S \cdot \left(q^n - 1\right) : (q - 1)$$

wobei q der risikolose Zins ist. Werden die Sondertilgungsbeträge erst nach vollständiger Tilgung der Schuld für einen risikolosen Sparplan verwendet, so ergibt sich das risikolose Sparvermögen für Variante A zu:

$$V_{Spar/mitA} = T_S \cdot \left(q^{n-m} - 1\right) : (q - 1)$$

Werden stattdessen (Variante B) die Tilgungsbeträge und die Sondertilgungen risikolos investiert, so ergibt sich eine Sparsumme von:

$$V_{Spar/mitB} = \left(T + T_S\right) \cdot \left(q^{n-m} - 1\right) : (q - 1)$$

Die Differenz aus Sparvermögen und Zinssumme ergibt sich ohne Sondertilgung nach n Jahren zu:

$$V_{Spar/ohne} - Z_{ohne}$$

Wird sondergetilgt und die Sondertilgung dann risikolos investiert, so erhält man eine Differenz von (Variante A):

$$V_{Spar/mitA} + (n - m) \cdot T - Z_{mit}$$

wobei $(n - m) \cdot T$ die nicht risikolos investierte Sparsumme ist, die auch nicht mehr für die Tilgung des Darlehens benötigt wird. Sollte diese aber ebenfalls risikolos investiert werden (Variante B), so ergibt sich nach n Jahren eine Differenz von:

$$V_{Spar/mitB} - Z_{mit}$$

Mit einem Beispiel wird noch einmal die Anwendung der Formeln demonstriert.

Beispiel 2: Wir beziehen uns auf die Informationen aus Beispiel 1, wobei der Darlehenszins 6 % p.a. und der risikolose Zins 2 % p.a. ist.

$$n = 300.000\,€ : 12.000\,€ = 25$$

$$m = 300.000\,€ : (12.000\,€ + 5.000\,€) = 17,65$$

$$Z_{ohne} = 0,06 \cdot 300.000\,€ \cdot 0,5 \cdot (25 + 1) = 234.000\,€$$

$$Z_{mit} = 0,06 \cdot 300.000\,€ \cdot 0,5 \cdot (17,65 + 1) = 167.850\,€$$

$$V_{Spar/ohne} = 5.000\ \text{€} \cdot \left(1,02^{25} - 1\right) : (1,02 - 1)$$

$$= 160.151,50\ \text{€}$$

$$V_{Spar/mitA} = 5.000\ \text{€} \cdot \left(1,02^{7,35} - 1\right) : (1,02 - 1)$$

$$= 39.168,69\ \text{€}$$

$$V_{Spar/mitB} = (12.000\ \text{€} + 5.000\ \text{€}) \cdot \left(1,02^{7,35} - 1\right) : (1,02 - 1)$$

$$= 133.173,55\ \text{€}$$

Ohne Sondertilgung beträgt die Differenz nach 25 Jahren:

$$160.151,50\ \text{€} - 234.000\ \text{€} =- 73.848,50\ \text{€}$$

Nach Variante A erhält man nach 25 Jahren:

$$39.168,69\ \text{€} + 7,35 \cdot 12.000\ \text{€} - 167.850\ \text{€} =- 40.481,31\ \text{€}$$

Nach Variante B ergibt sich:

$$133.173,55\ \text{€} - 167.850\ \text{€} =- 34.676,45\ \text{€}$$

Wie Sie es auch drehen, am Ende machen Sie mit dem Darlehen ein Minusgeschäft. Natürlich haben Sie aber einen Gegenwert, z.B. eine Immobilie, erworben, die hier nicht in der Rechnung enthalten ist. Es geht hier aber auch das, was Sie am Ende auf dem Konto haben. Da der Darlehenszins in diesem Beispiel deutlich über dem risikolosen Zins liegt, fahren Sie am besten, wenn Sie sondertilgen und dann erst risikolos investieren.

6.12 Sondertilgung (Annuitätendarlehen)

Wird bei einem jährlich getilgten Annuitätendarlehen die Möglichkeit einer Sondertilgung genutzt, so erhöht sich die jährlich konstante Annuität um den Sondertilgungsbetrag. An einem Beispiel durchdenken wir, wie auch im letzten Kapitel zur Ratentilgung, inwiefern eine Sondertilgung je nach Darlehenszins und risikolosem Zins sinnvoll ist. Schauen Sie nochmal in den Kapiteln 6.7 und 6.9 nach, um die Formeln zu wiederholen, die wir bisher zum Annuitätendarlehen verwendet haben. Ein Blick in Kapitel 6.8 ist sicherlich auch nicht verkehrt.

Wir nehmen an, Sie nehmen ein Annuitätendarlehen in Höhe von 200.000 € zu einem effektiven Jahreszins in Höhe von 3 % p.a. für eine Laufzeit von 15 Jahren auf. Dann beträgt die Höhe der Annuität:

$$A = 200.000\ \text{€} \cdot 1,03^{15} \cdot (1,03 - 1) : \left(1,03^{15} - 1\right)$$

$$= 16.753,32\ \text{€}$$

was auch mittels Annuitätenfaktor aus der Tabelle aus Kapitel 6.8 hätte bestimmt werden können, allerdings etwas gröber gerundet:

$$A \approx 200.000\ \text{€} \cdot 0,084 = 16.800\ \text{€}$$

Die Summe der Zinsen ist dann bekanntermaßen die Differenz aus allen Annuitäten und der Darlehenssumme:

$$16.753,32\ \text{€} \cdot 15 - 200.000\ \text{€} = 51.299,80\ \text{€}$$

Falls Sie ein Sondertilgungsrecht über die gesamte Laufzeit in Höhe von 5.000 € nutzen, so erhöht sich die Annuität jeweils um diesen Betrag, weshalb Sie jährlich 16.753,32 € + 5.000 € = 21.753,32 € tilgen. Damit verringert sich die Laufzeit des Darlehens mit der Hilfsvariable w aus Kapitel 6.9:

$$w = 21.753,32 \, € : 200.000 \, € : (1,03 - 1) = 3,63$$

auf:

$$m = log_{1,03}(3,63 : (3,63 - 1)) = 10,90$$

Jahre. Mit Hilfe des Annuitätenfaktors lässt sich das auch, aber natürlich nicht ganz so exakt ermitteln. Es gelte:

$$21.753,32 \, € = 200.000 \, € \cdot F$$

Den Faktor F erhalten wir per Division durch den Darlehensbetrag von 200.000 €:

$$0,1088 = F$$

Mittels Tabelle 27 aus Kapitel 6.8 kann man auf eine Laufzeit von rund 10 Jahren schließen.
Es folgt eine Verringerung der Zinssumme, und zwar auf:

$$21.753,32 \, € \cdot 10,90 - 200.000 \, € = 37.111,19 \, €$$

Würden Sie gänzlich auf eine Sondertilgung verzichten und den Sondertilgungsbetrag von 5.000 € jährlich am Ende eines Jahres in einen risikolosen Sparplan packen, wobei wir exemplarisch einen risikolosen Zinse von 4 % p.a. annehmen, dann hätten Sie nach 15 Jahren ein risikoloses Sparvermögen in Höhe von:

$$5.000 \, € \cdot \left(1,04^{15} - 1\right) : (1,04 - 1) = 100.117,94 \, €$$

Starten Sie den Sparplan erst, nachdem das Darlehen bei durchgängigen Sondertilgungen getilgt ist, dann beträgt der Wert dieses Sparvermögens, das sich über die restlichen 4,10 Jahre ansammelt[63]:

---

[63] 15 Jahre - 10,90 Jahre = 4,10 Jahre

$$5.000\,€ \cdot \left(1,04^{4,10} - 1\right) : (1,04 - 1) = 21.806,98\,€$$

Würden Sie zu dem Sondertilgungsbetrag auch noch die Annuität in einen risikolosen Sparplan investieren (Variante A), dann ergäbe sich ein Sparvermögen von:

$$21.735,32\,€ \cdot \left(1,04^{4,10} - 1\right) : (1,04 - 1) = 94.796,34\,€$$

Lassen Sie den Betrag, der nach der Tilgung nicht mehr für die Annuität benötigt wird, lieber auf dem Konto, weil das Geld z.B. für Reparaturen an einer Immobilie angespart werden soll, dann summiert sich dieser nicht angelegte Sparbetrag auf (Variante B):

$$16.753,32\,€ \cdot 4,10 = 68.688,61\,€$$

Eine Tabelle fasst die Ergebnisse ähnlich wie im letzten Kapitel zusammen, so dass der letzten Spalte die Differenz aus Sparvermögen und Zinssumme entnommen werden kann.

Obwohl der risikolose Zins höher als der Darlehenszins ist, empfiehlt es sich in diesem Beispiel nicht, auf die Sondertilgung zu verzichten. Sie fahren am besten, wenn Sie die Sondertilgung jährlich auskosten, um die Schuld schnellstmöglich zu tilgen. Aufgrund des recht hohen risikolosen Zinses lohnt sich auch danach noch eine risikolose Anlage der jährlichen Raten.

Tabelle 31: Annuitätensondertilgung und risikolose Anlage (200.000 € Darlehen / 16.753,32 € Annuität / 5.000 € Sondertilgung / 3,0 % p.a. Zins / 4,0 % p.a. risikoloser Zins)			
Situation	Kreditkosten	risikoloses Sparvermögen	Differenz
15 Jahre ohne SoTi	-51.299,80 €	100.117,94 €	48.818,14 €
10,90 Jahre SoTi, dann 5.000 € risikolos (A)	-37.111,19 €	21.806,98 € + 68.688,61 €	53.384,40 €
10,90 Jahre SoTi, dann 21.753,32 € risikolos (B)	-37.111,19 €	94.796,34 €	57.685,15 €

Auch das ist nur ein Beispiel. Je nach Situation muss die Sache individuell durchgerechnet werden. Wir schauen uns ein weiteres Beispiel an, das grafisch ausgewertet wird. Daran werden wir den Einfluss von Darlehenszins und risikolosem Zinssatz erkennen können. Hierbei werden 300.000 € für eine Laufzeit von 20 Jahren als Annuitätendarlehen aufgenommen. In Abbildung 20 ist der Einfluss des Darlehenszinses auf die Differenz zwischen Zinssumme und Sparvermögen bei zwei verschiedenen risikolosen Zinssätzen dargestellt. Abbildung 21 kehrt die Sicht um, so dass der Einfluss des risikolosen Zinses bei verschiedenen Darlehenszinsen zu sehen ist.

Die durchgezogene Linie ist die Variante ohne Sondertilgung. Mit der gepunkteten Linie wird Variante A dargestellt, bei der sondergetilgt und anschließend der Sondertilgungsbetrag risikolos angelegt wird. Variante B, bei der sondergetilgt und anschließend Annuität und Sondertilgungsbetrag risikolos investiert werden, ist mit der Strichpunktlinie dargestellt.

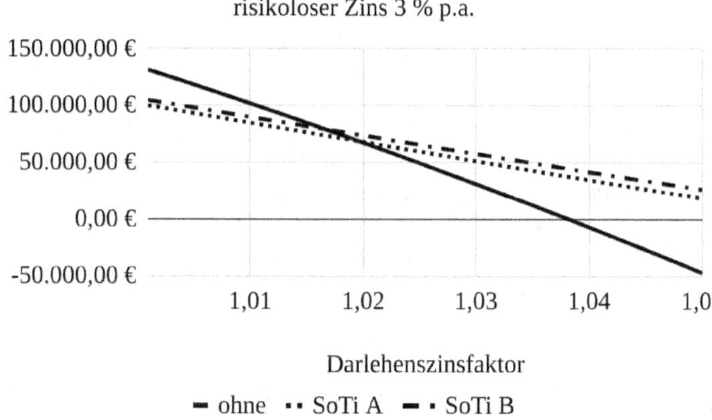

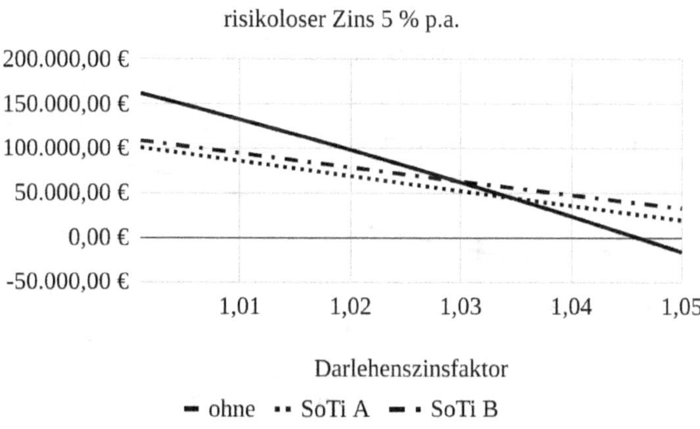

Abbildung 20: Differenz zwischen risikolosem Sparvermögen und Summe der Zinsen in Abhängigkeit vom Darlehenszins (Darlehen 300.000 € / Laufzeit: 20 Jahre / Sondertilgung: 5.000 €)

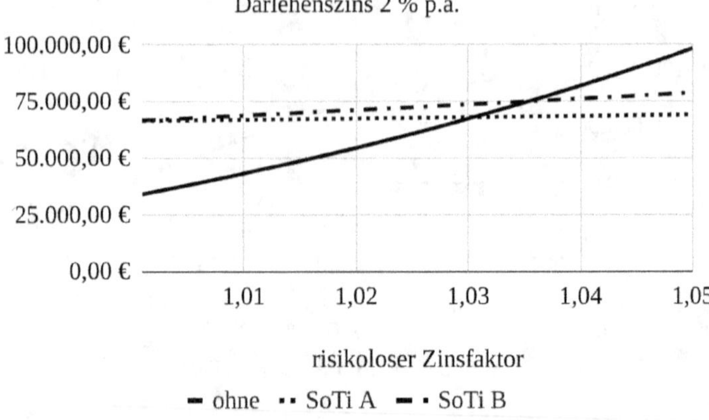

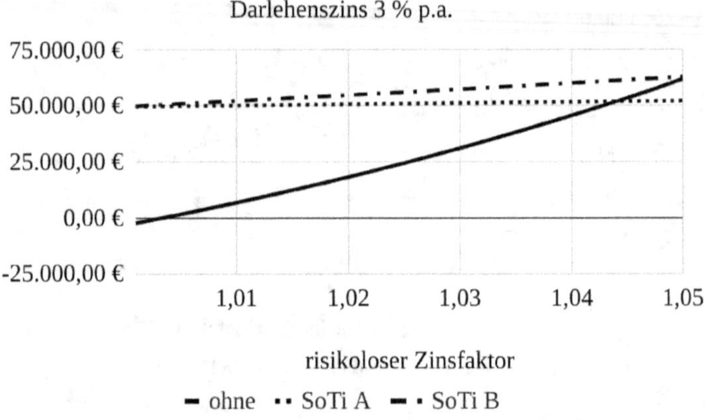

Abbildung 21: Differenz zwischen risikolosem Sparvermögen und Summe der Zinsen in Abhängigkeit vom risikolosen Zins (Darlehen 300.000 € / Laufzeit: 20 Jahre / Sondertilgung: 5.000 €)

Den Diagrammen kann entnommen werden, dass sich der Verzicht auf eine Sondertilgung zu Gunsten einer risikolosen Anlage lohnt, wenn der risikolose Zinssatz in etwa doppelt so groß wie der Darlehenszinssatz ist. Auch wenn es sich nur um ein Beispiel handelt, kann man schlussfolgern, dass sich die risikolose Investition von Beginn an bei Verzicht auf Sondertilgung über die gesamte Laufzeit nur dann lohnt, wenn der risikolose Zins ein gutes Stück größer als der Darlehenszins ist.

Am Ende liegt es wieder an Ihnen, die Ihnen gegebene Situation einzeln durchzurechnen. An dieser Stelle erhalten Sie die nötigen Formeln:

Sondertilgung eines Annuitätendarlehens

Wird ein Annuitätendarlehen D über eine Laufzeit n zu einem Darlehenszinsfaktor q_D aufgenommen, so ist die Höhe der Annuität:

$$A = D \cdot q_D^n \cdot \left(q_D - 1\right) : \left(q_D^n - 1\right)$$

wobei sich ohne Sondertilgung eine Zinssumme von:

$$Z_{ohne} = A \cdot n - D$$

ansammelt. Wird jährlich zusätzlich zur Annuität der Sondertilgungsbetrag T_S getilgt, dann verkürzt sich die Laufzeit auf:

$$m = log_{q_D}(w : (w - 1)) \quad \text{mit} \quad w = \left(A + T_A\right) : D : (q_D - 1)$$

wodurch sich die Summe der Zinsen verändert zu:

$$Z_{mit} = \left(A + T_S\right) \cdot m - D$$

Bei Verzicht auf Sondertilgung und risikoloser Investition des Sondertilgungsbetrages ergibt sich bei einem risikolosen Zinsfaktor q nach n Jahren ein Sparvermögen von:

$$V_{ohne} = A \cdot \left(q^{n} - 1\right) : (q - 1)$$

Wird die Schuld zuerst durchgängig sondergetilgt, und der Sondertilgungsbetrag danach risikolos angelegt, so ergibt sich nach n Jahren ein Sparvermögen von (Variante A):

$$V_{mitA} = T_{S} \cdot \left(q^{n-m} - 1\right) : (q - 1)$$

Bei risikoloser Anlage von Annuität und Sondertilgungsbetrag nach Tilgung der Schuld ergibt sich ein Sparvermögen von (Variante B):

$$V_{mitB} = \left(A + T_{S}\right) \cdot \left(q^{n-m} - 1\right) : (q - 1)$$

Die Differenz zwischen Zinssumme und Sparvermögen beträgt bei Verzicht auf Sondertilgung:

$$V_{ohne} - Z_{ohne}$$

Nach Variante A beträgt es:

$$V_{mitA} + m \cdot A - Z_{mit}$$

und nach Variante B:

$$V_{mitB} - Z_{mit}$$

Beispiel: Sie nehmen ein Annuitätendarlehen in Höhe von 350.000 €
zu einem Zinssatz von 1,5 % p.a. über eine Laufzeit von 25 Jahren
auf. Es besteht die Möglichkeit, jährlich 6.000 € sonderzutilgen. Der
risikolose Zins wird mit 3 % p.a. angenommen.

Die Annuität beträgt:

$$A = 350.000\ € \cdot 1,015^{25} \cdot (1,015 - 1) : \left(1,015^{25} - 1\right)$$

$$= 16.892,21\ €$$

woraus sich bei Verzicht auf Sondertilgung eine Zinssumme in Höhe
von:

$$Z_{ohne} = 16.892,21\ € \cdot 25 - 350.000\ € = 72.305,25\ €$$

ergibt. Wird die Sondertilgung über die gesamte Laufzeit am Ende
jedes Jahres gezahlt, dann beträgt die Laufzeit mit:

$$w = (16.892,21\ € + 6.000\ €) : 360.000\ € : (1,015 - 1)$$

$$= 4,36$$

$$m = \log_{1,015}(4,36 : (4,36 - 1)) = 17,50$$

Jahre, woraus sich die Zinssume:

$$Z_{mit} = 22.892,21\ € \cdot 17,50 - 350.000\ € = 50.613,68\ €$$

ergibt. Bei Verzicht auf die Sondertilgung erhält man ein
Sparvermögen von:

$$V_{ohne} = 6.000\ € \cdot \left(1,03^{25} - 1\right) : (1,03 - 1)$$

$$= 218.755,58\ €$$

Nach Variante A und B beträgt es:

$$V_{mitA} = 6.000 \, € \cdot \left(1,03^{7,50} - 1\right) : (1,03 - 1)$$

$$= 49.637,13 \, €$$

$$V_{mitB} = 22.892,21 \, € \cdot \left(1,03^{7,50} - 1\right) : (1,03 - 1)$$

$$= 189.383,93 \, €$$

Die Differenz zwischen Sparvermögen und Zinssumme ist ohne Sondertilgung:

$$218.755,58 \, € - 72.305,25 \, € = 146.450,33 \, €$$

Nach Variante A beträgt es:

$$49.637,13 \, € + 7,50 \cdot 16.892,21 \, € - 50.613,68 \, €$$

$$= 125.715,03 \, €$$

und nach Variante B:

$$189.383,93 \, € - 50.613,68 \, € = 138.770,25 \, €$$

In diesem Beispiel lohnt es sich, auf die Sondertilgung zu verzichten. Zwar ist der risikolose Zinssatz nur doppelt so groß wie der Darlehenszinssatz, über die lange Laufzeit erreicht man beim Verzicht auf die Sondertilgung allerdings einen Vorsprung. Die gleich folgende Abbildung zeigt, dass der Darlehenszins bei etwa 1,8 % p.a. liegen müsste, damit sich die Sondertilgung von Anfang an lohnt.

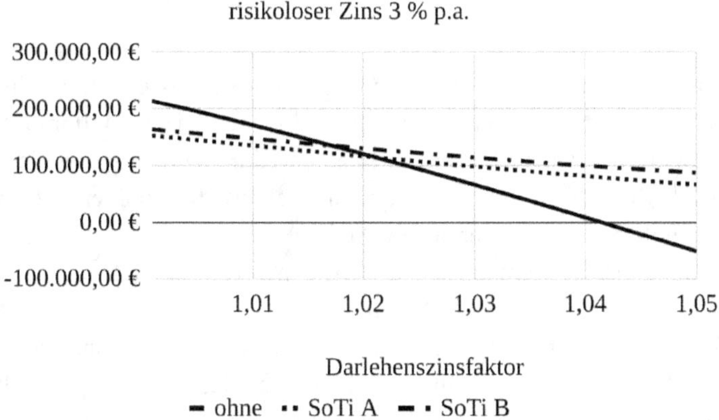

Abbildung 22: Visualisierung des Beispiels

6.13 Investieren auf Kredit

Oftmals hören wir, dass Aktien von allen Assetklassen langfristig die höchste Rendite einfahren. Warum sollte man dann in Immobilien investieren, wo man bei einem höheren Klumpenrisiko eine kleinere Rendite hat? Nun, einerseits können erfahrene Immobilieninvestoren auch höhere Renditen erzielen. Andererseits schafft der Einsatz von Fremdkapital in Form eines Darlehens einen Hebeleffekt.

Wenn Sie eine Immobilie für 500.000 € erwerben, die Ihnen jährlich 10.000 € in die Kasse spült, dann beträgt die Rendite 2 % p.a. Sollten Sie also eine risikolose Anlagealternative zu, sagen wir, 4 % p.a. haben, dann wäre die risikolose Anlage der bessere Deal. Schnappen Sie sich aber ein Darlehen in Höhe von 450.000 € und steuern die restlichen 50.000 € selbst bei, dann beträgt die Rendite auf Ihre eingesetzten 50.000 € 20 % p.a. - so zumindest die Idee. Das Milchmädchen hat die Rechnung dabei allerdings ohne die Kreditkosten gemacht. Dennoch steigert der Einsatz von Fremdkapital die Rendite auf das eingesetzte Kapital.

Lassen Sie uns anschauen, wie man mathematisch damit umgehen kann. Eine Unternehmung steht zum Verkauf. Sie müssen inklusive aller Nebenkosten 300.000 € auf den Tisch legen. Dafür winken jährliche Einnahmen von 12.000 €, das sind 4 % Rendite[64]. Nach 25 Jahren hätten Sie Ihre Ausgaben damit wieder rein. So gesehen gäbe es sicherlich renditereichere Anlagemöglichkeiten, schon weil Sie sich mit der Unternehmung ein Klumpenrisiko in Ihr persönliches Portfolio holen. Der risikolose Zins soll mit 3 % p.a. angenommen werden.

Sie selbst haben aber nur 50.000 € an Eigenkapital, und werden daher ein Annuitätendarlehen in Höhe von 250.000 € aufnehmen. Die Bank bietet Ihnen einen Effektivzins von 2 % p.a. für 25 Jahre an. Lohnt sich das Geschäft?

---

[64] Das ergibt natürlich nur dann Sinn, wenn davon schon alle Kosten abgezogen sind, z.B. Steuern und Kosten für die Instandhaltung der Unternehmung.

Die Annuität beträgt:

$$A = 250.000\,€ \cdot 1{,}02^{25} \cdot (1{,}02 - 1) : \left(1{,}02^{25} - 1\right)$$

$$A = 12.805{,}11\,€$$

Die Summe der Annuitäten beträgt über 25 Jahre 320.127,75 €, was bei einem Darlehen von 250.000 € einer Zinssumme von 70.127,75 € entspricht.

Nach 25 Jahren sind Darlehen und ausgegebenes Eigenkapital somit wieder drin. Ihr Verlust beläuft sich dann auf 70.127,75 €. Sie müssten weitere 5,84 Jahre jährlich 12.000 € einnehmen, damit Sie in die Gewinnzone rutschen. Nach fast 31 Jahren fließen dann jährlich 12.000 € in Ihre Tasche. Alles schön und gut - aber wäre eine risikolose Anlage schlauer gewesen?

Der heutige Wert der Unternehmung beträgt bei einem risikolosen Zins von 3 % p.a. bei ewigen Unternehmenseinnahmen:

$$12.000\,€ : (1{,}03 - 1) = 400.000\,€$$

Wenn der heutige Preis 300.000 € beträgt, schreit das nach einem guten Geschäft. Leider wurden die Zinskosten dabei nicht berücksichtigt. Diese laufen allerdings nicht ewig, so dass wir für die Wertbestimmung der Unternehmung zwei Phasen berücksichtigen müssen. In Phase 1 werden die Einnahmen mit der jährlichen Annuität verrechnet. In Phase 2 laufen die Einnahmen abzugsfrei zum Unternehmenseigentümer.

In Phase 1 werden jährlich 12.000 € eingenommen, aber 12.805,11 € für die Tilgung des Darlehens ausgegeben. Von der Sache her werden pro Jahr 805,11 € Minus gemacht.

Der heutige Wert der Unternehmung wäre gemessen am risikolosen Zins von 3 % p.a.:

$$- 805,11\ € \cdot \left(1,03^{25} - 1\right) : 1,03^{25} : (1,03 - 1)$$

$$=- 14.019,50\ €$$

wenn nur die ersten 25 Jahre berücksichtigt werden (Phase 1). Würden die Einnahmen nach 25 Jahren versiegen, so würde es sich um ein schlechtes Geschäft handeln. Man müsste Ihnen quasi Geld bezahlen, damit Sie die Unternehmung übernehmen.

Die Einnahmen ab dem 26-ten bis zum 26+m-ten Jahr bewerten wir heute mittels:

$$\frac{12.000\ €}{1,03^{26}} + \frac{12.000\ €}{1,03^{27}} + \frac{12.000\ €}{1,03^{28}} + ... + \frac{12.000\ €}{1,03^{26+m}}$$

wobei wir 12.000 € und $1,03^{26}$ ausklammern können:

$$\frac{12.000\ €}{1,03^{26}} \cdot \left(1 + \frac{1}{1,03} + \frac{1}{1,03^2} + ... + \frac{1}{1,03^m}\right)$$

Aus dem Klammerterm lässt sich unter dem Bruchstrich außerdem $1,03^m$ ausklammern, woraus folgt:

$$\frac{12.000\ €}{1,03^{26}} \cdot \frac{1}{1,03^m} \cdot \left(1,03^m + ... + 1,03^2 + 1,03 + 1\right)$$

Mit Hilfe der Partialsummenformel der geometrischen Reihe lässt sich die Formel vereinfachen:

$$\frac{12.000\ €}{1,03^{26}} \cdot \frac{1}{1,03^m} \cdot \frac{1,03^m - 1}{1,03 - 1}$$

Nach Umsortieren ändert sich die Formel zu:

$$\frac{12.000\ €}{1,03^{26} \cdot (1,03 - 1)} \cdot \frac{1,03^m - 1}{1,03^m}$$

Wenn die Einnahmen als ewig angesehen werden sollen, soll m unendlich groß werden. Erinnern Sie sich an Kapitel 4.16 - dort wurde der rechte Bruch bereits derartig untersucht. Für sehr große Werte von m liefert er den Wert 1. Der heutige Wert der Unternehmenseinnahmen ab Ende des 26. Jahres beträgt damit:

$$\frac{12.000\,€}{1,03^{26} \cdot (1,03-1)} = 185.477,89\,€$$

Zusammen mit dem Ergebnis aus Phase 1 beträgt der heutige Unternehmenswert unter Abzug der Zinskosten 171.458,39 €. Ist das jetzt ein Zeichen für einen Kauf der Unternehmung oder etwa doch nicht? An welcher Zahl müssen wir nun messen, ob mit dem Darlehen in die Unternehmung investiert werden sollte - an den 50.000 € Eigenkapital oder an den 300.000 € Unternehmenspreis?

Die 171.458,39 € sind der heutige Wert der Unternehmung unter Berücksichtigung der Zinskosten. Daher ist an den 50.000 € zu messen. Es handelt sich folglich um ein gutes Geschäft. Bedenken Sie dabei, was wir in Kapitel 4 gesagt hatten - bei diesen Berechnungen wird immer davon ausgegangen, dass die Unternehmenseinnahmen unmittelbar risikolos angelegt werden.

Bei ewigen Einnahmen müssen wir uns aber stets fragen, *ab wann* sich das Geschäft lohnt. Zu welchem Zeitpunkt erreicht der Unternehmenswert unter Berücksichtigung der Zinskosten die 50.000 €?

Den heutigen Unternehmenswert bis zum Ende des m-ten Jahres nach Tilgung des Darlehens würden wir insgesamt berechnen mit:

$$-14.019,50\,€ + \frac{12.000\,€}{1,03^{26} \cdot (1,03-1)} \cdot \frac{1,03^{m}-1}{1,03^{m}}$$

Und dieser soll 50.000 € betragen. Es ergibt sich folglich die Gleichung:

$$50.000 \text{ €} = -14.019,50 \text{ €} + \frac{12.000 \text{ €}}{1{,}03^{26} \cdot (1{,}03-1)} \cdot \frac{1{,}03^{m}-1}{1{,}03^{m}}$$

Lassen Sie uns nun m bestimmen. Dazu addieren wir die 14.019,50 € und rechnen den Zahlenwert des linken Bruches der rechten Seite der Gleichung aus:

$$64.019,50 \text{ €} = 185.477.89 \text{ €} \cdot \frac{1{,}03^{m}-1}{1{,}03^{m}}$$

Nach Division durch 185.477,89 € ergibt sich rund:

$$0,3452 \approx \frac{1{,}03^{m}-1}{1{,}03^{m}}$$

Der rechte Bruch lässt sich mit zwei Bruchstrichen schreiben:

$$0,3452 \approx \frac{1{,}03^{m}}{1{,}03^{m}} - \frac{1}{1{,}03^{m}}$$

was gekürzt:

$$0,3452 \approx 1 - \frac{1}{1{,}03^{m}}$$

ist. Addiert man den Bruch und subtrahiert 0,3452, so folgt:

$$\frac{1}{1{,}03^{m}} = 0,6548$$

Multipliziert man mit dem Nenner des Bruches und dividiert durch 0,6548, so ergibt sich:

$$1,5272 \approx 1,03^{m}$$

Der liebe Logarithmus liefert dann folgendes Ergebnis:

$$m \approx log_{1,03} 1,5272 \approx 14,3$$

D.h. 14,3 Jahre nach Ablauf des ersten Jahres nach Tilgung der Schuld übersteigt der zukünftige Unternehmenswert den Wert der Einmalanlage, also insgesamt im 25+1+14,3-ten, d.h. im 40,3-ten Jahr, was während des 41-ten Jahres ist.

Zusammengefasst folgt:

Heutiger Wert einer Unternehmung mit Einnahmen am Ende eines Jahres unter Berücksichtigung der Zinskosten

Wird eine Unternehmung mit der Einnahme E am Ende eines jeden Jahres über n Jahre mit einem Annuitätendarlehen der Annuität A finanziert, dann ist der heutige Wert der Differenzen aus Einnahme und Annuität (Phase 1):

$$W_1 = \frac{(E-A)\cdot\left(q^n-1\right)}{q^n\cdot(q-1)}$$

wobei q der risikolose Zinsfaktor ist. Der heutige Wert aller Einnahmen nach Tilgung des Darlehens ist (Phase 2):

$$W_\infty = \frac{E}{q^{n+1}\cdot(q-1)}$$

falls die Einnahmen ewig weiterlaufen. Werden nur die Einnahmen bis zum Ende des m-ten Jahres nach einem Jahr nach Tilgung des Darlehens einkalkuliert, so ist der heutige Wert (Phase 2):

$$W_2 = W_\infty \cdot \frac{q^m-1}{q^m}$$

wobei $m > 0$ gelten muss. Der heutige Wert der Unternehmung ist:

$$W_1 + W_\infty \quad \text{bzw.} \quad W_1 + W_2$$

Die Investition lohnt sich nach $n + 1 + m$ Jahren gegenüber einer risikolosen Einmalanlage von K, wobei:

$$m = \log_q\left(\frac{E}{E-\left(K-W_1\right)\cdot q^{n+1}\cdot(q-1)}\right)$$

Beispiel 1: Eine Unternehmung wird für 100.000 € verkauft und generiert am Ende eines Jahres 7.000 €. Sie nehmen ein Darlehen in Höhe von 75.000 € für eine Laufzeit von 20 Jahren zu einem Zins von 3 % p.a. auf und steuern 25.000 € Eigenkapital bei. Der risikolose Zins beträgt 4 % p.a. Ab wann handelt es sich um ein gutes Geschäft?

Die Annuität beträgt:

$$A = 75.000 \text{ €} \cdot 1,03^{20} \cdot (1,03 - 1) : \left(1,03^{20} - 1\right)$$

$$A = 5.041,18 \text{ €}$$

Der heutige Wert der Differenz aus Einnahmen und Annuität aus Phase 1 ist:

$$W_1 = \frac{(6.000 \text{ €} - 5.041,18 \text{ €})\cdot\left(1,04^{20}-1\right)}{1,04^{20}\cdot(1,04-1)} = 13.030,68 \text{ €}$$

Der heutige Wert der ewigen Phase 2 ist:

$$W_\infty = \frac{6.000 \text{ €}}{1,04^{21}\cdot(1,04-1)} = 65.825,04 \text{ €}$$

weshalb die Unternehmung heute einen Wert von 78.855,72 € besitzt. Die Investition des Eigenkapitals von 25.000 € wäre damit gegenüber der risikolosen Einmalanlage eine gute Entscheidung. Die Sache lohnt sich:

$$m = \log_{1,04}\left(\frac{6.000\,€}{6.000\,€-(25.000\,€-13.030,68\,€)\cdot 1,04^{21}\cdot(1,04-1)}\right) = 5,12$$

Jahre nach einem Jahr nach Tilgung der Schuld, d.h. nach 25+1+5,12=26,12 Jahren, bzw. im 27-ten Jahr.

Wir hatten gesagt, dass $m > 0$ sein muss. Ein Wert kleiner als Null würde schon in der Herleitung der Formel keinen praktischen Sinn ergeben, da der heutige Wert der Unternehmung bereits innerhalb der Laufzeit des Darlehens höher als der der Einmalanlage wäre.
Im Folgenden sehen Sie, dass die Rechnung für negative Werte von m nach hinten losgeht. Wir ändern Beispiel 1 so ab, dass die Laufzeit des Darlehens nun 30 Jahre beträgt. Würden Sie die soeben zusammengefassten Formeln anwenden, dann wäre $m =-6,35$. D.h. nach 30+1-6,35=24,65 würde der Wert der Einmalanlage hinter dem zukünftigen Wert des Unternehmens zurückbleiben. Wir prüfen dies nach. Der Wert der Einmalanlage nach 24,65 Jahren beträgt:

$$25.000\,€ \cdot 1,04^{24,65} = 65.737,29\,€$$

Als Annuität erhält man 3.826,44 €, so dass bis zum 24,65-ten Jahr jährlich eine Differenz von Einnahmen und Annuität von:

$$6.000\,€ - 3.826,44\,€ = 2.173,56\,€$$

entsteht. Der zukünftige Wert der Unternehmung zum genannten Zeitpunkt ist dann[65]:

$$2.173,56\,€ \cdot \left(1,04^{24,65} - 1\right) : (1,04 - 1) = 88.544,95\,€$$

Sie sehen, dass der Wert der Unternehmung zu diesem Zeitpunkt schon deutlich größer als der der Einmalanlage ist. Weil der Zeitpunkt des gleichen Wertes beider Anlagemöglichkeiten innerhalb der Laufzeit des Annuitätendarlehens liegt, passt die Formel nicht zur

---

[65] siehe dazu Kapitel 4.9

Situation. Tatsächlich erhält man den gleichen Wert von Einmalanlage und Unternehmung für etwa 15,7 Jahre. Dieser Zeitpunkt liegt nämlich nicht mehr in Phase 2, sondern in Phase 1. Um herauszufinden, wann dieser Zeitpunkt ist, kann Phase 2 vollkommen ignoriert werden. Es gelte:

$$25.000 \; € = \frac{2.173{,}56 \; € \cdot \left(1{,}04^{n}-1\right)}{1{,}04^{n} \cdot (1{,}04-1)}$$

Nach Multiplikation mit (1,04-1) und Division durch 2.173,56 € bleibt:

$$0{,}4601 \approx \frac{1{,}04^{n}-1}{1{,}04^{n}}$$

Der Rechenweg ähnelt dem von vorhin. Das lässt sich umformen zu:

$$0{,}4601 \approx 1 - \frac{1}{1{,}04^{n}} \quad \text{bzw. zu:} \quad 1{,}04^{n} \approx \frac{1}{1-0{,}4601}$$

was unter Anwendung des Logarithmus:

$$n \approx log_{1{,}04} 1{,}8522 \approx 15{,}72$$

ergibt. Bereits im 16-ten Jahr überholt der zukünftige Unternehmenswert den zukünftigen Wert der Einmalanlage. Damit folgt:

Überholung innerhalb der Darlehenslaufzeit (in Phase 1)

Stellt man in den Formeln des letzten Formelkastens fest, dass $m < 0$, so dass der zukünftige Wert der Unternehmung bereits innerhalb der Darlehenslaufzeit am zukünftigen Wert der Einmalanlage vorbeizieht, so ermittelt man diesen Zeitpunkt k mit:

$$k = \log_q\left(\frac{E-A}{E-A-K\cdot(q-1)}\right)$$

Beispiel 2: Verändern wir die Laufzeit bei sonst gleichen Bedingungen auf 25 Jahre, dann beträgt die Annuität 4.307,09 €. Es ergäbe sich außerdem $m = -\,0,67$. Folglich lohnt sich die Investition in die Unternehmung gegenüber der risikolosen Einmalanlage bereits innerhalb der Darlehenslaufzeit, und zwar ab:

$$k = \log_{1,04}\left(\frac{6.000\ €-4.307,09\ €}{6.000\ €-4.307,09\ €-25.000\ €\cdot(1,04-1)}\right) = 22,78$$

Jahren, d.h. innerhalb der 23-ten Jahres.

Beispiel 3: Nun ändern wir die Situation bei sonst gleichen Bedingungen so ab, dass bei einer Laufzeit von 20 Jahren nur 3.500 € an jährlichen Einnahmen entstehen. Mit einer Annuität von 5.041,18 € macht die Unternehmung während der Tilgung des Darlehens Verluste. Es gilt:

$$W_1 = \frac{(3.500\ €-5.041,18\ €)\cdot\left(1,04^{20}-1\right)}{1,04^{20}\cdot(1,04-1)} = -\,20.945,14\ €$$

$$W_\infty = \frac{3.500\ €}{1,04^{21}\cdot(1,04-1)} = 38.397,94\ €$$

woraus sich der heutige Wert der Unternehmenseinnahmen in Höhe von:

$$- 20.945,14 \text{ €} + 38.397,94 \text{ €} = 17.452,80 \text{ €}$$

ergibt. Bei einem Eigenkapital von 25.000 € machen Sie damit gegenüber der risikolosen Einmalanlage ein schlechtes Geschäft. Würden Sie m berechnen, dann erhielten Sie kein Ergebnis. Auch das wäre ein Zeichen dafür, dass Sie die Unternehmung unter den gegebenen Bedingungen nicht kaufen sollten.

Bei einem anderen risikolosen Zins sähe die Sache schon anders aus. Die folgende Abbildung zeigt den Wert der Unternehmung in Abhängigkeit vom risikolosen Zinsfaktor. Dabei ist der heutige Wert der Unternehmung $W_1 + W_\infty$ auf der vertikalen Achse aufgetragen. Dieser wird mit der durchgezogenen Kurve dargestellt. Die horizontale Linie liegt beim Wert des Eigenkapitals, d.h. bei 25.000 €. Dem Diagramm kann nicht nur entnommen werden, dass sich die Investition in die Unternehmung bei risikolosen Zinssätzen von unter 3,5 % p.a. lohnt, sondern dass der heutige Wert der Unternehmung mit abnehmendem risikolosen Zins massiv ansteigt. Beachten Sie die logarithmische Skalierung der vertikalen Achse.

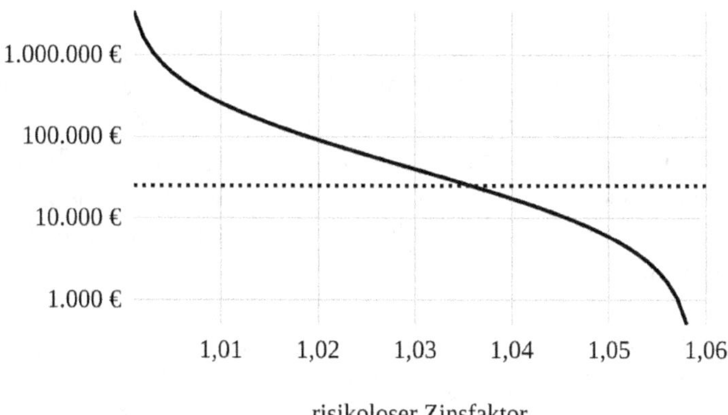

Abbildung 23: Heutiger Wert der Unternehmung aus Beispiel 3 bei jährlichen Einnahmen von 3.500 €, das mit 25.000 € Eigenkapital (Punktlinie) und 75.000 € Annuitätendarlehen zu 3 % p.a. für 20 Jahre finanziert wird.

6.14 Steigende Einnahmen auf Kredit

Eine Unternehmung auf Kredit zu finanzieren, macht noch mehr Spaß, wenn die Einnahmen jährlich steigen. Lassen Sie uns in diesem abschließenden Kapitel noch einmal alle Gedanken zusammennehmen, um zu schauen, wie wir mathematisch damit umgehen können. Es folgt das vielleicht anspruchsvollste Kapitel dieses Buches.

Für 100.000 € steht eine Unternehmung zum Verkauf, die im ersten Jahr 5.000 € Einnahmen bietet. Die Einnahmen steigen pro Jahr um 2 %. Sie haben die Möglichkeit, ein Darlehen von 75.000 € für eine Laufzeit von 20 Jahren zu einem Darlehenszins von 3 % p.a. aufzunehmen. Daraus ergibt sich eine Annuität von 5.041,18 €. Lohnt sich die Investition gegenüber einer risikolosen Einmalanlage der 25.000 €, die Sie als Eigenkapital beisteuern würden, wenn der risikolose Zins 4 % p.a. beträgt?

Wir gliedern die Betrachtung erneut in zwei Phasen. Phase 1 beschreibt den Zeitraum bis zum Ende der Tilgung des Darlehens. Phase 2 ist der Zeitraum nach Begleichen der Schuld. Wir kümmern uns zuerst um den heutigen Wert der Nettoeinnahmen von Phase 1. Am Ende von Jahr 1 erhalten Sie 5.000 €, müssen aber die Annuität von 5.041,18 € blechen, was einer Differenz von -41,18 € entspricht. Diese wird mit dem risikolosen Zinsfaktor 1,04 abgezinst. Im zweiten Jahr erhalten Sie um 2 % höhere Einnahmen, also 5.100 €, die sich mit der Annuität zu einer Differenz von 58,82 € verrechnen und mit $1{,}04^2$ abgezinst werden müssen, usw. Für die gesamte Darlehenslaufzeit ergibt sich:

$$\frac{5.000\,€-5.041{,}18\,€}{1{,}04} + \frac{5.000\,€\cdot1{,}02^1-5.041{,}18\,€}{1{,}04^2} +...+ \frac{5.000\,€\cdot1{,}02^{19}-5.041{,}18\,€}{1{,}04^{20}}$$

als heutiger Wert der Differenzen aus Einnahme und Annuität. Das lässt sich auch so schreiben:

$$\frac{5.000\ \euro}{1,04} - \frac{5.041,18\ \euro}{1,04} + \frac{5.000\ \euro \cdot 1,02^{1}}{1,04^{2}} - \frac{5.041,18\ \euro}{1,04^{2}} + \ldots$$

$$\ldots + \frac{5.000\ \euro \cdot 1,02^{19}}{1,04^{20}} - \frac{5.041,18\ \euro}{1,04^{20}}$$

Man kann alle Einnahmenterme zu einer Partialsumme und alle Annuitätenterme zu einer anderen Partialsumme umsortieren. Dabei kann das Minuszeichen ausgeklammert werden, so dass gilt:

$$\frac{5.000\ \euro}{1,04} + \frac{5.000\ \euro \cdot 1,02^{1}}{1,04^{2}} + \ldots + \frac{5.000\ \euro \cdot 1,02^{19}}{1,04^{20}} - \ldots$$

$$\ldots - \left(\frac{5.041,18\ \euro}{1,04} + \frac{5.041,18\ \euro}{1,04^{2}} + \ldots + \frac{5.041,18\ \euro}{1,04^{20}} \right)$$

Die erste Partialsumme ist uns in ähnlicher Weise aus Kapitel 4.11 bekannt. Mit der Hilfsvariable w , die das Verhältnis von Einnahmenwachstumsfaktor und risikolosem Zinsfaktor beschreibt, mit:

$$w = \frac{1,02}{1,04} \approx 0,98077$$

kann diese erste Partialsumme vereinfacht werden zu:

$$\frac{5.000\ \euro \cdot \left(w^{20} - 1 \right)}{1,04 \cdot (w-1)}$$

Die zweite Partialsumme kann durch Ausklammern umgeschrieben werden zu:

$$\frac{5.041,18\ \euro}{1,04^{20}} \cdot \left(1,04^{19} + 1,04^{18} + \ldots + 1,04 + 1 \right)$$

was mit Hilfe der Partialsummenformel der geometrischen Reihe vereinfacht werden kann. Als heutiger Wert der Differenzen zwischen Einnahmen und Annuitäten folgt damit insgesamt:

$$W_1 = \frac{5.000\,€\cdot\left(w^{20}-1\right)}{1,04\cdot(w-1)} - \frac{5.041,18\,€\cdot\left(1,04^{20}-1\right)}{1,04^{20}\cdot(1,04-1)} = 11.947,56\,€$$

Innerhalb von Phase 1 fährt man demnach mit der Einmalanlage besser. Phase 2 besteht nur noch aus den Einnahmen. Die Summe der heutigen Werte dieser Einnahmen kann geschrieben werden als:

$$\frac{5.000\,€\cdot 1,02^{20}}{1,04^{21}} + \frac{5.000\,€\cdot 1,02^{21}}{1,04^{22}} + \dots + \frac{5.000\,€\cdot 1,02^{20+m}}{1,04^{21+m}}$$

wobei m die Anzahl der Jahre nach vollständiger Tilgung ist. Da kann man ausklammern, wonach folgt:

$$\frac{5.000\,€}{1,04} \cdot \left(\frac{1,02^{20}}{1,04^{20}} + \frac{1,02^{21}}{1,04^{21}} + \dots + \frac{1,02^{20+m}}{1,04^{20+m}}\right)$$

oder mit w ausgedrückt:

$$\frac{5.000\,€}{1,04} \cdot \left(w^{20} + w^{21} + \dots + w^{m}\right)$$

Klammert man w^{20} aus, dann sieht man, dass wieder die Partialsummenformel der geometrischen Reihe verwendet werden kann:

$$\frac{5.000\,€\cdot w^{20}}{1,04} \cdot \left(1 + w + w^{2} + \dots + w^{m}\right)$$

um wie folgt zu vereinfachen:

$$W_2 = \frac{5.000\,€\cdot w^{20}\cdot\left(w^{m+1}-1\right)}{1,04\cdot(w-1)}$$

Das Verhältnis von Einnahmenwachstum und risikolosem Zins w ist eine wichtige Größe. Falls das Einnahmenwachstum größer als der risikolose Zins ist, so ist $w > 1$ und der Wert der Einnahmen aus Phase 2 divergiert. In diesem Fall werden Sie am Ende immer herausbekommen, dass die risikolose Einmalanlage die schlechtere

Wahl ist. Für den Fall, dass $0 < m < 1$ gilt, betrachten wir, welchem ewigen Wert sich W_2 annähert. Doch zuvor betreiben wir eine leichte Kosmetik an der Formel, damit wir einen positiven Grenzwert erhalten werden:

$$W_2 = \frac{5.000\ \text{\euro}\cdot w^{20}\cdot\left(1-w^{m+1}\right)}{1,04\cdot(1-w)}$$

Betrachtet man die Einnahmen auf ewig, so wird m immer größer. Der Klammerterm $\left(1 - w^{m+1}\right)$ nähert sich für große m und $0 < w < 1$ dem Wert 1 an. Damit folgt:

$$W_\infty = \frac{5.000\ \text{\euro}\cdot w^{20}}{1,04\cdot(1-w)} = 169.551,19\ \text{\euro}$$

und folglich ein Gesamtwert:

$$W_1 + W_\infty = 181.498,75\ \text{\euro}$$

Die kreditbasierte Investition in die Unternehmung ist gegenüber der risikolosen Einmalanlage also vorzuziehen. Es bleibt die Frage, wie viele Jahre nach Tilgung der Schuld das sein wird. In ähnlicher Weise wie im letzten Kapitel wird angesetzt mit:

$$25.000\ \text{\euro} = W_1 + W_2$$

und nach dem m umgeformt, das in W_2 steckt. An dieser Stelle wird auf die detaillierte Berechnung verzichtet. Es würde etwa:

$$m = 4,13$$

herauskommen. D.h. im fünften Jahr nach Tilgung der Schuld, also im 25-ten Jahr überholt der zukünftige Unternehmenswert den zukünftigen Wert der Einmalanlage. Es folgt:

Heutiger Wert einer Unternehmung mit steigenden Einnahmen am Ende eines Jahres unter Berücksichtigung der Zinskosten

Wird eine Unternehmung mit der Einnahme E am Ende des ersten Jahres, die jährlich um den Faktor q_e steigt, über n Jahre mit einem Annuitätendarlehen der Annuität A finanziert, dann ist der heutige Wert der Differenzen aus Einnahme und Annuität (Phase 1):

$$W_1 = \frac{E\cdot\left(w^n-1\right)}{q\cdot(w-1)} - \frac{A\cdot\left(q^n-1\right)}{q^n\cdot(q-1)}$$

wobei q der risikolose Zinsfaktor und w das Verhältnis von Einnahmenwachstumsfaktor und risikolosem Zinsfaktor ist:

$$w = \frac{q_e}{q}$$

Der heutige Wert aller Einnahmen nach Tilgung des Darlehens ist für $0 < w < 1$ (Phase 2):

$$W_\infty = \frac{E\cdot w^n}{q\cdot(1-w)}$$

falls die Einnahmen ewig weiterlaufen. Falls $w > 1$, so divergiert W_∞. Werden nur die Einnahmen bis zum Ende des m-ten Jahres nach Tilgung des Darlehens einkalkuliert, so ist der heutige Wert (Phase 2):

$$W_2 = W_\infty \cdot \left(1 - w^m\right)$$

wobei $m > 0$ gelten muss. Der heutige Wert der Unternehmung ist:

$$W_1 + W_\infty \quad \text{bzw.} \quad W_1 + W_2$$

Die Investition lohnt sich nach $n + m$ Jahren gegenüber einer risikolosen Einmalanlage von K, wobei:

$$m = \log_w\left(1 - \frac{q\cdot\left(K - W_1\right)\cdot(1-w)}{E\cdot w^n}\right)$$

Beispiel: Wir verändern die Situation des Einführungsbeispiels so, dass der risikolose Zins bei 2 % p.a., der Darlehenszins bei 7 % p.a. und das Einnahmenwachstum bei 4 % p.a. liegen soll. Die Annuität beträgt dann 7.079,47 €.

Dann folgt:

$$w = \frac{1,04}{1,02} \approx 1,01961$$

$$W_1 = \frac{5.000\,€\cdot\left(w^{20}-1\right)}{1,02\cdot(w-1)} - \frac{7.079,47\,€\cdot\left(1,02^{20}-1\right)}{1,02^{20}\cdot(1,02-1)} = 2.883,84\,€$$

Da $w > 1$, divergier W_∞. Damit ist sicher, dass die Einmalanlage irgendwann hinter der Investition in die Unternehmung zurückbleiben wird. Viel wichtiger ist, *wann* das passieren wird:

$$m = \log_w\left(1 - \frac{1,02\cdot(25.000\,€-2.883,84\,€)\cdot(1-w)}{5.000\,€\cdot w^{20}}\right) = 2,94$$

Etwa drei Jahre nach Tilgung der Schuld, d.h. nach rund 23 Jahren wird der zukünftige Wert der Unternehmen am zukünftigen Wert der Einmalanlage vorbeiziehen.

Wir prüfen dies nach, wobei W_∞ praktisch nur Sinn ergibt, wenn $0 < w < 1$, weshalb W_∞ hier lediglich eine Hilfsgröße zur Ermittlung von W_2 ist:

$$W_\infty = \frac{5.000\ \text{€} \cdot w^{20}}{1,02 \cdot (1-w)} = -\ 368.615,81\ \text{€}$$

$$W_2 = W_\infty \cdot \left(1 - w^{2,94}\right) = 21.658,69\ \text{€}$$

$$W_1 + W_2 = 24.542,53\ \text{€}$$

Die Abweichung von 25.000 € resultiert aus dem Runden von w. Das exakte Ergebnis von m ist leicht größer als 3.

Sie fragen sich nun bestimmt noch, wie wir damit umgehen müssen, wenn die Unternehmung bereits innerhalb der Laufzeit des Darlehens besser läuft als die Einmalanlage. Nun, das ist der Fall, wenn Sie $m < 0$ erhalten. Um den exakten Zeitpunkt k innerhalb von Phase 1 zu erhalten, müsste die Formel:

$$K = W_1$$

bzw.

$$K = \frac{E \cdot \left(w^k - 1\right)}{q \cdot (w-1)} - \frac{A \cdot \left(q^k - 1\right)}{q^k \cdot (q-1)}$$

nach k umgeformt werden. Dies gelang mir bisher noch nicht, so dass Sie an dieser Stelle auf Tabellenkalkulation zurückgreifen müssen, oder einfach verschiedene Zahlen für k einsetzen und schauen, wann die Gleichung aufgeht.

Mathematische Glaskugel

Sie haben sich durch eine Menge Formeln gekämpft. Doch war es das wert? Gemerkt haben Sie sich sicherlich nur die wenigsten dieser Formeln. Darum geht es aber nicht. Es geht darum, dass Sie in der Lage sind, unter verschiedenen Annahmen Prognosen Ihres zukünftigen Vermögens zu machen. Wenn Sie wissen, wo Sie nachschauen müssen, und in der Lage sind, die jeweils nachgeschlagene Formel anzuwenden, dann war das Durcharbeiten dieses Buches keinesfalls umsonst, sondern erfolgreich.

Die Formeln dieses Buches sind Ihre *mathematische Glaskugel*, mit der Sie sich ausrechnen können, wo Ihre Konten einmal landen könnten. Die Zukunft ist ungewiss - rechnen Sie stets mit Skepsis. Davon haben Sie am Ende mehr, als sich fröhlich reich zu rechnen. Was Ihnen die mathematische Glaskugel sagt, ist wichtig für Ihren heutigen Lebensstil. Dieser entscheidet maßgeblich über den Lebensstil, den Sie in der Zukunft haben werden.

Vollständig sind die Formeln dieses Buches noch lange nicht. Ich habe Ihnen hier präsentiert, was halbwegs noch mit dem Taschenrechner und ggf. einem Blatt Papier berechnet werden kann. Je komplexer die Modelle werden, desto komplexer werden auch die Formeln. Ganz am Ende haben Sie gesehen, dass es nicht immer klappt, eine Formel zu finden. Wann immer dieser Punkt erreicht ist, sollte man sich fragen, ob das Modell nicht zu komplex für die Beantwortung der Fragen ist, die man sich im Leben stellt. Denn komplexe Modelle verleiten oftmals dazu, an der Realität vorbeizurechnen.

Je mehr Variablen das Modell hat, desto mehr Variablen müssen Sie prognostizieren. Für ein komplexeres Modell müssten Sie selbst mehr Glaskugel sein, als es die Formeln sind.

Impressum:

<u>Cover</u>:
KI-generiert mit https://ki-bild-erstellen.de/

<u>Inhalt, Abbildungen</u>:
Bernhard Walther
Sportplatzstraße 3A
03238 Finsterwalde
bernhardwalther21@gmail.com